―― 왕PD의 토크멘터리 ――
# 조선왕조실록 4
− 인조, 효종, 현종, 숙종, 경종 −

**왕PD의 토크멘터리**

# 조선왕조실록 4
― 인조, 효종, 현종, 숙종, 경종 ―

**초판 인쇄** 2025년 8월 5일
**초판 발행** 2025년 8월 14일

**지은이** 왕현철
**표지 일러스트** 김영곤
**펴낸이** 유해룡
**펴낸곳** ㈜스마트북스
**출판등록** 2010년 3월 5일 | 제2021-000149호
**주소** 서울시 영등포구 영등포로5길 19, 동아프라임밸리 1007호
**편집전화** 02)337-7800 | **영업전화** 02)337-7810 | **팩스** 02)337-7811

**원고투고** www.smartbooks21.com/about/publication
**홈페이지** www.smartbooks21.com

ISBN 979-11-93674-28-4  04910
　　　979-11-90238-66-3  04910 (세트)

copyright ⓒ 왕현철, 2025
이 책은 저작권법에 따라 보호받는 저작물이므로 무단전재와 무단복제를 금합니다.

Published by SmartBooks, Inc. Printed in Korea

왕PD의 토크멘터리　　왕현철 지음

# 조선

# 왕조

# 실록

## 4

- 인조, 효종, 현종, 숙종, 경종 -

스마트북스

머리말

# 17세기 조선을 자세히 돌아봐야 이유

**조선왕조실록 완독에 도전한 9년째, 17세기 조선을 보다**

『조선왕조실록』 완독에 도전한 지 9년째, 『왕PD의 토크멘터리 조선왕조실록』 시리즈의 제4권을 출간하게 되었다. 제4권은 인조, 효종, 현종, 숙종, 경종의 이야기를 담았다. 인조 즉위1623년에서 경종 승하1724년까지 약 100년으로 17세기 조선의 이야기를 담았다.

17세기의 큰 변화는 명나라가 망하고 청이 들어섰다는 것이다. 두 세력의 교체는 조선에도 큰 영향을 미쳤다. 조선은 건국 때부터 명나라를 받들었다. 조선의 건국과 국호, 왕의 즉위도 승인받아서 정당성을 확보했다. 나라가 위기일 때 군사원조를 받기도 했다. 16세기 임진왜란 때 명나라는 대군을 파병했다. 이에 조정은 재조지은再造之恩, 나라를 다시 만들어 준 은혜를 입었다고 했다.

조선에게 명나라가 망한 것은 충격 그 자체였고, 그 사실을 쉽게 받아들이려 하지 않았다. 그러한 충격으로 인해 청나라의 실체를 인정하기 어려웠다. 청나라에 대해서 정확한 정보를 수집하지 않고 오랑캐라고 무시했다.

### 인조, 나라를 잘못 운영한 반면교사

반정으로 정권을 잡은 인조는 광해군의 흔적을 철저하게 지웠다. 인조가 명나라와 청나라의 세력 판도를 정확하게 읽지 못하고, 광해군의 중립 외교를 폐기한 것은 오판이었다.

인조는 그 대가를 혹독하게 치렀다. 정묘호란1627년과 병자호란1636년으로 국토는 유린당했고 군사와 백성은 죽거나 끌려갔다. 두 아들 소현세자와 봉림대군도 청나라의 인질이 되었다. 인조 자신도 청나라 황제에게 무릎을 꿇고 아홉 번 머리를 땅에 조아리는 치욕을 당했다. 오랑캐라고 무시한 나라로부터 오히려 속박을 받는 처지로 전락했다.

인조는 병자호란 이후 크게 반성하고, 소 잃은 외양간을 고치려고 와신상담의 의지와 행동을 보였다. 그러나 청의 간섭으로 한순간에 무너졌다. 와신상담하려는 현명한 지혜와 끈기가 부족했다. 인조는 26년 간 재위했으나 업적이 거의 떠오르지 않을 정도이다.

### 효종, 북벌 의지에 불타다

효종의 핵심 단어는 북벌이다. 청나라를 치겠다는 것이다. 효종은 청나라에서 8년간 인질로 있었다. 그 인질 생활 동안 청나라의 산천을 자연스럽게 익힐 수 있었고 군사훈련도 눈여겨보았다. 이것은 오히려 적의 실체를 볼 수 있는 좋은 기회였고, 잘 활용하면 북벌을 할 수 있다는 자신감으로 발전했다.

효종은 세자에 오르자 술을 딱 끊었다. 또한 북벌을 본격적으로 결심한 후에는 부부관계도 끊었다. 공적인 자리는 개인의 행동과는 달라야 한다고 생각했다. 술과 부부관계를 끊음으로써 육체와 정신의 맑은 상태를 유지해서 10년 동안 10만 명의 군사를 양성해서 북벌을 하고자 했다.

송시열과 독대해서 북벌 계획을 밝혔고, 이후에도 비밀 편지를 주고받았다. 본인의 재위 기간에 반드시 이루고자 한 필생의 목표였다. 그러나 효종은 이러한 의지와 행동에도 불구하고 건강이 뒷받침되지 않았다. 송시열과 독대한 약 3개월 후 얼굴에 난 종기로 승하했다. 북벌의 의지와 행동은 건강 문제로 무너졌던 것이다.

## 현종, 붕당은 허용치 않은 병약한 왕

현종은 세자 시절 부왕과 송시열의 비밀 편지 전달자였다. 부왕의 북벌 의지를 잘 알았고, 즉위 초기에는 누구 못지않게 군사훈련을 열심히 했다.

그러나 현종 역시 건강이 문제였다. 젊은 나이였음에도 병약했다. 육체의 병은 정신마저 무기력하게 했고 군사훈련의 횟수도 차츰 줄였다. 송시열은 현종의 북벌 의지를 시험했으나, 현종은 명확하게 답을 내놓지 않았고 소극적 자세로 바뀌었다.

현종은 19세에 즉위해서 15년 3개월, 비교적 긴 기간 재위했다. 그러나 현종의 이름보다 예송논쟁이 더 잘 알려져 있다. 예송 논쟁은 상복을 입는 기간이 3년인지, 1년인지, 9개월인지를 논하는 것이다. 현대의 기준으로는 아무런 의미가 없는 논쟁이었다. 그럼에도 당시는 그 상복 입는 기간에 자신의 학문과 인생철학을 담고, 서인과 남인, 그리고 임금까지 가세해서 치열하게 다투었다. 상복 입는 기간에 담긴 그 이면을 상세하게 다루었다.

**숙종, 세 번의 환국과 왕권 강화**

숙종은 45년 10개월 재위한 만큼 기록도 풍부하다. 세 번의 환국 정치, 인현 왕후와 장희빈의 맞대결은 영화나 TV 드라마의 단골 소재였다. 『숙종실록』을 자세하게 들여다보아 TV에서 잘못 다룬 역사적 진실을 바로잡고자 했고 그 의미를 다시 새겨보고자 했다.

우리 국토를 지켜낸 안용복, 어정쩡하게 세워진 백두산정계비, 남구만의 「성경도」를 통해서 영토의 중요성을 부각했고, 역사바로세우기를 하고자 한 사육신과 단종의 복위 과정도 자세하게 그 의미를 짚었다.

**경종, 속내를 알 수 없었던 임금**

경종은 조선의 최장 기간, 즉 30년 동안 세자로 있었다. 세자로서 오랫동안 공을 들여서 키웠으나 재위 기간이 4년 2개월로 짧고 뚜렷한 업적도 없다.

  경종은 장희빈의 아들로서, 숙종 때 그가 원인이 되어 두 번이나 정국을 바꾸는 환국 정치가 일어났으며 그 과정에서 많은 신하들이 서로 죽었다. 어머니 장희빈도 자진했다. 이것은 자신의 재위 기간까지 이어져서 임금은 이러지도 저러지도 못하는 오락가락한 행보를 보였다.

  경종은 너무 일찍 2세 세자가 되어 궁중에서 홀로 자랐다. 신하들의 참극과 어머니의 비극을 경험했다. 이러한 영향인지는 알 수 없지만, 때로는 벽을 보고 말하기도 했다. 경종은 세자 시절부터 정상적인 정신 상태가 아니었고, 즉위 해서도 마찬가지였다.

  경종은 신하들을 만나려고 하지 않았다. 설령 만나더라도 좀처럼 긴 말을 하지 않았다. 신하들은 임금의 속내 파악이 어려웠고 토론문화가 실종되어 비극의 도화선이 되었다. 또한 후사가 없었다. 배다른 동생 연잉군을 세자로 삼았고, 분란의 불씨가 되어 신임옥사로 번져서 많은 신하가 죽거나 유배 갔다.

❖❖❖

17세기, 조선은 임진왜란 이후 50년이 안 되어 또다시 병자호란으로 국토가 유린당했다. 임금은 치욕을 당했고, 백성은 피란에 몰리고, 생명을 내놓아야만 했다. 국제 정세를 제대로 읽지 못하고, 내부의 권력 다툼으로 민생을 세밀하게 살피지 못했다. 백성은 더욱더 곤궁한 삶을 사는 악순환이 되었다.

  특히 숙종과 경종 때는 붕당의 폐해가 극심해서 오늘은 상대를 죽였으나, 그것도 잠시 부메랑이 되어 내일은 내가 죽게 되었다. 몇 년 사이 정권의 축이 엎치락뒤치락했다. 승자보다 패자의 그림자가 더 길게 드리워졌고, 인재들은 제 역할을 충분하게 발휘하지 못하고 땅속으로 들어갔다. 국가적 손실이었다.

조선이 노론과 소론, 내부 싸움으로 매몰되고 있을 때, 조선 밖은 약육강식으로 패권주의가 팽창하고 있었다. 우물 안의 집안싸움으로 더 넓은 바다를 볼 수 없었다. 역사를 교훈 삼지 않으면, 늘 그렇듯이 그 대가는 참혹했다.

오늘날의 우리가 17세기를 자세하게 살펴보고, 그 교훈을 되돌아보아야 하는 이유다.

2025년 8월
왕현철 드림

## 차례

머리말 17세기 조선을 자세히 돌아봐야 이유 … 4

### 1장
# 인조, 나라를 잘못 운영한 반면교사

## 인조반정을 일으키다 … 18
광해군에게 당한 3번의 억울한 가족사 / 3년 전부터 반정을 준비하다 / 홍제원에 모여 창덕궁으로 향하다 / 광해군, 궁궐 담을 넘어 도망치다 / 무혈입성 / 돈 애비야, 돈 애비야! / 인조, 왕위에 오르다

## 왕의 업무를 시작하다 … 30
화려한 즉위 행사는 없었다 / 광해군의 흔적 지우기 / 화기도감 폐지가 아쉬운 이유 / 인적 청산, '삼창'의 몰락 / 대동법 확대

## 첫 시련, 이괄의 난 … 38
이괄, 반란의 신호탄을 쏘다 / 임금의 궁궐을 향한 진격 / 황주 전투와 항왜 / 임진강을 넘은 이괄의 반란군 / 궁궐을 버리고 공주까지 피란 / 반란 22일 만에 경복궁 무혈입성 / 이괄과 흥안군 이제의 일장춘몽 / 이괄은 왜 반란을 일으켰나?

‖ 남은 이야기 ‖ 이괄의 난, 산 자와 죽은 자 … 52

## 정묘호란, 파죽지세의 후금에 무능한 조정 … 57
후금의 침입, 낌새도 못 챈 조정 / 일주일 만에 한성 코앞까지 / 궁궐을 버리고 강화도로 / 뒷북치는 인조 / 화친의 물꼬 튼 강홍립과 박난영 / 정묘호란, 50일 만에 화친으로 끝나다

‖ 남은 이야기 ‖ 백성의 삶보다 아버지 추숭에 집착한 인조 … 68

- 병자호란의 치욕 … 72

  청나라의 침입 정보, 깜깜이었다 / 왜 청군의 침입을 까맣게 몰랐을까? /
  남한산성에 고립되다 / 주화파와 주전파의 대립 / 속수무책 / 삼전도의 치욕

- 와신상담 할 수 있을까? … 86

  참담한 나라와 도성 / 이전과 달라진 인조 / 북벌의 의지가 물거품이 된 사건

- 소현세자 독살설 … 92

  청에서 8년간의 인질 / 소현세자 독살설의 5가지 근거 / 독살설이 근거 없는 이유

- 며느리 세자빈 강씨와 손자들을 죽이다 … 108

  원손 대신 아들인 봉림대군을 세자로 / 며느리 소현세자빈 제거 /
  손자 셋을 죽음으로 내몰다 / 용두사미, 무능하고 치졸한 왕

## 2장

# 효종, 북벌 의지에 불타다

- 즉위 초기, 훈구파를 내치다 … 116

  정통성 문제 / 산림과 척화파를 끌어들이다 / 양날의 칼 김자점을 내치다

- 외교적 위기를 지혜롭게 해결하다 … 119

  김자점의 밀고와 청의 강경한 태도 / 영의정 이경석과 내부 단결

  ‖ 남은 이야기 ‖ 김사섬, 그 후 … 123

- 북벌을 소리 소문 없이 준비하다 … 127

  효종실록에 왜 '북벌'이 한마디도 안 나올까? / 북벌에 대한 속내를 감추다 /
  조용한 실천 / 군사훈련에 진심

- 송시열과 독대, 북벌 계획을 밝히다 … 135
  효종과 신하들의 온도 차 / 북벌을 함께할 신하를 물색하다 / 송시열과의 독대 / 효종의 북벌이 멈칫한 이유

  ‖ 남은 이야기 ‖ 효종과 송시열의 독대가 실록에 기록된 이유 … 145

- 효종과 송시열의 독대, 그 이후의 추진과정 … 147
  송시열, 임금의 뜻을 묻다 / 효종의 간절한 염원, 그러나…

  ‖ 남은 이야기 ‖ 효종과 나선 정벌 … 150

3장

# 현종, 붕당은 허용치 않은 병약한 왕

- 효종의 능, 어떻게 결정되었나? … 154
  현종, 눈물의 즉위식을 올리다 / 효종의 묫자리 논쟁 / 효종, 잠자리를 다시 옮기다

- 1차 기해년 예송 논쟁 … 162
  3년인가, 1년인가? / 서인과 남인의 권력 다툼 / 서인의 승리로 끝나다

- 2차 갑인년 예송 논쟁 … 170
  1년인가, 9개월인가? / 서인을 누른 왕권의 승리

- 현종의 병, 온천을 치료 수단으로 … 175
  지병이 많았던 왕 / 온양 행궁행 / 온양 행궁은 어떤 모습이었을까?

- 현종은 어떤 일을 했나? … 183
  대동법 확대 / 태조 왕건 묘와 사당 성역화 / 군사훈련 / 신체 형벌 완화 / 외교적으로는 단호 / 붕당을 없애려 하다 / 궁가에 지나치게 집착

4장

# 숙종, 세 번의 환국과 왕권 강화

## 15세 왕, 거두 송시열을 내치다 … 194
송시열에게 원상을 청하다 / 정권 주도권 잡기 / 15세 왕, 서인을 내치고 남인 등용

## 북벌을 주장한 윤휴와 숙종 … 200
세 차례의 북벌 의지 / 북벌의 불씨 다시 지피려 한 윤휴 / 사라진 네 번째 북벌론

## 경신환국, 영의정 허적의 몰락 … 207
숙종의 3차례 환국 정치 / 남인의 쌍벽, 허적과 윤휴 / 영의정 허적의 몰락 / 경신환국, 남인의 몰락

## 조선의 초특권층 종친 '삼복'을 죽이다 … 213
임금의 휴척, 종친 / 복창군 형제와 궁녀의 간통 사건 / 복창군 형제의 복귀 / 서인 세력과 종친 삼복의 몰락

## 장희빈, 태풍의 눈이 되다 … 222
임금의 총애를 받는 장옥정 / 권력의 끈이 떨어진 남인과 손잡다 / 아들 출산, 태풍의 눈

## 장희빈이 낳은 왕자, 기사환국의 도화선이 되다 … 231
2개월 된 아들을 원자 책봉 / 서인의 몰락 / 기사환국으로 권력 잡은 남인

‖ 남은 이야기 ‖ 기사환국으로 사라진 두 인물 … 237

## 장희빈, 왕비에 오르다 … 240
숙종의 속내 / 어수선하고 잔혹한 밤 / 인현왕후를 폐하다

## 갑술환국, 인현왕후에게 손을 내밀다 … 248
남인의 영수 민암의 고변 / 남인의 몰락과 서인의 등용 / 장희빈의 날개를 꺾다

## 숙종의 손편지와 인현왕후 … 254
인현왕후를 다시 불러들이다 / 인현왕후의 외면 / 인현왕후의 복귀, 또 하나의 비극 잉태

- 장희빈은 어떻게 죽었나? … 262
  인현왕후의 죽음 / 장희빈의 몰락 / 장희빈은 사약으로 죽은 게 아니다 /
  정국의 소용돌이를 일으키는 임금

- 세 번의 시도, 북한산성을 쌓다 … 270
  첫 번째 논의와 좌절 / 두 번째 논의와 좌절 / 북한산성, 세 번의 집념 끝에 쌓다

- 숙종과 울릉도를 지킨 안용복 … 279
  대마도 왜인에게 잡힌 안용복 / 숙종의 조정이 죽도를 착각한 이유 /
  왜와 담판을 벌인 안용복 / 숙종의 바뀐 울릉도 정책 / 울릉도를 지킨 안용복 / 숙종의 홀대

- 백두산을 둘러싼 영토 싸움 … 289
  청의 백두산 조사를 저지하다 / 남구만의 국토의식과 「성경도」 / 인삼 살인 사건 /
  백두산정계비, 숙종 시대의 오점 / 국토의식이 없었던 관리들

- 숙종의 역사 바로 세우기 … 302
  단종과 사육신 복위 / 소현세자빈 강씨의 위호 회복

- 세자에게 대리청정을 맡기다 … 311
  수면 위에 오른 대리청정 / 신하들이 대리청정을 요구한 이유 / 3년간의 대리청정

  ‖남은 이야기‖ 숙종실록과 소설『장길산』… 318
  ‖남은 이야기‖ 고양이 금손, 숙종과 함께 잠들다 … 321

## 5장

# 경종, 최장 기간의 세자, 짧았던 재위 기간

- 왕의 장례 절차 어떻게 했나? … 326
  숙종이 승하하기 전 / 숙종 승하 당일과 이후의 절차 / 복제와 상복 입는 기간 /
  경종, 사위를 받아들이다

- **임금이 말문을 열지 않다** … 336
  경종, 어좌에 오르다 / 최소한의 말만 하는 왕 / 왜 말문을 닫았을까? /
  긴 말을 하며 화낸 날

- **정치적 첫 시험대, 실패로 끝나다** … 343
  왕의 주변에 영향을 미친 노론 / 정치력을 발휘하지 못한 왕

- **연잉군을 세제로 삼다** … 347
  정사에 의욕이 없는 왕 / 연잉군을 세제로 옹립하려는 노론 /
  노론과 소론, 줏대 없는 왕 / 연잉군, 세제에 오르다

- **연잉군의 대리청정, 붕당의 골이 깊어지다** … 354
  세제의 대리청정 주장하는 노론 / 노론과 소론의 확연한 시각차 / 대리청정 철회

- **소론, 대반격을 하다** … 359
  소강 상태는 잠시뿐 / 소론 편에 선 왕

- **세제 연잉군을 죽여라** … 362
  연잉군이 털어놓은 이야기 / 세제보다 내시를 보호하는 듯한 왕 / 어이없는 사건

- **신임옥사, 역사를 되돌아보자** … 365
  삼수의 역안 / 소론과 경종 / 신임옥사가 주는 역사의 교훈

- **경종은 성불구자였나?** … 371
  왜 후사가 없었을까? / 남자 손이 점점 말라가는 조선 왕조

**에필로그** … 376

1장

# 인조, 나라를 잘못 운영한 반면교사

# 인조반정을 일으키다

### ●●● 광해군에게 당한 3번의 억울한 가족사

조선 제14대 임금 선조재위 1567년~1608년는 2명의 왕비와 8명의 후궁에서 25명의 자녀를 두었다. 이 중에서 가장 사랑한 여인 인빈 김씨와 사이에 4남 5녀를 두었는데, 세 번째로 태어난 아들이 정원군으로서 인조의 아버지다. 즉, 인조는 선조의 손자이자 광해군의 조카였다.

선조의 후궁이자 인조의 할머니인 인빈 김씨는 광해군의 어머니 공빈 김씨가 죽은 후 광해군을 세자 시절에 잘 감싸주었다. 광해군은 이런 인연으로 인빈 김씨에 대해 좋은 감정을 가졌다.

"내가 서모庶母, 인빈 김씨의 은혜를 받아 오늘이 있게 되었다. 그 의리를 감히 잊을 수 없다."『광해군일기』 5년 10월 29일 광해군은 인빈 김씨와의 인연으로 그 자식에 대해서는 해를 가하지 않았다. 그러나 김씨가 죽은 후 그녀의 묘가 명당이라는 소리를 듣고 마음을 바꾸었다. 명당의 기운으로 그 자식이 왕이 될 수 있음을 우려하여 죄를 얽어 해하고자 했던 것이다.

첫 번째 대상은 정원군의 장남인 능양군후에 인조의 동생 능창군이었다. 능창군은 외모가 헌칠하고 풍채가 있었으며 성격도 호탕했다. 광해군은 능창군의 얼굴상이 범상치 않다는 것을 듣고 있었는데, 때마침 부채질한 사람이 있었다.

유학 소명국은 옥중에서 평릉군 신경희가 이런 말을 했다고 하면서 능창군이 왕위에 오를 것이라고 고변했다.

"능창군은 말을 잘 타고 활 쏘는 솜씨가 뛰어납니다. 배우지 않아도 글을 잘하고, 40년간 국가를 다스릴 군주로 타고난 운명입니다." 『광해군일기』 7년 윤8월 14일

소명국이 자신의 죄를 줄이기 위해 근거 없이 꾸민 말이었다. 하지만 광해군은 얼토당토않은 고변에 능창군을 역모로 엮어 강화도 교동으로 유배 보내서 죽였다. 능창군이 역모했다는 아무런 증거도 없었다.

두 번째는 능양군의 아버지 정원군의 집터를 문제삼았다. 광해군은 스님이자 풍수가인 성지로부터 인왕산 아래 왕기王氣가 있다는 말을 들었는데, 그 터가 바로 정원군이 사는 새문동 집이었다. 광해군은 왕기를 누르기 위해서 그 터를 강제로 빼앗아 경덕궁을 지었다.

정원군은 셋째 아들 능창군이 죽은 후 집도 빼앗기자, 늘 불안

하고 초조해했고 술에 의존해서 세월을 달랬다.

"나는 해가 뜨면 간밤에 무사한 것을 알겠고, 날이 저물면 오늘이 다행인 것을 알겠다."『광해군일기』 11년 12월 29일

정원군은 오직 집의 창문 아래서 죽는 것이 소원일 정도로 불안한 삶을 이어갔고 화병으로 40세에 죽었다.

광해군은 정원군의 장례 일정을 줄이라고 명했고 조문객도 관리를 보내 감찰했다. 장남 능양군인조은 아버지 정원군의 장례를 임시로 치러야 했다. 조선시대에 부모의 죽음은 3년 동안 여묘살이를 할 정도로 예를 다해야 하는데, 장례일정을 줄이는 것은 커다란 불효였다. 능양군은 속으로 분노를 삼켰다.

능양군은 동생 능창군이 아무런 이유 없이 죽임을 당하고, 집도 빼앗기고, 아버지의 장례도 제대로 치를 수 없는 3번의 억울한 일을 당했다. 능양군이 24세 때였고, 이때부터 반정을 결심했다.

인조는 반정 후에 광해군의 폭정으로 윤리와 기강이 무너지고 종묘·사직이 망해가는 것을 볼 수 없다고 반정의 명분을 내세웠는데, 그 이면에는 그의 가족사도 반정에 영향을 미쳤다.

### ●●● 3년 전부터 반정을 준비하다

능양군은 뜻을 같이하는 사람을 모았다. 무인 이서와 신경진, 문인 김류가 합류했다. 신경진은 임진왜란 때 탄금대 전투에서 전사한 신립 장군의 아들이었고, 김류도 역시 탄금대 전투에서 전사한 김여물 장군의 아들이었다. 탄금대 전투에서 동시에 전사한 두 장군의 아들은 마음이 맞았다.

능양군은 특히 김류와 바로 의기투합했으며, 김류는 인조반정의 총지휘자가 되었다. 김류는 선조 때 과거에 합격해서 「홍문록」*에 들어갈 만큼의 인재였고, 승정원 주서, 예문관 봉교, 형조좌랑, 전주 판관을 거쳤다. 그는 광해군 때도 관직을 맡았으나 강직했으며, 인목대비의 폐모론에 반대하다가 결국 쫓겨났다. 게다가 김자점, 최명길, 장유 등도 합류해서 무인과 문인의 골격이 잘 짜였다. 인조반정이 일어나기 3년 전이었다.

한편 평산부사 이귀는 국가의 변란에 대비해서 독자적인 준비를 하고 있었다. 표면적으로는 적을 방어하는 훈련을 한다고 내세우며 자신의 군사를 조련했으나, 평산에 순찰 온 감사 이명에게 속내를 드러내는 우를 범했다. 감사 이명은 이귀의 속내를 그의 친척에게 일러바쳤고 사헌부까지 알게 되었다. 이귀는 사헌부의 상소로 평산 부사에서 파직을 당했다.

능양군과 반정을 처음으로 모의한 신경진은 파직을 당한 이귀를 찾아가서 능양군의 뜻을 전달했다. 이귀는 국가의 위기에 대처하겠다는 뜻을 원래부터 갖고 있었기 때문에 쾌히 반정에 합류했고, 두 아들 이시백, 이시방도 참여시켰다.

김류와 이귀는 광해군에게 쫓겨난 탓에 반정에 합류하게 되었고 준비할 수 있는 시간을 가지게 된 셈이다. 광해군이 버린 패가 광해군의 목을 노린 것이다. 역사의 역설이다.

- 홍문록: 과거 합격자 중에서 홍문관에 들어갈 1차 명단을 작성한다. 그 명단에 권점(비밀기표)을 해서 많이 받은 자가 홍문록에 오른다. 또한 본인뿐만 아니라 처가의 가문까지 흠결이 없어야 한다. 엄격한 절차를 거쳤다. 「홍문록」에 들어가는 것은 최고 인재임을 뜻한다. 홍문관은 홍문록을 통해서 선발하고 집현전에 이어서 인재의 산실이었다.

반정의 세력이 차츰 넓어졌다. 능양군이 반정에 반드시 끌어들일 인물이 있었다. 바로 도감군都監軍을 이끌고 있는 훈련대장 이흥립이었다. 도감군은 임진왜란 발발 2년 후 훈련도감 내에 설치해서 왕을 밤낮으로 호위하는 정예 군사이다. 능양군은 이흥립의 도감군을 무서운 존재로 여겼다. 이흥립을 끌어들이기 위해 그의 사위 장신과 형 장유와 손을 잡았다. 장유는 대의를 내세워서 이흥립을 설득했고, 이흥립은 궁궐 안에서 내응하기로 약속했다.

오늘날의 대통령 경호실장이 반정에 합류한 것이다. 광해군의 폭정이 얼마나 심했는지를 보여준다. 이로써 능양군을 중심으로 문인과 무인, 궁궐 안과 밖의 군사로 반정의 모든 준비가 되었다.

### ●●● 홍제원에 모여 창덕궁으로 향하다

『인조실록』의 첫 문장은 "상이 의병을 일으켰다上擧義兵"로 시작한다. '上'은 임금, '의병'은 의로운 일을 하는 군사를 뜻한다. 즉, '인조반정'을 가리키는 말이다. 반정反正은 잘못된 것을 올바른 상태로 되돌린다는 뜻이다. 인조가 의병을 일으켜서 광해군이 망친 국사를 바로잡았다는 뜻이다.

광해군 15년1623년 3월 12일음력, 양력 4월 11일, 능양군은 김류를 대장으로 해서 밤 2경저녁 9시~11시에 홍제원에 모여서 거사하기로 했다. 홍제원은 한성의 북쪽서대문구 홍제동에 있었고, 명나라 사신이 성 안으로 들어오기 전에 옷을 갈아입는 등 재정비하는 곳이었다.

그런데 거사 당일 김류는 홍제원으로 가지 않고 집에 있었다.

의병 모의가 광해군에게 밀고가 되었기 때문이라고 했다. 김류는 우선 밀고자를 찾아내어 죽인 후 홍제원으로 가고자 했으나 내심 불안해서 망설였다. 의병은 과감한 결단으로 신속함이 생명이며, 대장이 머뭇머뭇하면 성공하기 어렵다.

심기원과 원두표가 김류의 집으로 가서 행동을 재촉했다. 결국 김류는 홍제원으로 갔다. 김류와 사전에 모의한 이귀, 김자점, 최명길 등도 와 있었으나 군사는 수백 명에 불과했다. 의병의 중요한 세력인 이서의 군사는 아직 도착하지 않았다. 이서는 장단에서 성을 쌓는 명목으로 군사를 모아서 훈련을 했고 합류하기로 했던 터였다.

홍제원에 모인 군사들은 의병 모의가 광해군의 귀에 들어갔다는 것을 알고 동요했다. 군사들을 진정시켜야 했다. 서둘러 이괄을 군사대장으로 추대했다. 이괄은 북병사로 임명되었으나 의병에 합류하기로 미리 약속했기에 현지로 떠나지 않고 있던 터였다.

이렇게 능양군이 친히 거느린 군사, 이서의 장단 군사 7백여 명, 김류와 이귀 등의 군사 6~7백여 명이 모두 모여서 창의문으로 갔다. 창의문은 한성 도성 서북의 문으로서 백악산 기슭에 있다. 의병은 밤 3경밤 11시~새벽 1시 창의문의 빗장을 부수고 북을 울리며 광해군이 있는 창덕궁으로 향했다.

### ●●● 광해군, 궁궐 담을 넘어 도망치다

한편 광해군은 당시 후원에서 잔치를 벌이고 술에 취해 있었다. 반란의 징조에 대해 미리 보고를 받았으나 대수롭지 않게 여겼다. 광해군이 이런 판단을 한 것은 상궁 김개시가 "반란은 없다"고 큰소리를 쳤기 때문이다. 그녀는 이미 의병 세력인 김자점으로부터 뇌물을 받고 매수당한 상태였다. 영의정 박승종과 전 병조판서 유희분은 다시 광해군에게 비밀리에 아뢰고 반역 혐의를 조사해야 한다고 건의했다. 이에 광해군은 도승지, 병조판서, 금부당상, 포도대장 등을 궁궐로 오게 하고, 훈련대장 이흥립에게 도감군을 맡겨 궁성을 호위하게 했다.

박승종은 추국청을 설치하고 모반에 가담한 사람을 체포하려 했으나, 광해군은 김개시의 말을 믿고 허락하지 않았다. 박승종은 그 대신 훈련대장 이흥립을 불러 추궁했다.

"그대는 김류, 이귀와 함께 모반하였는가?"

"제가 어찌 공을 배반하겠습니까?" 인조실록 1년 3월 13일

박승종은 이흥립이 부인하자 바로 풀어주었다. 사실 이흥립은 반정에 합류하기로 되어 있었는데도 말이다. 이흥립은 영의정 박승종과 사돈간으로, 박승종의 추천으로 벼슬을 하고 있던 터였다.

광해군의 발밑은 이미 모래성이었고, 그 모래성은 무너지고 있었다. 상궁 김개시가 뇌물을 받고 의병을 일으킨다는 정확한 정보를 무시했고, 훈련대장 이흥립도 말과 달리 이미 의병 편에 섰다.

광해군의 신변을 지켜야 할 호위대장의 칼이 오히려 광해군을 겨누었다. 15년간 정사를 제대로 돌보지 않고, 간언을 올리는 신

하의 말 대신에 상궁이나 후궁, 술사들의 교언영색에 사로잡힌 결과였다.

도감군의 훈련대장 이홍립은 의병과의 약속을 지켰다. 그는 창덕궁 정문 돈화문에 포진해서 궁궐을 지키는 군사들을 움직이지 못하게 했고, 초관궁궐을 지키는 무관에게 돈화문을 열어주게 했다. 궁궐 호위군은 흩어졌고, 의병은 아무런 저항을 받지 않고 창덕궁으로 들어갔다.

의병은 서둘러 광해군의 침전으로 달려가서 수색했으나 텅 비어 있었고, 측근들도 달아나고 없었다. 광해군은 이미 후원 숲속의 사다리를 타고 궁궐 담을 넘어 도망쳤다. 젊은 내시가 광해군을 업고 궁녀가 인도해서 의관 안국신의 집에 숨었다. 광해군은 안국신의 집안사람을 시켜서 밖의 사정을 염탐하게 하고 물었다.

"이이첨이 한 짓인가?"

광해군은 위기에 처하자 가장 신임했던 이이첨을 의심했던 것이다. 신뢰와 불신은 한 끗 차이였다. 광해군이 흥청망청 사소한 안일에 빠지고, 아첨꾼의 말에 귀가 젖어서 정세 판단이 어두운 탓도 있었다.

### ●●● 무혈입성

의관 안국신은 광해군이 자기 집에 숨어 있는 것을 의병에게 알렸다. 이 대목에서 『광해군일기』에서는 광해군이 상복 차림으로 신분을 감추려고 했으나 이천 부사 이중로가 안국신의 집으로 가서 말을 태워서 데려왔다고 하고, 『인조실록』에서는 광해군이 안국신이 사용한 흰 의관을 쓰고 신분을 감추려고 했으나 군사들이 들어가서 떠메고 나왔다고 한다. 두 기록이 약간의 차이가 있으나, 어쨌든 광해군은 의관 안국신의 집에서 체포되었다. 광해군은 왕으로서 아무런 호위를 받지 못하고 권좌에서 내려와야 했다.

능양군은 광해군을 도총부 직방에 머물게 했다. 새벽녘에 군사들이 창덕궁 후원에 버려져 있던 어보를 주워왔다. 광해군이 말했다.

"옛날에도 혼매한 임금을 폐하고 현명한 사람을 왕으로 세웠다. 하지만 어찌하여 나인, 내시, 급사들을 붙여주지 않고, 나를 이처럼 박하게 대하는가."

광해군은 자신을 사리에 어둡고 어리석다고 하고 어좌에서 내려오는 것을 인정했다. 그러나 자신의 처지를 망각해서 여전히 왕으로서 대우받고 싶어했다. 인조는 광해군에게 궁녀 한 명과 총애하는 후궁인 소용 임씨를 붙여주었다.

능양군은 의병을 일으켰고, 정부군과 무력충돌을 하지 않고, 피 한 방울도 흘리지 않은 무혈입성으로 성공했다. 사전준비를 철저히 한 덕분이었다.

날이 밝은 광해군 15년 3월 13일, 능양군은 창덕궁 인정전의 임시 의자에 앉았다. 광해군을 몰아내는 데 성공했음을 알리는 신호탄이었다.

### ●●● 돈 애비야, 돈 애비야!

능양군은 김자점과 이시방을 인목대비에게 보내 반정 사실을 알렸다. 인목대비는 선조의 두 번째 왕비로서 왕실의 최고 어른이었다. 왕비로서 아들영창대군을 낳아 광해군의 감시 대상이었고, 10년 동안 경운궁현 덕수궁에 유폐되어 있었다. 그동안 아무도 문안 오는 사람이 없었는데, 갑자기 사람이 와서 반정 사실을 알리니 놀랐다.

"너희들은 어떤 사람이기에 승지와 사관도 없이 이 밤중에 와서 반정을 알리는가?"

인목대비는 반신반의하며 문을 잠그고 나오지 않았다. 광해군은 이미 9년 전에 자신의 아들 영창대군을 잔인하게 죽였고, 이제는 자신을 죽일 수 있다는 두려움 때문이었다.

능양군은 다시 이귀와 도승지 이덕형에게 의장을 갖추어 인목대비를 창덕궁으로 모셔 오도록 했다. 인목대비는 여전히 문을 닫고 움직이지 않았다. 이귀는 군사들에게 담을 넘어서 문을 열게 하고, 바깥뜰에서 울면서 반정 사실을 설명했다. 인목대비는 광해군이 권좌에서 내려왔다는 얘기를 쉽게 믿을 수 없었다. 10년 동안 밖의 사정을 전혀 몰랐고, 그동안 겪은 공포가 너무 컸기 때문이다.

결국 능양군이 창덕궁에서 경운궁으로 갔고, 광해군을 뒤따르게 했다. 도성의 남녀는 모두 담장과 지붕에 올라가서 행렬을 바라보고 반정에 환호했으며, 이마에 손을 얹고 축수했다. 반면 광해군을 향해서 비난을 퍼부었다.

"돈 애비야, 돈 애비야, 거두어들인 금은은 어느 곳에 두고 이 길을 가는가?"

임금이 백성을 돌보지 않고, 왕과 그 주변만 호의호식하는 것에 대한 원망과 조롱이었다. 광해군은 백성의 소리를 듣고 고개를 숙이고 눈물만 흘렸지만 때늦은 후회였다.

광해군이 반정으로 쫓겨나던 날에 임금의 침실에서 은 4만여 냥이 나왔다. 명나라가 후금에 대항하기 위한 심하전투사르후 전투, 1619년, 광해군 11년에 조선이 참전한 대가로 준 은이었다. 심하전투에 참전한 병사와 순국한 가족에게 나누어 주어야 했으나, 광해군은 백성의 피로서 얻은 은을 백성에게 알리지 않고 사치 놀음에 쓰려고 감추어 두었던 것이다. 백성이 '돈 애비'라고 조롱한 이유다. 광해군의 추악한 면이었다.

### ●●● 인조, 왕위에 오르다

능양군은 경운궁에 도착한 후 인목대비에게 통곡하면서 반정에 대해 설명했다. 인목대비는 반정 사실을 듣고, 능양군은 맏아들이므로 대통을 잇는 것은 마땅하다고 승인했다.

그러나 어보 전달에 대해서는 의견 차이가 있었다. 신하들은 이 자리에서 바로 어보를 전달해서 왕으로 하고자 했으나, 인목대비는 정식으로 절차를 거쳐서 궁궐의 정전에서 어보를 전달하겠다고 했다. 인목대비와 신하들 간의 줄다리기가 있었으나 결국 신하들의 뜻대로 되었다.

능양군은 경운궁현 덕수궁에서 무릎을 꿇고 어보를 받았다. 신하들은 이어서 궁궐의 정전으로 나아가서 즉위식을 올리고자 했으나, 인목대비는 우선 처리하고 싶은 것이 있었다.

"광해군은 어디에 있소?"

"이곳의 뜰에 있습니다."

"나는 그자와 한 하늘 아래 살 수 없어요. 당장 목을 잘라 영령에게 제사를 올리고 10년 동안 유폐된 원수를 갚고 싶습니다."

인목대비는 선조의 첫 왕비 의인왕후가 승하하자 18세에 선조의 두 번째 왕비가 되었다. 왕비로서 누린 기간약 6년보다 경운궁에 유폐된 기간10년이 더 길었다. 어린 나이에 국모가 되었으나, 아버지는 광해군이 내린 사약으로 죽고, 어머니는 제주도로 유배를 당했으며, 유일한 아들 영창대군도 유배를 가서 비참하게 죽었다. 친인척들도 유배를 당하거나 파직을 당했다. 그녀가 왕비에 오르지 않았다면 벌어지지 않았을지도 모를 참혹한 일을 겪은 것이다. 인목대비는 그동안 맺힌 한을 쏟아내서 광해군을 당장이라도 처형하기를 원했다.

하지만 신하들은 왕은 폐위되더라도 형벌로 죽인 사례는 없다고 하면서 반대했다. 인목대비는 다시 인조를 압박해서 광해군을 죽이고자 했으나, 인조는 신하들을 구실로 내세워서 죽이지는 않았다.

광해군은 후에 생명을 건져서 강화도로 유배를 갔다. 부인 유씨는 강화도 유배지에서 바로 병으로 죽었고, 아들과 며느리는 유배지에서 자살했다. 광해군은 강화도와 제주도 유배지에서 18년을 더 살았고 66세로 사망했다.

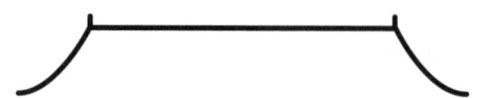

# 왕의 업무를 시작하다

### ●●● 화려한 즉위 행사는 없었다

반정을 일으킨 다음날인 광해군 13년1623년 3월 13일, 인조는 인목대비로부터 대통을 잇는 것을 승인받고 어보를 받았다. 신하들은 광해군의 잔당이 변란을 일으킬 수 있으므로 서둘러 즉위식을 올리고자 했다. 그런데 인목대비는 과거 선조가 정사를 처리했던 별당을 청소해 두었다. 인조는 경운궁 별당에서 한밤중에 즉위했고, 『인조실록』에 그 모습은 한 줄로 묘사되어 있다.

"별당에서 즉위하고 일을 보며 밤을 새웠다. 신하와 장수들은 칼을 차고 숙위하였다."

왕의 즉위식에 연상되는 화려한 행사는 없었다. 축하 의장물 대신 칼을 차고 밤을 새웠다. 인조가 반정으로 왕위에 올랐음을 압축적으로 설명하고 있다.

### ●●● 광해군의 흔적 지우기

인조는 첫 정책으로 백성을 힘들게 한 12개의 임시기구를 폐지했다. 궁궐 건설을 중지시켰고 잡귀를 쫓기 위해서 설치한 나례도감을 폐지하는 등 백성의 노역과 세금을 줄여주는 조치를 취했다.

의금부와 전옥서의 죄인도 모두 풀어주었다. 광해군 때는 역모사건이 너무나도 빈발했다. 역모사건 대부분은 근거가 없었고, 반대편을 죽이는 수단이거나 상을 바라는 일그러진 욕망 때문에 벌어진 일이었다. 감옥은 수용인원이 넘쳐 더 지어야 했고, 압슬형 등 잔인한 형벌로 감옥에서 죽는 자가 너무나도 많았고, 수많은 이들이 유배를 갔다. 인조는 유배를 당한 사람들을 모두 석방했다. 대대적인 사면으로 억울한 사람이 없도록 했다.

### ●●● 화기도감 폐지가 아쉬운 이유

인조는 화기도감도 없앴다. 하지만 이는 장기적 안목이 부족한 조치였다. 광해군은 임진왜란 때 현장을 누비면서 전쟁의 고통과 무기의 중요성을 실감했기에, 임진왜란 이후 흩어지고 없어진 화약무기를 만들고 화기도감을 설치했다. 화약, 어교, 탄과 철 등 많은 물자를 투입하고 장인을 기르고 화포를 다루는 병사들의 훈련도 지속적으로 해야 했다. "화기火器와 군기軍器보다 더 급한 일이 없다. 삼수군포수·살수·사수은 각도에서 충분하게 훈련해야 좋을 것이다.『광해군일기』13년 5월 10일 광해군은 즉위해서 왜구와 여진족의 침입에 대한 국방력 강화는 비교적 신경을 썼다. 화기도감이 백성을 고단하게 한 것은 사실이었으나, 이것을 없앤 것은 국방력 약화를 초래했다. 화기도감은 업무 특성상 일단 없애면 그 기능을 회복하는 데 많은 노력과 시간이 필요하다.

인조가 병자호란 때 남한산성을 나와서 청나라에 항복한 배경도 청나라의 화포 공격 때문이었다. 청나라의 화포가 남한산성 안으로 떨어지자 혼비백산했다. 인조가 화기도감을 없앴으므로 우리는 화포로 맞대응할 수 없었다. 남한산성 안에서 버티는 데 한계가 있었고, 인조는 스스로 걸어 나와서 청에 항복해야 했다. 인조가 광해군의 흔적을 지우는 것은 잘했으나 국방문제는 한 번 더 고민해야 했다.

### ●●● 인적 청산, '삼창'의 몰락

인조는 이어서 인적 청산에도 나섰다. 광해군의 눈과 귀를 가리면서 위세를 부리고 국정농단을 한 자들은 처형했다. 그 1호는 상궁 김개시, 병조참판 박정길, 승지 박홍도였다.

특히 김개시는 궁녀 신분으로 정사에 관여할 수 없었으나, 광해군의 총애로 비선 실세로서 조정의 어떤 신하보다도 더 권력을 행사했다. 그녀가 권력을 주무르도록 방치한 광해군이 더 나빴지만, 김개시는 반정 당일 참수당했다.

박정길은 반정 다음날 인조를 뵙고 용서를 청하려 했으나, 장수들의 건의로 현장에서 벴다. 박홍도도 잡혀와서 인조에게 다시 한번 일하고 싶다고 간청했으나 현장에서 참수당했다.

광해군 때 대표적인 세도가는 광창 부원군 이이첨, 밀창 부원군 박승종, 문창 부원군 유희분이었다. 모두 '군君'에 올랐고, 별호에 '창昌'이 있어서 '삼창'이라고 불렀다.

이이첨은 광해군의 핵심 중 핵심이었다. 선조 때 과거에 합격해서 사헌부와 홍문관, 이조좌랑 등 중요 요직을 거쳤고 강개하다는 평판을 받았다. 그러나 선조 말년 영창대군을 세자로 올리려는 움직임이 그의 인생을 바꾸었다.

선조는 재위 39년 만에 인목왕후와 사이에서 영창대군을 얻었는데, 왕비가 낳은 첫아들이었다. 선조는 엄청 기뻐하며 세자 광해군을 폐하고 2세도 안 된 젖먹이를 새로운 세자로 올리려고 했다.

영의정 유영경을 중심으로 영창대군을 세자로 옹립하려고 움직였으나, 정인홍과 이이첨은 눈치를 채고 세자 광해군의 편에 서서 상소를 올렸다. 이이첨은 정인홍의 제자였고, 세자 광해군의 스승이었다.

선조는 상소에 분개해서 이들을 유배를 보냈으나 곧 승하했다. 영창대군을 세자로 올리려는 움직임도 자연스럽게 사라졌다. 광해군은 위기에서 자신의 편에 선 정인홍과 이이첨의 은혜를 잊지 않고, 최고의 신뢰를 보냈다.

이이첨은 광해군의 즉위 이후에도 임금의 속내를 파악해 옥사를 일으켜서 광해군의 형인 임해군과 소북파 유영경 세력을 제거하고, 광해군의 이복동생 영창대군을 죽이는 데 역할을 했으며, 폐모론을 내세워서 인목대비도 유폐시켰다. 허균『홍길동전』의 저자과도 처음에는 같은 편으로 손을 잡았으나, 허균이 역모 혐의로 의심받자 자신에게 화가 옮길 것을 염려해서 죄를 뒤집어씌워 죽였다. 그 외 작은 옥사를 여러 차례 일으켜서 반대 세력을 철저하게 제거했다. 그는 광해군 때 물 만난 고기였고, 광해군의 속내를 잘 긁어주었다.

이이첨은 연산군 때 무오사화를 일으킨 이극돈의 후손이고, 대북파의 영수로서 반대파를 싹 제거하고, 조정 곳곳에 자신의 세력을 심었을 뿐만 아니라 아들 4명도 과거에 합격시켰다. 모두 과거 합격에 물의가 있었다. 이이첨의 장남 이원엽은 순천부사에 올랐으나 겨우 숫자 십까지와 6자天·地·日·月·山·川만 알았다. 군사 암호에 필요해서 익혔기 때문이다. 차남 이대엽도 글자를 겨우 아는 수준이었으나 홍문관 부수찬, 직제학, 승정원 승지 등 인재가 가는 자리를 차지했다. 다른 두 명도 마찬가지였다.

이이첨은 반정 당일 처자를 데리고 이천까지 도망했으나, 군사들이 찾아내어 아들 3명과 함께 참수되었고, 차남 이대엽은 후일 감옥에서 자결했다.

이이첨은 광해군 때 거의 모든 권력을 쥐락펴락했으나, 이것은 결국 부메랑이 되어 목숨을 잃었고, 가문을 이어가고 제사를 지내줄 아들 4명의 생명조차 지키지 못했던 것이다.

박승종은 병조판서, 우의정, 좌의정, 영의정으로서 광해군의 대표적 관료였다. 그는 평판이 좋았으나, 손녀가 광해군의 외동아들이자 세자인 이지의 빈이 되면서 더욱더 광해군의 신임으로 이어졌고, 운명도 달라졌다.

박승종은 반정 모의의 정보를 사전에 알았다. 광해군에게 국청을 설치해서 조사를 요청했으나 거절당하자, 집으로 돌아왔다. 그는 상복으로 갈아입고 아들 경기감사 박자흥과 함께 광희문속칭 수구문을 넘어서 양주로 갔다. 친족인 양주목사 박안례와 함께 군사를 출동시켜 반격하려고 대궐로 향했으나, 이미 인조가 왕위에 오른 것을 알고 포기했다. 박승종은 광해군의 정사가 오래 가지 못할 것을 예측하고 늘 주머니에 독약을 넣고 다녔다고 한다.

인조가 즉위한 다음날인 3월 14일, 박승종은 아들과 함께 조상의 묘에 가서 마지막 인사를 올리고 자결했으며 유서를 남겼다.

"임금에게 바른말을 간하지 못해서 반정이 일어났다. 다급한 상황에서 도성을 빠져나왔지만, 다시 도성으로 들어가면 명분 없는 죽음이 염려되므로 스스로 죽어 사죄하려고 한다."

박승종은 왕에게 간언을 올리지 못한 것을 뒤늦게 후회하고 용서를 빌었다. 그리고 영광 군수로 외직에 나가 있는 둘째 아들 박자응에게 유언을 남겼다.

"우리 가문이 불행하게도 왕실과 혼인해서 부자가 머리를 맞대고 죽게 되었다. 참으로 슬픈 일이다. 너는 조정의 큰 논의인목대비 폐모론에 참여하지 않았으니 너를 죽이지는 않을 것이다. 너는 살아남아 조상의 제사를 지키도록 하라."

박승종은 영의정까지 올랐으나 유언에서 밝힌 대로 왕실과 혼인이 결국 독이 되어 멸문지화에 이르렀다.

아버지와 같이 자결한 장남 박자흥도 처음에는 평판이 좋았다. 아내의 아버지가 이이첨이었지만, 그의 간교함을 미워해서 가까이하지 않았다. 그러나 딸이 세자빈이 되자 광해군과 떨어질 수 없는 관계가 되었고, 아울러 권세를 갖게 되었고 사치도 부렸다. 결국 권력에 너무 가까이 있어서 생명을 단축했다.

차남 박자응은 아버지와 달리 인목대비의 폐모론에 반대한 덕분으로 전남 진도로 유배를 갔으나 목숨은 부지했다.

유희분도 광해군의 신임을 받아서 승승장구했고, 병조판서를 오랫동안 맡았다. 그는 반정 당일 형제와 아들을 거느리고 성 밖에서 명을 기다렸다. 인조는 그를 의금부에 가두었으나, 그에 대한 평가는 엇갈렸다. 인조 1년 4월, 임금은 그를 죽이고자 했으나 이원익과 김류 등이 반대했다.

**영의정 이원익**: 유희분은 이이첨과 현격한 차이가 있으므로 사형죄는 아닌 듯합니다.
**병조판서 김류**: 유희분은 처음부터 끝까지 이이첨과 대립한 것을 외부 사람들은 알고 있습니다."

인조는 두 사람의 의견을 받아들이지 않고 유희분을 주살하고, 그의 아들은 북방으로 유배를 보냈다.

이 외에도 수십 명이 참수되거나 유배를 갔다. 또한 광해군 즉위 이후 받은 위훈은 생사와 관련 없이 모두 삭탈했다. 광해군 때 국가와 백성을 위한 정치보다 사적이익을 취하고 호의호식한 자들의 인생 말로였다.

### ●●● 대동법 확대

인조는 광해군의 흔적을 지우고 새로운 시대를 열었다. 인조반정에 참여한 사람에게 관직을 수여하고 새로운 53명을 공신에 올렸다. 광해군 때 거의 폐지되었던 경연을 다시 시작했다.

인조와 신하들은 경전을 공부하면서 자연스럽게 국정을 논의했다. 대동법 확대가 거론되어 강원도에 실시했다. 세금을 줄이는 조처를 하고, 기상이변이 있으므로 백성들에게 귀담아들어야 할 말을 하라는 '구언求言'을 했다. 구언은 아무리 쓴소리를 해도 처벌하지 않는 단서 조항을 단다. 즉, 언로를 연 것이다.

인조 1년 3월, 임금은 반정 성공을 신하들의 공으로 돌렸다.

"반정은 경들의 힘에 의한 것이다. 금수의 땅이 다시 사람의 세상이 되었다. 말로 표현할 수 없다."

인조는 광해군의 다스림은 '금수의 땅'으로 규정하고, 이제 사람의 세상으로 되었다고 스스로 평가했다.

인조는 반정 초기의 후속조치와 더불어 초지일관의 자세를 유지할 수 있을까? 시작하는 모든 것은 아름답다. 그 과정이 시작처럼 끝마무리까지 그대로 이어갈 수 있을까?

인조의 시대가 열렸고, 반정한 초심의 자세로 국정을 잘 이끌어야 했다. 그런데 첫 시련이 닥쳐왔다.

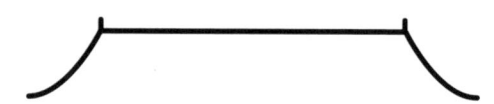

# 첫 시련, 이괄의 난

## ●●● 이괄, 반란의 신호탄을 쏘다

인조는 반정으로 즉위해서 10개월 만에 커다란 위기를 맞이했다. 인조 즉위 2년1624년, 평안병사 겸 부원수 이괄이 병사 수만 명을 이끌고 반란을 일으켰다.

인조는 이괄의 반란을 믿을 수 없었다. 인조는 도원수 장만과 부원수 이괄이 서북 방어를 위해서 현지로 떠날 때 모화관으로 친히 가서 전송했고, 어도御刀를 내렸으며, 수레바퀴를 밀어줄 정도로 애정과 신뢰를 보낸 바 있었기 때문이다. 또한 이괄은 반정 공신 2등에 올라서 상당한 대우를 받았다. 그런 이괄이 역모를 꾀하다니 상상도 할 수 없었다.

인조 2년 1월, 좌찬성 이귀는 이괄을 잡아와서 국문할 것을 청한 바 있었다. 하지만 인조는 이괄은 부원수로 적합하므로 두 번 다시 번거롭게 하지 말라고 강조했다.

"이괄은 충성스럽고 의로운 신하다. 어찌 반역하겠는가. 이괄의 위세를 빌리고자 꾸며낸 말이다."

사헌부와 사간원도 이괄을 체포해서 국문할 것을 청했으나 소용이 없었다. 그러나 임금의 신뢰와 다르게 이괄은 반란을 준비하고 움직였다.

인조 2년, 전 교수 문회 등이 궁궐로 와서 광해군 때 영의정을 지낸 기자헌, 이괄 등 수십 명의 이름을 거론하면서 역모 혐의가 있다고 고변했다. 광해군의 은혜를 잊지 못해서 다시 왕위에 복위시키려 한다는 것이었다.

특히 이괄은 인조반정 당일부터 "내가 남에게 속아서 반정에 참여했다"라고 분개했고, 또한 비기秘記를 얻어서 딴 뜻을 품고 있다고 했다. 그리고 이괄의 아들 이전은 산천 구경을 구실로 해서 전국적으로 반역에 참여하는 사람을 모은다고 했다.

인조는 문회 등이 거론한 수십 명을 잡아와서 고문했다. 하지만 이괄은 잡아와서 심문하지 말라고 했다. 이괄에 대한 임금의 신뢰가 매우 두텁다는 것을 보여주었다.

인조는 그 대신 금부도사 등을 북방으로 보내 이괄의 아들 이전을 잡아오게 했다. 당시 이괄은 군사 1만 2천 명과 항복한 왜인 130명을 데리고 엄동설한임에도 군사훈련을 하고 있었다. 이전은 이괄의 군중에 있었다.

이괄은 일단 성문을 닫고 금부도사 등을 들여보내지 않고, 부하들에게 자신의 결심을 밝혔다.

"나는 외아들밖에 없다. 아들이 반란 혐의로 잡혀가서 죽임을 당할 것이니 그 아비가 온전하겠는가. 금부도사에게 잡혀서 죽으나 반역하다 죽으나 죽음은 마찬가지다. 그러나 머리를 숙이고 죽고 싶지는 않다."『서정록』, 김기종

이괄은 반역하겠다는 자신의 결심을 밝혔다. 이괄의 부장들은 이구동성으로 "임금이 보낸 금부도사 등을 죽여서 거사의 위엄을 보여 달라"고 청했다. 거사의 결심을 행동으로 보여달라는 것이었다.

이괄은 군사를 성안에 포진시킨 후 문을 열어주고, 아들을 체포하러 온 금부도사 등을 죽였다. 이괄은 인근의 병영과 수령에게도 군사의 일을 급하게 상의하겠다고 명을 내렸다. 이괄은 반란의 신호탄을 쐈고, 임금이 있는 궁궐을 향해서 진격의 나팔을 울렸다.

### ●●● 임금의 궁궐을 향한 진격

인조는 뒤늦게 상황을 인식하고 팔도의 군사를 징집했다. 이괄을 베는 자는 공·사노비를 불문하고 1등 공신과 1품의 직을 주겠다는 파격적인 포상을 내걸었다.

반란 혐의로 거론된 기자헌 등 37명은 국청을 설치해서 심문도 하지 않은 채 바로 참수했다. 이괄과 안팎으로 호응할 우려가 있다는 것이 이유였으니, 이괄의 반란을 매우 위협적으로 느끼고 있었음을 알 수 있다.

인조는 이괄의 아내와 어머니, 형제도 잡아와서 국문하고, 결국 이괄의 아내와 동생을 죽였다. 이들은 모두 한성에 있었다. 이괄이 어머니와 아내, 형제를 피신시키지 않고 반란을 일으킨 것을 보면 사전에 치밀하게 준비하고 계획을 세운 것은 아니었다.

이괄의 장인도 죽는데, 그는 스스로 무덤을 팠다. 그는 점괘를 너무 신뢰했다.

"부원수 이괄은 올해 운명과 재수가 너무 좋다. 딸이 낭군의 후侯, 왕비가 될 것이므로, 나는 부원군이 될 것이다."『인조실록』 2년 2월 6일

이괄의 장인은 이런 점괘를 여러 사람에게 큰소리쳤다. 점괘를 너무 신뢰해서 김칫국을 마시다가 부원군이 되기는커녕 목숨을 잃었다.

인조는 도원수 장만에게 명을 내려서 이괄의 협박으로 어쩔 수 없이 반란군에게 가담한 자를 잘 살피라고 명하고, 친히 삼군을 거느리고 출진하겠다고 했다. 장만은 도원수였지만, 실질적인 군사는 이괄이 지휘하고 있어서 우선 자신의 명을 따르는 군사를 모아야 했다.

이괄의 반란군은 도중에 이탈자도 나왔다. 안주 목사 정충신, 별장 남이흥은 죽음을 무릅쓰고 탈출했다. 남이흥은 반란군에서 탈출하려는 부장들이 더 있다고 보고했다. 도원수 장만은 그 부장들과 연락을 취해야 했는데, 반란군의 부장으로 가담하고 있는 이윤서의 종 효생이 스스로 나섰다.

효생은 도원수 장만의 밀명으로 이괄의 진영으로 들어갔다. 그는 상금으로 내건 무명 50필도 받지 않았고, 주인을 살리겠다는

각오로 간 것이었다. 효생은 주인 이윤서에게 도원수의 편지를 몰래 전달했고, 이윤서는 편지를 돌려보고 다른 부장들과 함께 탈출했다. 그들이 거느린 군사 4천 명도 흩어지게 했다. 효생은 비록 미천한 신분의 종이었지만 주인과 주인 가족의 생명을 살렸고, 이윤서는 후일 품계를 올려 받았다.

이괄의 군사 일부는 이처럼 이탈했지만, 아직 그 기세는 꺾이지 않았다. 이괄은 장만의 군사와 가능한 마주치지 않고 빨리 한성으로 진군해서 열흘 만에 황해도 황주까지 내려왔다.

### ●●● 황주 전투와 항왜

황주는 서북쪽 방어의 중요한 관문이었고, 여기서 이괄의 군은 진압군과 처음으로 맞닥뜨렸다. 황주 전투는 섭다리에서 백병전으로 벌어졌다. 이괄의 군에서 탈출한 정충신과 남이홍이 진압군으로 나서서 초반에는 기세를 올려서 반란군 천여 명이 흩어졌다.

그러나 이괄의 진영에서 용감하게 싸운 자들이 있었다. 바로 항왜였다. 항왜는 임진왜란 때 항복한 왜군으로, 주로 여진족 방어를 위해 북방에 배치되어 있었다. 항왜는 이괄의 군에 편입되어 반란군의 일원으로 참전했다. 항왜들의 저돌적인 돌격과 휘두르는 칼에 진압군은 맥없이 무너졌고 후퇴했다.

진압군에서 용감하게 싸운 자도 있었다. 박영서는 무과에 합격해서 평안도 창성 부사로서 선봉장이 되었다. 군사들이 겁먹고 진격을 망설이자 홀로 말을 타고 적진으로 뛰어들었다. 이괄을 향해서 달려갔는데, 접전해서 잡으려는 순간 말이 거꾸러져서 오히려 잡혔다. 그는 항복을 거부하고 죽을 때까지 반란군의 잘못을 꾸짖고 전사했다. 인조는 그의 용감함을 듣고 탄식하면서 병조판서로 추증했고, 영조는 '충장忠壯'이라는 시호를 내렸다.

황주 전투에서 진압군의 다른 부장들도 분전했으나 참패했다. 도원수 장만은 패배 사실을 조정에 알렸고 재기를 모색해야 했다.

### ●●● 임진강을 넘은 이괄의 반란군

진압군은 황주 전투에서 패배했지만, 반란군의 한성 진입은 막아야 했다. 어영사 이귀는 조정에 합류한 여러 장수들을 모아서 방어하겠다고 했다. 그러면서 임금께서 친히 군대를 사열해서 용기를 북돋워달라고 청했다.

인조 2년 2월 6일, 임금은 슬며시 뒤꽁무니를 뺐다.

"내가 처음에는 몸소 군사를 사열하려고 했으나 그동안의 작전에 방해가 될까, 우려해서 정지했다."

이귀의 거듭 요청에도 임금은 대답하지 않았다. 친정을 하겠다는 처음의 굳은 결심은 사라졌다. 인조는 선조의 손자답게 선두에서 지휘보다는 피란을 택한 것이다.

진압군의 2차 저지선은 예성강 상류였고, 진압군은 여울목을 지켰다. 관군은 쉼 없는 장거리 행군으로 지쳐 있었고 식량도 부족해서 굶주린 자가 많았으며 몰래 도망자도 속출했다.

진압군은 이미 사기가 떨어져 있었다. 이괄의 군은 진압군을 기습 공격했고, 관군은 우왕좌왕 한꺼번에 무너졌다. 많은 진압군이 물에 빠져 죽거나 반란군에게 항복했다. 방어사 이중로, 이성부 등 지휘관들도 다수 전사했다. 진압군의 2차 저지선도 반란군의 기습 공격으로 대패했다.

조정은 2번이나 방어에 실패하자 술렁였다. 이괄의 반란군은 거침없이 궁궐을 향하고 있었다. 그리고 진압군의 2차 방어선을 뚫고 임진강을 넘었다.

### ●●● 궁궐을 버리고 공주까지 피란

이괄의 반란군이 임진강을 넘자, 조정은 인조가 선두에서 군사를 지휘할 의사가 없음을 확인하고 본격적인 피란 준비에 들어갔다. 피란처는 공주로 결정했다. 공주산성은 앞에 큰 강이 있어서 방어에 유리하고 한성에서 멀지 않은 것이 이유였다.

이괄이 반란을 일으킨 지 15일 만에, 인조는 작은 가마를 타고 어둠을 헤치며 조용히 창경궁을 빠져나갔다. 소수의 인원이 수행했다. 조부 선조가 창경궁을 버리고 피란길에 오른 지 32년 만에, 임금이 또 궁궐을 떠난 것이다. 선조는 북쪽으로 피란길을 잡았으나, 인조는 남쪽으로 방향을 틀었다. 이괄의 반란군이 북에서 내려오고 있었기 때문이다. 또한 인조는 명나라 장수 모문룡에게 구원을 요청하는 외교문서를 보내고 의병을 모집했다.

임금이 떠난 궁궐은 또다시 불탔다. 임금의 피란, 명나라에 구원 요청, 의병 모집, 궁궐의 화재 등 임진왜란 때에 관군이 허약했던 모습 그대로가 재연되었다. 임진왜란을 겪은 지 32년이 지났으나, 나라가 바뀐 것은 없었다.

인조는 숭례문을 지나서 한강에 이르렀으나 탈 배가 없었다. 공조정랑 이진영이 임금이 한강 하류로 올 것이라고 예상하고 배를 하류로 이동시켰기 때문이다.

건너편의 배를 몇 척 불렀으나 오지 않았다. 무사 우상중이 헤엄쳐 건너가서 뱃사공을 죽이고 배를 끌고 왔다. 임금이 배에 올라 강 한가운데서 도성을 돌아보니 궁궐이 불타서 불꽃이 하늘로 치솟고 있었다. 임금이 떠난 자리에 백성들이 쏟아낸 분노의 불길이었으리라.

다음 날 아침, 인조는 양재역에 도착했다. 유생 김이는 콩죽을 만들어 와서 임금께 올렸다. 임금은 말 위에서 마시고 그를 의금부 도사로 임명했다. 김이는 콩죽 한 그릇으로 의금부 도사가 되었다. 인조의 피란길이 매우 급박했고 허술했음을 짐작할 수 있는 장면이다. 할아버지 선조의 피란길도 이와 비슷했다. 인조는 수원, 천안을 거쳐서 공주까지 내려갔다.

### ●●● 반란 22일 만에 경복궁 무혈입성

이괄은 파죽지세로 내려와서 임금이 도망한 한성에 무혈입성했다. 반란을 일으킨 지 22일 만이었다.

이괄은 경복궁에 주둔했다. 그리고 선조의 6번째 후궁 은빈 한씨의 장남 흥안군 이제를 왕으로 추대하고 방을 붙였다.

"도성 안의 사람들은 놀라서 동요하지 말라. 새 임금이 즉위하였다."

이보다 앞서 비변사는 흥안군 이제가 반란군에게 합류할 우려가 있다며 가둘 것을 청했으나, 인조는 믿지 않았고 이제를 피란길에 같이 오르게 했다. 이제는 임금의 피란길을 수행하다가 도중에 몰래 빠져나와 이괄과 합류했던 것이다. 이괄은 한성을 성공적으로 점령했고, 흥안군 이제는 왕으로 추대되어 관직을 제수했다.

### ●●● 이괄과 흥안군 이제의 일장춘몽

관군은 연이어 패배했으나 이대로 물러설 수 없었다. 도원수 장만은 이괄이 도성 안까지 들어가게 했고, 왕을 피란길에 오르게 해서 죽음을 면하지 못하는 처지였다. 다른 장수들도 마찬가지였다. 장만과 장수들은 죽을 각오로 싸워야 했다.

장만은 다시 전열을 재정비하고 반격 준비를 했다. 관군이 반격할 장소로 선택한 곳은 안현鞍峴, 지금의 서울 서대문구 길마재, 즉 무악재이다.

인조 2년 2월 11일, 안주 목사 정충신이 계책을 냈고, 중군 남이홍도 적극 찬성했다. 정충신과 남이홍은 이괄의 반란군에서 탈출해서 섭다리 전투에서 패했으나 재기를 노리고 있었다.

"병법에 북쪽 산을 차지한 자가 이긴다. 우리가 무악재를 점거해서 진을 치면 우리는 도성을 내려다보고 싸우고 적은 올려다보면서 싸우므로 우리가 유리하다."

도원수 장만은 군사 배치상황을 보면서 천천히 싸우고자 했으나, 정충신은 "도원수께서 빨리 진군하라고 명을 내렸다"라고 군사들에게 거짓 명령을 전달해서 밤사이 무악재와 그 주변에 군사 배치를 완료했다. 군사를 배치하느라 사람과 말馬소리가 시끄러웠으나, 그날 밤 동풍이 심하게 불어 이괄의 군은 눈치를 채지 못했다. 정충신의 거짓 명령으로 관군을 신속하게 안현에 배치한 것은 신의 한 수였다.

장만은 정충신의 거짓 명령을 인정하고, 경복궁의 동쪽 낙산으로 갔다. 동과 서에서 반란군의 보급로를 차단하려는 작전이었다.

이괄은 관군의 배치상황을 보고, 도원수를 단번에 사로잡고 관군의 사기를 떨어뜨려서 승리하겠다고 자신감을 보였다. 이괄의 부장 한명련도 진압군의 숫자가 적은 것을 보고 여유를 부렸다. 이괄의 군은 그동안 거침없이 진군해서 관군을 이길 수 있다는 자만심이 있었다.

"관군을 격파하고 나서 밥을 먹자."

전투는 묘시에서 자시새벽 5시~ 오전 11시까지 벌어졌다. 이괄의 군은 화살과 탄환을 비오듯 퍼부었으나, 산 위에 있는 관군에 미치지 못했다. 또한 싸움이 한창 무르익어 갈 무렵, 관군에게 유리한 서북풍이 세게 불어 반란군의 얼굴에 모래먼지가 휘몰아쳤다.

반란군의 부장 이양이 총에 맞아서 죽고, 부장 한명련도 화살에 맞았으며, 이괄의 대장기도 후퇴의 조짐이 보였다. 반란군의 지도부가 흔들리자, 병사들은 서로 달아나기에 바빴다. 죽은 자가 이루 헤아릴 수 없었다. 유리한 지형과 바람이 관군을 도왔고, 관군의 승리로 끝났다.

이괄은 이날 밤 홍안군 이제와 함께 서울의 동남쪽 광희문을 통해서 한성을 빠져나갔다. 이괄을 따르는 자는 불과 40여 명에 불과했다. 그러나 그 속에는 이괄을 죽여 반란의 죄를 씻고 공을 세우려는 자도 있었다. 이괄의 부하 이수백과 기익헌 등은 경기도 광주 경안역 근처에서 이괄을 밤에 공격해서 살해하고, 임금이 피란 간 공주 산성으로 이괄의 목을 가져갔다.

이괄은 김소월의 시로 잘 알려진 평안도 영변에서 평안도 병사 겸 부원수로서 반란을 일으켰으나, 한 달여 만에 진압되었다. 이괄은 반란의 명확한 목표를 제시하지 않았고 힘으로 주변을 따르게 했다. 그리고 그 힘이 약해지자, 군사들은 달아났고, 부하에게 물어뜯기는 패장으로서 죽음을 맞았다. 이괄은 무과로 합격했지만, 글을 잘하고 글씨도 잘 써서 명성이 있었으나 반란을 일으켜서 목숨줄을 당겼다.

홍안군 이제도 며칠 후 잡혀와서 처형되었다. 그는 이괄의 추대로 딱 하루 왕 노릇을 했다. 일장춘몽이었을 것이다. 이괄의 반란은 이렇게 실패로 끝났다.

### ●●● 이괄은 왜 반란을 일으켰나?

이괄이 『선조실록』에 등장하는 첫 기록은 선조 32년 1599년이다. 이괄은 임금의 선전관으로서 도망가는 항왜 항복한 왜인를 계략으로 사로잡아 참수했다. 선전관은 임금의 명을 전하는 무관으로 말도 잘 타고 무예 솜씨도 뛰어나야 한다.

이괄은 무과에 합격해서 일찍부터 발탁되었다.

선조 39년 11월, 이괄은 어린 나이에 형조좌랑으로 임명되었지만 물의를 일으켰다.

"형조좌랑 이괄은 나이 어린 무관으로 바람직하지 못한 행동을 많이 저질렀으니 체차*하소서."

이괄의 바람직하지 못한 행동이 구체적으로 무엇이었는지에 대한 기록은 없지만, 이괄은 간원의 청으로 자리에서 물러났다. 그러나 이듬해 바로 태안군수로 제수되고, 광해군 때도 경성 판관이 되었다. 그리고 일처리 솜씨를 인정받아 다시 영흥 부사, 제주 목사가 되었다.

이괄은 제주 목사로서 군량과 군기를 별도로 마련했다. 그가 나름대로 일처리가 뛰어났음을 알 수 있다. 이순신 장군도 전라좌수사로서 군량과 군기를 별도로 마련한 바 있지만, 둘의 차이점이 있었다. 이순신 장군은 군사력 강화 그 자체가 목표였으나, 이괄은 조정에 공을 인정해서 상을 달라고 했다.

우부승지 이원은 이괄이 행정 처리를 잘못하고 스스로 상을 달라고 했다며 추고해서 무인들의 방자한 습관을 징계하라고 청했다. 광해군은 이렇게 해서라도 변방에서 군량과 무기를 마련한 것을 알았다고 하면서 이괄의 편을 들어주었다. 『선조실록』과 『광해군일기』를 보면, 이괄은 무과 급제자로 일찍 발탁되어 능력을 발휘했으나, 겸손과는 거리가 멀었고 공을 인정받고자 하는 공명심이 강한 관리였음을 알 수 있다. 이러한 성격은 반란의 일으키는 원인의 하나였다. 이괄은 인조반정 3개월 전, 북병사로 제수되었으나 부임하지 않았다. 이미 인조반정을 제안받고 참여할

● **체차(遞差)**: 관리의 임기가 차거나 부적당할 때 다른 사람으로 바꾸는 일

의사가 있었기 때문이다.

　인조반정 당일, 반정을 준비하고 주도한 대장 김류가 약속 시간에 나타나지 않았다. 반정의 정보가 광해군 쪽으로 새나갔다는 사실이 군사들 사이에 퍼지고, 군사들이 동요했다. 이에 구심점이 필요했다.

　이귀는 이괄을 반정군의 새로운 행동대장으로 추대했다. 이괄은 행동대장이 되어 병사들을 편성하고 대오를 갖추어 군사들의 동요를 잠재웠다.

　인조는 반정을 성공한 이틀 후, 반정에 참여한 장수와 병졸들을 모화관으로 초청해서 축하잔치를 벌였다. 상석으로부터 김류, 이귀, 이괄의 순이었다. 이괄은 자신의 자리가 김류 아래에 있는 것에 분노해서 그를 흘겨보았고, 최고 연장자 이귀가 좋은 말로 화해를 시켜서 분위기를 수습했다. 사실 이괄은 반정 당일 김류가 약속시간보다 늦게 오자, 그를 베려고 했으나 이귀가 적극적으로 말려서 행동으로 옮기지 못했던 터였다.

　인조는 여진족의 세력이 점점 커지는 북방 방어의 중요성을 인식하고, 이괄을 북병사로 임명해서 외직으로 내보내려고 했다. 그러나 김류는 이괄을 임금의 곁에 두어 보필하도록 청했다. "이괄은 큰 공을 세웠습니다. 그를 한성에 두어 의지하는 것이 마땅합니다." 인조는 이괄을 좌포도 대장으로 임명하고 곁에 두었다.

　그러나 이괄은 김류의 보호에도 불구하고, 결국 도원수 장만의 천거로 평안병사 겸 부원수가 되었다. 이괄은 자신이 쫓겨나가는 것으로 여겼고, 주변에 불만을 터뜨렸다.

이괄이 난을 일으키기 3개월 전, 인조반정의 녹훈이 결정되었다. 인조와 3년 전부터 반정을 모의한 김류, 이귀 등 10명은 1등 공신이었고, 이괄은 2등 공신에 올랐다.

"이괄은 처음부터 반정에 참여하지 않았지만, 거사하는 날 갑옷을 입고 동요하는 병사들을 진정시켜서 군사 태세를 갖추는 공이 컸기 때문에 2등의 맨 앞자리에 올렸습니다."

공신 2등은 국가로부터 상당한 혜택을 받을 수 있지만, 이괄은 불만이었다. 또한 그는 아들도 반정에 참여했다고 주장했으나 공신에 오르지 못했고, 동생도 문과에 합격했음에도 뚜렷한 자리를 얻지 못하고 있어 불만이 가중되었다.

결국 이괄의 인사와 녹훈에 대한 불만이 반란의 기폭제가 되었고, 여기에 임금이 의금부 도사 등을 파견해서 외아들을 반란 혐의로 체포하려고 하자 반란의 기치를 올린 것이다.

이괄은 비록 개인적인 불만으로 반란을 일으켰으나, 이후 백성의 호응을 끌어낼 뚜렷한 목표와 인물을 제시하지 못했다.

"이괄이 추대한 왕이 홍안군 이제인 것을 보니, 반란이 오래가지 못하겠다."『일월록』

이괄은 개인적인 불만을 승화시켜서 백성에게 희망과 용기를 주어야 했으나, 거기까지는 이르지 못했다. 그의 반란은 실패로 끝날 수밖에 없었다.

---

- 이괄의 난에 대해서는 『조선왕조실록』 『승정원일기』 『연려실기술 인조조 고사본말』 『연평수록』 『서정록』 『지봉집 제17권』 『일월록』 『하담록』 등을 참고했다.

 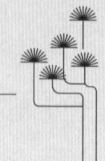

## 이괄의 난, 산 자와 죽은 자

― 남은 이야기 ―

이괄의 난을 큰 그림으로 보면 인조와 이괄의 대결이지만, 그 속을 들여다보면 백성 개개인의 삶과 죽음이 걸려 있었다. 군사들은 진압군과 반란군으로 나누어 목숨을 걸었다. 이괄의 난은 내부 전쟁이었고, 누군가는 용케 살아남았고 누군가는 살려고 노력했으나 죽음에 이르렀다. 역사에서 사라진 것도, 새로 만들어진 것도 있었다.

### ▮▮▮ 산 자, 이민구 ▮▮▮

이괄이 반란을 일으킬 무렵, 평안도는 민심이 흉흉했다. 서북쪽의 무과 출신자들은 인사 불만이 컸다. 백성들은 흉년과 기근으로 삶이 고단했다.

이민구는 도원수 장만의 종사관으로, 도원수의 명을 받아 지역을 순회하면서 격문을 붙여서 민심을 달래고, 병영을 사열하는 업무도 맡았다. 그는 정주의 한 기생을 사랑해서 자신이 사열해야 할 이괄의 병영으로 오라고 했다. 그런데 기생이 이괄의 병영으로 가는 도중에 다른 길로 접어들었다는 보고를 받고 찾으러 갔다. 그렇게 기생을 찾기 위해 다른 길을 5리쯤 갔을 때, 이괄이 반란을 일으켰다는 보고를 받았다. 그와는 달리 이괄의 병영으로 바로 간 금오 낭관과 선전관은 이괄에게 죽임을 당했다. 공교롭게도 이민구는 공적 업무를 이탈한 행동으로 목숨을 구한 것이다.

이민구는 『지봉유설』을 쓴 이수광의 차남으로, 수재로서 광해군 때에 진사시·회시·전시에서 모두 장원했다. 문장과 재주가 뛰어났고 평판도 좋았다. 이괄의 난이 진압된 후 35세로 경상도 관찰사로 나갔고, 그 후 대사간, 대사성, 도승지, 이조참판 등으로 승승장구했다.

그러나 이민구의 인생은 병자호란으로 바뀌었다. 그는 병자호란 때 검찰부사로서 대군, 빈궁 등 왕족이 강화도로 피란할 때 사전 정지 작업을 맡았다. 강화도의 배와 수군을 모아 왕족과 백성을 강화도로 무사히 피신시키고 지키는 것이 임무였다.

그러나 그는 청나라군이 강화도까지 오지 않으리라고 판단하고 술을 마시면서 업무를 소홀했다. 그 결과는 뻔했다. 청나라군이 강화도로 쳐들어와서 많은 백성을 죽였고, 묻어둔 역대 왕의 신주도 파헤쳤으며, 심지어 그의 부인도 청나라에 잡혀갔다. 그는 살아남았으나, 병자호란이 끝난 후 끊임없이 비판받고 등용되지 못했다.

이민구는 부인이 청나라로 잡혀갔음에도 81세까지 장수를 누렸다. 시와 글을 모은 『동주집』 28권을 남겼는데, 모두 번역되어 있다. 그의 삶을 보면 "인명은 재천"이라는 말이 떠오른다.

### ▮▮▮ 죽은 자 1, 흥안군 이제 ▮▮▮

흥안군 이제는 선조의 열 번째 아들로, 선조와 귀인 정씨 사이에 태어났다. 선조가 살아 있을 때 혼인해서 넓은 집터와 많은 노비를 가졌다. 그러나 흥안군은 평판이 좋지 않았고, 인조 초기부터 반란을 일으키려 한다는 소문이 있었다. 많은 금과 비단을 풀어 사람을 모으고, 이들과 죽음을 함께할 만큼 친교를 맺는다는 것이 이유였다.

이괄의 난이 일어나기 전, 흥안군은 임금의 부름에 병을 핑계로 궁궐에 오지 않았고, 대신 멀리 떨어진 태조와 선조의 능에 참배하고 사찰로 갔다. 대간은 이런 행동이 해괴하다며 탄핵했고, 심지어 삼정승도 그가 방자해서 외부 사람과 내통해 왕법을 범할 수 있다며 우려했으나, 인조는 아무런 조처를 하지 않았다. 흥안군은 인조의 배다른 작은아버지다.

결국 대간의 우려는 현실이 되었다. 인조가 이괄의 난으로 공주로 피란할 때, 흥안군도 임금을 따라 한강을 같이 건넜으나 슬그머니 사라졌다. 그는 이괄과 사전에 내통했고 반란군에 합류했다. 이괄은 궁궐을 점령하고, 흥안군을 왕으로 추대했다.

흥안군 이제는 임금의 교지를 만들어 반란군에게 관직을 주었다. 딱 하루의 임금 노릇이었다. 관군은 그다음 날 바로 반격해서 이괄의 반란군을 몰아냈다. 이괄은 도망했고, 흥안군 이제도 이괄과 흩어져서 살길을 찾았으나 체포되어 군중에서 효수되었다.

흥안군 이제는 비록 후궁의 자식이지만 왕의 핏줄이었으므로 그 자체로 부를 누렸다. 하지만 더 많은 욕심을 냈고 임금 자리를 꿈꾸다가 물거품이 되었다. 분수를 넘는 욕망은 결국 화를 불러왔고, 그 대가로 생명을 빼앗겼다. "과욕초화過慾招禍", 지나친 욕심은 재앙을 초래한다는 말이 떠오른다.

### 🪦🪦🪦 죽은 자 2, 이수백 🪦🪦🪦

이수백은 선조 때에 함경도 경원 판관으로 등용된 무인으로, 이괄의 편에 섰다. 그는 이괄이 안현 전투에서 패하고 경기도 광주로 피신할 때 행동을 같이했으나, 마지막에 이괄을 배신했다.

이수백은 다른 장수와 함께 이괄 등 반란군 핵심 6명의 목을 베어 공주까지 피신한 인조에게 목을 바쳤다. 이괄의 반란을 마무리 짓는 커다란 선물이었다. 임금은 이괄의 수급을 확인한 후 한성으로 환궁했다.

조정에서 이수백의 공과 죄에 대한 논란이 불거졌다. 인조는 이괄의 목을 벤 그의 공을 높이 평가했지만, 신하들은 그가 반란군의 핵심 장군으로서 활동한 죄를 더 무겁게 봤다. 결국 왕과 신하들의 의견을 절충했고, 그는 거제도로 유배를 갔고 목숨은 건졌다.

이수백은 유배 7년 후 풀려나서 한성으로 돌아왔는데, 이것이 그의 죽음을 재촉한다. 한성으로 돌아온 3년 후 길거리에서 살해되었다. 그를 살해한 이들은 이괄의 난 때 임진군 저탄 전투에서 전사한 진압군 방어사 이중로와 풍천 부사 박영신의 아들들이었다.

당시 이수백은 진압군의 사기를 꺾기 위해 두 장군의 시신을 진압군 진영으로 보냈는데, 박영신은 이가 부러지고 혀까지 잘린 잔인한 주검이었다. 이들은 아버지를 죽인 이수백을 원수로 여겼고, 이수백이 유배에서 풀려나 한성으로 돌아오자 때를 기다려서 살해하고 머리를 베어 대궐로 가지고 가서 자수했다. 조정은 논의를 거친 후 이들을 사형죄 대신 유배를 보냈다. 살인보다 효를 높이 평가해서 목숨은 살려준 것이다.

이수백은 이괄을 배신하고 그 공으로 목숨을 건졌으나 유배를 갔고, 유배에서 풀려나 자유를 얻어 안락한 삶을 이어가는 듯했으나 결국은 불귀의 객이 되었다. "인생은 새옹지마"라는 고사가 떠오른다.

### 사라진 것

이괄의 난으로 인해 『광해군일기』와 『시정기時政記』를 잃어버렸다. 『시정기』는 춘추관에서 기록한 기록물로 조선왕조실록을 편찬하는 중요한 사료다. 예문관 검열 김광현은 이 기록물들을 강화도로 옮기는 임무를 맡았으나, 이괄의 한성 진입이 예상보다 빨라서 수레와 말을 충분히 갖추지 못했으며, 강화도로 옮기는 도중에 분실했다. 조정에서는 찾고자 상금까지 내걸었으나 회수한 것은 40분의 1에도 못 미쳤다. 임무를 수행하지 못한 김광현은 파직되었다.

참고로 『광해군일기』는 기록 자체도 부실했는데, 광해군은 때때로 사관이 모르게 일을 처리해서 공정성도 잃었기 때문이다. 다른 왕들의 기록물과 달리 '실록'이라고 하지 않고 '일기'라고 한다. 연산군의 기록도 '연산군일기'라고 한다.

### ▮▮▮ 새로 만든 것 ▮▮▮

인조는 이괄의 난 후 나라의 방어와 피란처의 필요성을 느끼고 남한산성을 축조했다. 3천 석의 쌀로 일꾼을 사고, 죄인과 군사, 승려들이 대거 동원되었다. 2년 만에 20리에 달하는 높은 산성이 완공되었다. 임금이 임시로 머무는 행궁도 지었다. 또한 삼혈총 1천 자루, 조총 1천 자루도 특별히 만들어 보관했다. 임금의 피란을 염두에 둔 조처였다. 남한산성은 이괄의 난이 계기가 되어 쌓은 산성이다.

인조는 남한산성을 쌓고 무기까지 준비했으나 한계가 있었다. 나라를 지키는 데는 견고한 성과 더불어 훈련된 군사와 무기, 물자, 관리와 백성의 힘을 모으는 지도력이 있어야 한다. 인조는 남한산성을 쌓았고, 병자호란 때 거기에 들어가서 청나라와 싸우려고 했지만, 지도력 부재와 군사력 약화로 치욕을 당했다. 이괄의 난이 남긴 여러 가지 후유증을 곱씹어 보는 것도 의미가 있을 것이다.

# 정묘호란,
# 파죽지세의 후금에 무능한 조정

### ●●● 후금의 침입, 낌새도 못 챈 조정

인조 5년1627년 음력 1월, 후금이 의주를 통해서 쳐들어왔다. 임진왜란이 일어난 지 35년 만이었다. 후금은 순식간에 의주, 선천, 정주까지 내려왔고 안주로 향하고 있었다. 조선은 임진왜란 때처럼 아무런 낌새를 채지 못했다.

조정에 보고된 것은 후금이 의주에 침입한 지 4일 후였다. 인조는 광해군이 펼친 중립외교를 포기하고 후금과의 관계를 끊었으며 왕래도 없었다. 그래서 후금이 왜 갑자기 침입했는지, 지휘자는 누구인지, 적의 숫자는 얼마인지 알지 못했다. 조정 대신들은 각자 느끼는 경험과 감으로 대책을 내놓았다. 심지어 안주가 함락되면, 임금은 강화도로 피란하라는 성급한 주장도 나왔다.

인조는 보고를 받은 후 방어대장인 도체찰사로 장만, 후방의 물자와 병력을 지원할 체찰사로 이원익을 임명했다. 이원익은 80세로 정신이 혼미해서 죽은 사람이나 마찬가지라며 극구 사양했으나, 임금은 임진왜란의 경험을 살려서 도와달라고 했다. 이원익은 노구를 이끌고 분조*를 맡은 세자와 함께 남쪽지역을 순행했다.

평안 감사의 후속 보고가 들어왔다. 의주가 함락되었고, 적진 속에는 이괄의 반란에 참여한 창성 부사 박성인, 선사포 첨사 오성인, 한윤과 더불어 광해군 때 심하전투에서 항복한 강홍립 등이 있었고, 적장은 8명으로 기세가 매우 거세다고 했다. 후금은 철기군으로 무장하고, 조선의 사정과 지리를 잘 아는 조선의 신하와 장수들을 앞세워서 쳐들어왔던 것이다.

조정에서 임진강에 방어선을 치고 싸워야 한다는 주장은 호응을 얻지 못했고, 평양성이나 한양도성을 사수하겠다는 강한 의지도 없었다. 북방 방어를 위해서 떠나야 하는 도체찰사 장만은 명령을 받고 이틀이나 한성에 머물렀다. 인조와 신하들은 반정으로 나라를 세우겠다는 5년 전의 결의를 보여주지 않았다.

인조는 적의 침입을 보고받은 이틀 후, 적을 물리치겠다는 강한 의지 대신 왕실의 안전을 도모할 피란 교서를 짓게 한다. 우선 종묘·사직의 신주와 자전어머니, 중전을 강화도로 피신시키고, 후금의 기세가 더욱 거세지면 자신도 파천하겠다고 했다. 그리고 백성들은 의병으로 일어서서 임금을 지키거나 군사들의 군량미

• 분조(分朝): 조정을 나눈다는 뜻으로 세자가 지휘하는 조정

를 지원하라고 호소했다.

도체찰사 장만은 전쟁의 위기에서 신속함을 보여주지 않았고, 인조는 자신과 왕실의 목숨을 먼저 걱정하면서 백성들을 오히려 전쟁터로 내모는 꼴이었다.

세자시강원 윤지경은 적군이 승승장구해서 내려오는데 용감하게 나서서 죽을 각오로 싸우는 자가 없다고 가슴 아파하면서 스스로 임진강을 방어하겠다고 나섰다. 또한 임금은 도성을 버리지 말고 사수하라고 청을 올렸으나 효과는 없었다.

### ●●● 일주일 만에 한성 코앞까지

후금은 의주를 침입한 지 일주일 후 능한산성도 함락시켰다. 능한산성은 돌로 쌓은 산성으로 평안도 곽산군에 있었는데, 한성에서 고작 927리약 230km 떨어져 있었다. 임진왜란 때 왜군이 남에서 북으로 파죽지세로 올라오는 것처럼, 이제 후금은 위에서 아래로 질풍노도처럼 내려오고 있었다.

조정은 서둘러 분조를 정했다. 인조는 소현세자가 어려서 난감했지만 15세, 광해군이 분조를 이끌 때는 17세, 종묘사직을 보전해야 한다는 신하들의 설득으로 허락했다. 소현세자는 영부사 이원익 등과 함께 남으로 내려가서 백성을 위무하고 후방에서 지원하는 임무를 맡았다.

후금이 쳐들어온 지 1주일이 지났지만, 조정은 아직도 뚜렷한 방어대책을 세우지 못하고 있었다. 인조 5년 1월, 임금과 병조판서의 대화이다.

"병조판서는 훈련도감과 수원의 군사가 얼마인지 알고 있는가?"

"훈련도감 군사를 각처로 보내고 남아 있는 군사는 모르고, 수원의 군사도 신에게 보고하지 않았습니다."

"병무를 총괄하는 병조판서가 군사의 숫자를 몰라서 되겠는가?"

임진왜란이 끝난 지 30년도 채 안 되었지만, 평소 군사의 일과 훈련을 얼마나 소홀했는지를 보여주는 단적인 예다.

도체찰사 장만이 현지로 떠난 후 올린 보고도 한심하기 짝이 없었다.

"신에게 이곳저곳에서 급한 상황을 보고해 왔습니다. 그러나 신은 거느린 군사가 없어서 구원하지 못하고 수백 리 강토를 오랑캐의 손아귀에 넘겨주었습니다."

병조판서와 도체찰사가 군사의 상황을 정확하게 파악해서 체계적으로 지휘하지 못하고 있었다. 각 군·현의 책임자가 스스로 판단해서 홀로 전투를 하거나 도망쳤고, 탄약도 턱없이 부족했다. 군사는 아무리 숫자가 많아도 일사불란하게 지휘하지 않으면 지리멸렬이다.

1월 23일, 사헌부는 임금과 측근들이 모범을 보이라고 청을 올렸다.

"전하가 총애하는 신하는 대부분 강화도나 남한산성으로 피란 가고 검찰을 맡는 등 편안하고 안전한 자리를 차지했습니다. 오직 김자점만 적진으로 향했으나, 그도 한성을 떠나서 7일 만에 개성에 도착해서 관망합니다."

"논한 바의 태반은 현실성이 없다."

인조반정을 주도한 측근들은 비교적 목숨을 지킬 수 있는 후방 지역을 맡았다. 김자점만이 적과 싸우기 위해서 위로 올라갔지만 진격속도가 너무 느렸고, 개성까지 올라갔으나 전투도 없이 슬그머니 강화도 피란처로 되돌아왔다. 임금과 측근들은 앞장서서 나라를 지키겠다는 굳건한 의지와 행동을 보여주지 않았고, 임금은 문제를 지적하는 사헌부를 오히려 나무랐다. 임전무퇴의 각오로 싸우겠다는 결의는 어디에서도 찾아볼 수 없었다. 능한산성뿐만 아니라 안주, 정주, 평양성도 제대로 된 전투도 없이 함락되었고, 국토는 계속 유린당했다.

후금은 강·온 양면 작전을 펼치고 있었다. 말발굽의 속도를 내어 남으로 내려오는 한편, 화친을 제안했다. 그런데도 조정은 명나라에 대한 의리와 명분론이 우세해서 화친에 대해서는 어물쩍했다. 싸울 준비와 대책도 세우지 않고, 그렇다고 화친할 의사도 없었다. 이른바 개뿔도 없으면서 기세등등한 청나라는 무시하고, 힘이 약해지는 명나라와의 의리에는 집착했다. 조정의 대책은 말 그대로 중구난방, 우왕좌왕, 무대책 그 자체였다.

### ●●● 궁궐을 버리고 강화도로

인조의 유일한 대책은 궁궐을 떠나 피란하는 것이었다. 조부 선조가 궁궐을 몰래 떠난 것처럼 인조도 그 피를 그대로 물려받았다. 임금은 융복戎服, 철릭과 주립으로 된 옛 군복으로 갈아입고 궁궐을 떠났다. 임진강을 사수하고 도성을 방어해야 한다는 주장은 뭉개졌다.

인조는 한강을 건너 양천, 김포를 거쳐서 통진으로 향했다. 강화도가 목표였다. 후금이 바다를 건너지 못할 것이라고 판단했던 것이다. 임금이 한성을 비우자, 도성을 지키는 군사들은 흩어졌고 백성도 말할 것이 없었다.

인조 5년 1월 27일, 일부 신하들이 백성의 생명을 우려하는 말을 아뢰었다.

"평산과 개성부 백성들은 장차 살육당할 텐데 어떻게 하면 좋겠습니까? 그 백성들도 강화도로 옮기는 것이 어떻겠습니까?"

"백성들을 강화도로 데려오면 모두가 굶어죽게 될 것이다. 지금 급한 것은 한성의 쌀을 강화도로 옮기는 것이다. 짐은 여기에 머무르면서 군사들을 휴식시키고자 한다."

인조는 임금으로서 백성의 생명과 재산을 지키겠다는 의지보다는 자신이 먹을 것을 확보하는 것이 우선이었다. 한강을 건넜을 때도 자신이 건넌 후 배를 불태우게 했다. 후금이 배를 이용하지 못하게 하는 조치였지만, 백성들이 어떻게 강을 건너 피란할지에 대한 대책은 세우지 않았다. 인조에게 백성 없이 임금이 존재하는지 묻고 싶다.

### ●●● 뒷북치는 인조

후금은 명나라 정벌이 목표였으며, 그들이 명나라를 칠 때 조선이 후방에서 명나라를 지원하지 못하도록 하는 게 침략의 목적이었다.

후금은 강한 말발굽을 내세웠지만 속내는 화친에 있었다. 2월 2일에 후금이 문서를 보냈다.

"명나라와 관계를 끊고, 우리가 형이 되고, 조선이 아우가 되어야 합니다."

인조는 화친을 원했지만, 명나라와의 관계는 끊을 수 없었다. 인조가 반정한 명분에서도 광해군이 후금, 이른바 오랑캐와 관계를 개선하려는 움직임을 차단해야 한다고 내세운 바 있다.

또한 후금을 여진족, 즉 오랑캐로 업신여겼는데, 이제 와서 형으로 부르는 것도 쉽지 않았다. 조정은 '사대교린事大交隣', 즉 대국은 섬기고 이웃과 친하게 지낸다는 조선의 외교 원칙을 설명하고, 조선과 명나라와의 관계는 후금이 간섭할 문제가 아니라고 했다. 다만, 조선과 후금의 우호만 논하자고 했고, 선물로 베 5천 필을 보내서 화친 의사를 전달했다.

인조는 이와 동시에 군사를 이동시켜서 방어를 강화했다. 남한산성의 군사를 임진강으로 이동 배치하고, 한강의 얕은 곳에도 군사를 배치했다. 군비를 증강하고 용감하게 싸우다가 전사한 장수는 상을 주고 전투에 소홀한 장수를 벌주겠다고 했다. 화친은 상대의 공격을 늦추는 전략이라면서 병사들에게 용감하게 싸우라고 전교를 내렸다. 진짜로 후금과 싸우자는 것인지, 싸우려고 하는 척을 하는 것인지, 임금의 명은 설득력이 떨어졌다. 인조는 후금이 쳐들어왔을 때 명확한 모습을 보여주지 않았고, 뒷북만 쳤다.

### ●●● 화친의 물꼬 튼 강홍립과 박난영

후금은 조선이 화친을 원하면서도 군사를 증강하는 조치를 비난하고, 문서에 명나라 연호를 쓴 것도 트집을 잡았다. 화친은 깨지는 듯했다. 이러한 상황에서 화친의 물꼬를 튼 것은 강홍립과 박난영이었다.

두 사람은 심하전투에서 광해군의 전략에 따라 항복했고, 광해군의 중립외교에 이바지한 인물이다. 후금은 강홍립을 전쟁에 합류시켜서 같이 데리고 왔다.

조정의 일부는 후금에 투항하고 적과 함께 쳐들어온 강홍립과 박난영을 죽어야 한다고 주장했으나, 인조는 이를 받아들이지 않았다. 강홍립은 그동안 후금이 쳐들어온 이유와 그들의 내부 사정을 개인 편지로 소상하게 전달했다. 임금이 후금의 실상을 파악한 것은 전적으로 강홍립과 박난영 덕분이었다. 임금이 강홍립을 보호한 것은 잘한 일이었다.

인조는 강화도에서 강홍립과 박난영을 만났다. 둘은 심하전투에서 지금까지 9년 동안 겪은 일을 요약해서 설명했다. 청나라의 건국자 누르하치가 사망했을 때, 명나라는 원수이지만 조문했는데 조선이 조문하지 않은 이유를 따지자, 조선은 사망 사실을 몰랐거나 요동 도사 모문룡이 막았을 것이라고 답변해서 후금과의 오해를 풀었다고 했다.

현재 후금은 말을 먹일 꼴과 식량이 떨어져서 진정으로 화친을 원하고 있으며, 조선을 정벌하지만 소유하지 않는다는 기본방침을 가지고 있다고 설명했다. 또한 조선이 명나라의 연호를 쓰고 2

백 년 동안 신의를 지킨 것을 좋게 평가한다고 했다. 그들도 조선과 우호를 맺으면 오랫동안 지속될 것이라고 본다는 것이다.

만약 후금이 왕자를 볼모로 요구하면 가짜 왕자를 보내도 된다는 전략도 제시했고, 화친이 성립되면 자신들도 풀려나서 조선으로 귀환할 수 있다고 설명했다.

인조는 강홍립과 박난영의 설명으로 후금의 의도를 명확히 알았고 화친을 위해서 사신을 만났다. 그런데 절차가 문제였다. 후금 사신이 읍하면* 임금은 바로 손을 들기로 약속했으나, 임금은 후금 사신을 명나라 사신처럼 대등한 관계로 여길 수 없다고 여겨 손을 들지 않았다. 후금 사신은 화를 내고 나가버렸다. 조선은 전쟁의 위기에서도 여전히 명분을 중요시했다.

이귀는 땅바닥을 손으로 치면서 "대사가 끝장났구나!"라고 두 번 외쳤다. 이귀는 최명길과 더불어 줄곧 화친을 주장했는데, 화친이 깨지는 것을 우려한 것이다. 그 외 대부분의 신하들은 명나라와의 의리와 명분, 오랑캐라고 무시했던 지난날의 감상에 우쭐대며 강경론을 펼쳤다.

그러나 현실적으로 군사훈련을 안 했고 군량이나 장비가 부족했으며, 이순신 장군처럼 군사를 이끌 치밀한 지휘관도 없었다. 평안 병사 남이흥처럼 성을 지키면서 싸우다가 전사한 장수가 있었지만, 대부분은 지레 겁을 먹고 성을 버리고 도망갔다. 싸우자는 말은 강했으나, 그것을 실천할 인물이나 힘과 전략은 부족했다.

---

• 읍(揖)하다: 인사의 예 중 하나로서, 두 손을 맞잡아 얼굴 앞으로 들어 올리고, 허리를 앞으로 공손히 구부렸다가 몸을 펴면서 손을 내린다.

### ●●● 정묘호란, 50일 만에 화친으로 끝나다

조선은 화친을 선택할 수밖에 없었고, 볼모를 선정하는 등 준비를 했다. 화친이 거의 성립될 무렵, 비변사는 철수를 준비하는 후금을 공격하자고 뜬금없이 주장했다. 병사들은 이미 화친 분위기를 눈치 채고 싸울 의사가 없었다. 임금도 비변사의 주장은 유학자들의 주전론에 맞장구를 치는 척하는 호언장담에 불과하다고 신뢰하지 않았다.

인조와 비변사는 서로가 뒷북만 치는 엇박자였다. 인조 5년 2월 24일, 임금은 화친을 맹세하는 문서를 보냈다.

"조선과 금은 화친하고, 두 나라 사이의 국경을 지켜서 원수를 맺지 말고 영원토록 서로 좋게 지냅시다. 이 맹약을 위반하면 하늘이 화를 내릴 것입니다."

2월 28일, 후금도 두 번째 왕자가 문서를 보냈다.

"귀국도 화친을 맹세하여 두 나라의 전쟁을 끝내는 것은 백성들의 복입니다."

후금은 조선이 요구한 조건을 들어주었다. 명나라 연호를 그대로 사용하고 가짜 볼모를 묵인했다. 두 나라는 형제의 나라이고, 후금은 조선을 침범하지 않을 것을 맹세했다.

그러나 또다시 형식적인 절차로 줄다리기가 있었다. 후금은 소와 말을 죽여서 희생하는 것이 자신들의 전통적인 맹세라고 하면서 조선 국왕도 희생을 하라고 요구했다. 희생은 동물을 죽여서 피를 마시고 입술에 바르는 '삽혈동맹'이다. 조선은 왕이 희생하는 것은 절대로 받아들일 수 없는 굴욕이라고 여겼다. 그래서 신하가 대신 하는 것으로 조정되었다.

3월 3일, 후금이 조선을 침입한 50여 일 만에 화친이 성립되었다.

"조선 국왕과 금은 맹약한다. 두 나라가 화친을 결정했으므로 앞으로는 서로 맹약을 준수해서 자기 나라를 지키도록 한다. 사소한 일로 다투거나 도리에 어긋나는 일을 요구하지 않는다."

조선은 명나라와 관계를 유지하는 대신 후금을 형으로 올려주었고, 후금은 조선과 명나라와의 외교 단절을 끌어내지 못했지만 조선의 발목을 어느 정도 잡았다. 절반씩 양보한 셈이다.

정묘호란은 화친으로 끝났다. 조선은 계속 평화를 누릴 수 있을 것인가?

남은 이야기

## 백성의 삶보다
## 아버지 추숭에 집착한 인조

■■■ 인조가 아까운 인재에게 물은 말 ■■■

인조는 반정에 성공한 후 광해군 때 핍박받은 신하들을 복귀시키고 전국의 인재를 널리 찾도록 했다. 김장생, 박지계, 장현광이 유일遺逸로 천거되어 조정에 들어왔다. 유일은 학식과 명망이 높아서 과거를 거치지 않고 벼슬에 발탁되는 인재를 일컫는다.

　인조는 전국의 명망 있는 유일을 만나서 백성을 위한 올바른 정치를 펼칠 방안을 묻고 귀 기울여야 했다. 하지만 우선 자신의 관심사항인 아버지 정원군의 추숭에 관해서 물었다. 인조에게는 백성의 삶보다 돌아가신 아버지 정원군의 위상이 우선이었다. 아버지 정원군을 '군'에서 '왕'의 반열로 올리고 신주를 종묘에 모시고 싶어했다.

　박지계는 아들이 왕이 되었으므로, 그 아버지를 왕으로 올리고 종묘에 신주를 모실 수 있다며 추숭에 찬성했다. 그러나 김장생은 선조와 광해군 사이에 정원군을 다시 왕으로 올려서 끼워 넣을 수 없다며, 선조도 중종의 손자로서 왕위에 올랐지만 그 아버지를 왕으로 올리지 않고 '대원군'으로 했다고 예를 들었다. 김장생은 평생 예학에 몰두했고 권위가 있었기에 그의 말은 설득력이 있었다. 삼정승, 예조판서와 신하 대부분도 김장생의 의견과 비슷했다. 인조도 김장생의 논리에 수긍한 듯 보였다.

### ▮▮▮ 생떼를 부리다 ▮▮▮

인조반정의 1등 공신 이귀가 꺼져가는 불씨를 다시 살렸다. 그는 박지계의 논리가 맞다면서 추숭 반대자들에게 화를 내고 욕설을 퍼부으며 압박했다. 하지만 조정의 절대 다수가 추숭에 반대해서 더 이상 추진할 수 없었다.

인조에게 다시 지원군이 생겼다. 인조 8년 12월, 홍문관 부교리 최유해는 명나라 사신으로 가서 명나라의 유명한 유신이자 관리인 송헌에게 조선의 추숭에 관해서 물었고, 송헌은 예설禮說을 지어서 보냈다. 이귀는 명나라 관리까지 끌어들여 다시 추숭의 불을 지핀 것이다.

인조 5년 4월, 임금은 다시 추숭을 논의하려고 삼정승을 불러 물었으나, 모두가 반대했다. 우의정 이정구는 효의 마음은 이해하지만, 후세에 비난받는 허물 있는 임금이 되지 말라고 간언했다.

인조는 이번에는 쉽게 포기하지 않았다. 명나라 황제에게 주청해서 그 결정에 따르겠다며 생떼를 부렸다. 그럼에도 신하들이 굴하지 않자, 인조는 홍문관원 이행원 등을 국문해서 관직을 삭탈하고 유배 보냈다. 임금의 자문기관인 홍문관원을 유배 보내는 것은 연산군 같은 폭군이 하는 짓이었다.

좌의정 김류도 추숭 반대를 강하게 주장해서 파직됐다. 예조판서가 반대하자 파직하고 그 후임자를 추천하지 말라고 했다. 인조가 아버지의 추숭에 얼마나 집착하고 있는지를 알 수 있다.

### ▮▮▮ 10년을 추숭에 집착한 인조 ▮▮▮

인조 9년 11월, 이귀는 이조에서 추숭 반대론자들만 발탁해서 추숭 논의가 이루어지지 않는다면서 자기가 이조판서를 맡겠다고 나섰다. 조선에서 삼정승이나 판서는 세 명의 후보가 추천되어 임명되고, 또한 임명되더라도 보통 한두 차례 짐짓 거절하는 예를 취한다. 그럼에도 이귀는 이조판서를 낯두껍게 자천했고, 인조는 이귀를 이조판서로 임명했다.

그해 12월, 인조는 조정의 반대에도 불구하고 막무가내로 밀어붙여 승정원에 명을 내려 추숭 절차를 밟도록 했다. 승정원이 명을 끝끝내 거부하자 이들을 파직했다. 추숭에 반대하는 신하를 심지어 '무뢰한'이라고까지 몰아붙였다.

인조는 임금이 사용할 수 있는 인사권과 형벌권을 휘둘러 결국 조정의 동의 없이 추숭 도감을 설치했다. 그리고 아버지 정원군을 추존왕 원종, 어머니를 인헌왕후로 올려 종묘에 신위를 모셨다.

인조가 즉위 초기부터 관심을 두어 10년 만에 부모의 추숭이 이루어졌다. 조정 대부분이 동의하지 않은 절차였으나, 임금이 집요하게 추진한 결과다. 특히 『인조실록』 9년에서 10년 초기까지는 거의 추숭 논의에 관한 기록이다. 추숭하려는 인조와 이에 반대하는 신하 사이에 팽팽한 대립으로 시간과 국력이 낭비되었다.

### ▲▲▲ 조선 최고의 무능한 왕 중 한 명 ▲▲▲

인조는 추숭도감에 참여한 신하들을 승진시키고 상을 내렸다. 이 중에는 32필의 말도 있었다. 전쟁에 대비하고 국토를 지키기 위해서 기른 말이 왕의 하사품으로 전락해서 민간으로 흘러 들어갔다. 인조가 나라를 운영하는 한 단면이다. 비록 부모를 추숭해서 왕과 왕비로 높였으나 국격과 국력이 올라간 것은 아니었다.

인조는 이로부터 4년 후 병자호란의 패배로 삼전도에서 이마를 땅에 아홉 번 땅에 닿아야 하는 삼배구고두례를 했다. 추숭에 쏟아부은 열정의 반의 반이라도 백성의 삶을 개선하고 국방력을 강화하는 데 썼다면, 삼전도의 치욕은 겪지 않았을지도 모른다. 인조는 부모와 더불어 왕실을 보호하는 데도 집착했다. 그 집착이 나라와 백성을 지키는 공공의 이익으로 연결되지 않았다.

인조는 26년간 재위했지만, 부모를 추숭한 외에 업적이 미미한 정도다. 오히려 정묘호란과 병자호란의 치욕이 떠오른다. 임금의 치욕은 나라와 백성의 치욕이고 굴욕이다. 인조는 나라를 잘못 운영한 반면교사이고, 그 반면교사는 인조 한 명으로 족하다.

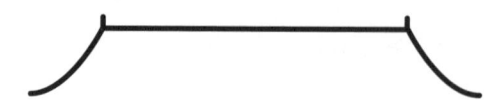

# 병자호란의 치욕

### ●●● 청나라의 침입 정보, 깜깜이었다

1636년병자년 12월 13일, 도원수 김자점으로부터 적병후금=청이 우리의 국경을 침입해서 안주에 이르렀다고 보고가 올라왔다. 안주는 평안도다. 청나라군은 이미 며칠 전인 12월 8일, 조선의 국경을 넘어서 빠르게 남하하고 있었다. 하지만 인조는 그 사실을 까맣게 모르고 있었다. 임금이 삼정승과 비변사를 소집했다.

"적이 이미 깊이 들어왔으니 어찌해야 하는가?"

영의정 김류는 경기도 군사를 소집하고 어가를 호위해서 강화도로 들어가자고 했다. 선조 때 나라의 위기에 대처하기 위해서 설치한 비변사는 뚜렷한 대책을 내놓지 못했다. 임금은 적이 아직 가까이 오지 않았을 것이라면서 정확한 정보를 기다리자고 했다.

개성 유수의 보고가 바로 이어졌다. 적군은 이미 개성을 지났다고 했다. 청나라의 선발대는 북방의 성城을 돌아서 재빠르게 남하하고 있었다. 청나라군이 한성 인근에 들이닥쳤을 즈음, 조정은 그 사실을 알았고 싸우는 대책을 세울 겨를도 없이 파천을 서둘렀다.

인조가 궁궐을 떠나서 해가 저물 무렵 남대문에 도착했을 때, 청나라군은 벌써 양철평良鐵坪 은평구 불광동으로 추정까지 내려왔다. 어느 사이 한성으로 들어왔다. 조정은 강화도가 첫 피란처였으나 청나라군이 접근하자 남한산성으로 바꾸었다.

인조는 세 번째 궁궐을 떠나는 피란길에 올랐다 인조는 이괄의 난으로 공주, 정묘호란으로 강화도로 피란했다. 임금의 피란으로 도성은 이미 아수라장이 되었다. 백성들의 통곡 소리가 하늘을 뒤흔들었다.

청군은 국경을 넘어서 우리 군사의 저지 없이 말 달리는 속도로 내려왔다. 오로지 임금을 사로잡겠다는 목표로 하는 공격이었다. 임금은 청나라군이 한성에 들어오자 그 심각성을 깨달았고 허둥지둥했다. 인조는 정묘호란 때처럼 이번에도 청군의 침입을 전혀 몰랐다. 왜 그랬을까?

### ●●● 왜 청군의 침입을 까맣게 몰랐을까?

조선과 명나라 사이에는 여진족이 있었다. 여진족은 여러 부족의 형태였다. 조선 초기에 조선은 그들이 국경을 침범하면 쫓아내고 먹을 것을 구걸하면 식량을 주었다. 또한 조선은 강경책으로 여진족을 정벌하고 온건책으로 귀화시키고 벼슬도 주었다. 조선은 강·온 양면을 적절하게 구사해서 여진족과 평화를 유지했다.

그러나 누르하치가 여진족의 여러 부족을 통합하고 후금1636년 4월 '대청'으로 이름을 바꿈을 세워서 세력이 커지고 있었다. 광해군은 그 실체를 눈여겨보고 중립외교를 펼쳤으나, 인조는 청나라를 짐짓 외면했다. 중원의 주인은 명나라이고, 명나라만이 섬길 대상으로 여겼으나, 결국 정묘호란으로 그 대가를 치렀다. 정묘호란으로 청나라와 형제의 국가로 외교를 격상했으며, 봄가을에 춘신사와 추신사를 보내 우호를 유지했다. 청나라가 원하는 시장도 열어 무역을 재개했다.

하지만 조정 내부는 복잡했다. 청의 실체를 인정하지 않았고, 명나라와 의리를 강조하는 명분론자들이 우세했다. 조선은 여전히 무武보다는 문文을 우선해서 예의와 명분을 중시했고, 청과 화의를 논하는 것을 매국에 가깝게 몰아붙였다. 그렇다고 군사를 전문적으로 키워서 국방력을 강화하지도 않았다. 제2의 이순신 장군도 없었다. 조선은 '병농일치'의 제도였다. 평소 호미나 괭이로 밭이나 논에서 일하다가 적이 쳐들어오면 칼로 바꾸었다. 조직적으로 훈련된 군사는 아니었다.

이와 동시에 청에 대한 정보수집도 소홀했다. 인조 14년 3월 8일, 의주 부윤 임경업은 청에 대한 정보를 수집하기 위해서 첩자를 보내서 상을 주자고 청했다. 하지만 인조는 체면을 내세워 적에 대한 정보수집을 하지 못하게 했다.

"첩자를 보내는 것은 사리와 체면이 온당하지 못하니 시행하지 마라."

세종은 정보수집을 위해서 여진족을 귀화시키거나 돈을 아끼지 말라고 했다. 인조와 세종은 정보수집에 대해서도 너무나 달랐다. 인조가 청나라군이 한성 주변에 들어와서야 적의 침입을 알았던 이유다.

이 외에도 다른 이유가 있다. 청나라군이 쳐들어오기 약 9개월 전, 인조는 금군禁軍, 임금을 호위하는 친위병을 통해서 평안 감사에게 밀서를 보냈다. 청과 화친을 끊고 방비를 철저히 하라는 군사기밀이 담겨 있었다. 그런데 밀서를 가지고 간 금군이 청나라 사신의 복병에게 사로잡혀 밀서를 빼앗겼다.

청나라 사신은 빼앗은 밀서의 내용을 몰래 파악하여 본국에 보고한 후, 다른 문서를 불태우면서 "귀국의 문서를 불태운다"라고 거짓말을 했다. 금군은 청나라 사신의 거짓말을 조금도 의심하지 않고 그대로 조정에 보고했다. 금군은 자신의 실수를 줄이기 위한 변명에 불과했으나, 승정원과 인조는 그 말을 믿고 밀서를 다시 보냈다. 우리의 내밀한 속내가 청나라에 들켰으나 기밀문서 탈취를 가볍게 여겼다.

청은 이후 황제국이라고 칭했고 조선을 '이국爾國, 너희 나라'으로 부르는 문서를 보냈다. 조선을 형제의 대등한 관계가 아니라 수직의 아래로 낮춘 것이다. 조정은 청이 우리를 업신여긴다고 분기탱천하며 청의 문서를 받아 온 통역을 죽이라고까지 했다.

인조 14년 6월, 조정은 성리학의 자존심을 세워서 답서를 보내고, 이를 상대를 은근히 꾸짖는 격문檄文이라고 했다. 병자호란이 일어나기 약 6개월 전 청에 보낸 문서였다.

"우리는 오래전부터 명나라를 섬겼습니다. 명나라에 대한 예의와 절개를 바꿀 수 없습니다. 귀국의 병력이 강력하다고 해도 귀국의 요구대로 따르겠습니까?"

인조는 청나라를 여전히 오랑캐로 무시하고, 명나라와의 의리를 강조했다. 비록 우리의 군사가 약하고 재물이 부족해도 대의와 하늘이 지켜줄 것이라는 명분론을 내세웠다. 성리학에서 강조한 명분과 대의, 그리고 실체 없는 하늘을 나라를 지키는 강력한 군사력보다 중히 여겼다.

조정에서는 청을 무시하고 업신여기면서 성토하는 목소리가 높았으나, 정작 청에 가서 격문을 전달하려는 자는 없었다. 허허벌판에서 나 홀로 큰소리를 치다가 상대가 나타나니 꽁무니를 빼는 꼴로, 당시의 벼슬아치들은 비겁했다. 통역 박인범이 격문 전달자가 되었다.

그러나 청나라는 격문을 받지 않았다. 박인범은 청의 분위기가 심상치 않다고 비변사에 보고했다. 비변사는 당황했고 청나라가 침입할 것으로 보고, 별도의 사신을 보내 달래려고 노력했다. 여기에 더해서 군사적 대비를 갖추려고 했다.

비변사는 삼남충청·경상·전라과 강원도의 정초군* 1만 8,300여 명을 북방으로 보내 국경을 방어해야 한다고 건의했다. 하지만 인조 14년 11월 13일, 임금은 군량 문제로 이를 거절했다. 병자호란이 일어나기 한 달 전 내린 명이었다.

- 정초군(精抄軍): 인조 때 날래고 건장한 자를 뽑아서 잡역을 면제하고 재능과 기술을 연습해서 급박할 때 활용하는 군사

"서둘지 마라. 각 읍에서 군량을 계속 대기가 어렵다. 해당 부서는 조용히 처리해서 군량을 고을에 비축해 두라."

인조는 상대의 실체를 파악하려는 정보활동을 하지 않고, 상대를 은근히 꾸짖는 격문을 보내면서도 군사적 대비 태세도 갖추지 않았던 것이다.

인조가 정보수집과 국방의 대비 태세를 소홀할 때, 청나라는 조선의 속내를 파악한 후 강경한 자세로 칼을 갈고 말을 살찌워서 공격했다. 오로지 임금을 사로잡겠다는 목표로 말 달리는 속도로 군사를 진군했다. 인조가 청나라군이 한성까지 쳐들어왔을 때에야 비로소 그 실체를 겨우 알았던 이유다.

### ●●● 남한산성에 고립되다

청나라군이 한성까지 파죽지세로 쳐들어오자, 인조와 조정은 대혼란의 소용돌이에서 위기가 바로 코앞에 있음을 알았다. 하지만 싸움보다는 피란을 떠올렸다.

처음 피란처로 정한 곳은 강화도였으나 남한산성으로 바꾸었다. 인조는 도성의 백성은 내팽개치고 제 목숨 살겠다고 남한산성으로 들어갔다.

인조는 초경저녁 7시~9시이 지나서 남한산성에 도착했다. 창졸간에 침입한 청나라군에 당황해서 중구난방으로 의견이 분분했다. 다시 강화도로 옮기자는 주장이 우세했다.

12월 15일음력 한겨울, 인조는 눈을 붙일 사이도 없이 새벽에 다시 행장을 꾸렸다. 과천과 금천을 거쳐서 강화도로 갈 요량이었다. 이날은 눈보라가 심하게 몰아쳤다. 산길은 얼어붙어 미끄러웠다. 말의 발이 얼음길을 디디지 못할 정도였다. 임금은 말에서 내려 걸었다. 발걸음이 천금의 무게였을 것이다. 임금과 일행의 더딘 발걸음으로 강화도로 가는 것은 무리였다. 다시 발길을 돌려서 남한산성으로 되돌아갔다.

인조와 조정은 하루 사이에 도성을 출발해서 강화도와 남한산성 사이에서 오락가락하는 갈지자 행보를 했다. 청나라 침입에 대한 정보수집을 전혀 하지 않고 군사력을 기르지 않은 대가를 치르고 있었다.

인조를 지킬 군사는 소수에 그쳤다. 최명길은 임금에게 청해서 적진으로 갔다. 청의 속셈을 파악하고 시간을 벌기 위해서였다. 목숨을 빼앗길 수 있었으나 현실적 문제를 해결하기 위해서 몸을 던졌다.

12월 17일, 인조는 북방을 방어하는 도원수와 팔도의 군사들에게 남한산성으로 집결해서 지원하라는 밀서를 보내고, 신하들을 모아놓고 울음을 터트리면서 하소연했다.

"나랏일이 이 지경에 이르렀다. 도성의 백성들은 모두 죽게 되었다. 과인의 탓이다."

그러나 임금의 울음은 악어의 눈물에 불과했다. 그는 정묘호란 이후 청나라를 배척해야 한다는 젊은 신하들의 강경한 주장이 이 지경으로 몰고 왔다고 했다. 과인의 탓이라고 했지만, 진짜 속내는 책임을 젊은 신하들에게 돌렸다. 국정의 최고책임자로서 할 소리는 아니었다. 또한 인조는 적이 바로 코앞에 왔음에도 아직도 명나라와의 의리에 매달렸다.

"내가 자결하지는 못할망정 어찌 먹고 마시면서 살기를 구하겠는가? 무슨 면목으로 명나라 조정과 선왕의 능에 절을 하겠는가?"

인조가 명분에 휩싸여서 한탄하고 자조하고 있을 때, 청나라군은 판교까지 내려와서 남한산성을 에워싸고 있었다. 남한산성은 점점 고립되었다.

인조가 남한산성에 들어간 지 7일째, 청나라 칸汗, 황제이 개성을 지나서 청나라군의 선발대에 합류했다. 청나라군의 숫자와 무기가 늘어났다.

인조는 고립되었으나 지원병은 오지 않았다. 도원수와 각 도의 감사에게 임금을 구원하라는 밀서를 다시 보내고, 수군까지 모두 징집하라고 명을 내렸다. 그러나 청나라군이 남한산성을 에워싸고 있어서 연락체계가 원활하지 않았다. 외부의 지원은 장담할 수 없었다.

인조는 이런 위기 상황에서도 명나라 황제의 생일을 축하하는 망궐례를 행했다. 남한산성에 도읍을 정했다는 백제의 시조인 온조의 신과 서낭당에도 세사를 지냈다. 국토가 유린당하고 백성의 생명이 오가는 절박한 상황에서 군사작전을 논의하는 대신, 명나라 황제의 생일 축하행사와 제사를 올리는 한심한 작태였다.

남한산성에는 1만 4천여 명의 군사가 있었다. 군사들은 청나라군과의 전투 외에 추위와 배고픔에 시달렸다. 한겨울이었으므로 말의 건초도 부족했다. 말을 살찌워서 전투에 활용해야 했으나,

야윈 말은 식량 대용으로 잡아먹었다. 이것은 전투력 약화를 초래하는 악순환이었다. 외부 지원이 없는 고립된 남한산성을 적나라하게 설명하는 대목이다.

각 도에서 지원 군사가 올라왔으나 변죽만 울리거나 허사가 되었다. 전라도 군사는 백 리 정도 떨어져 진을 쳤다. 청나라군에 막혀서 들어올 수 없었다. 강원도 군사는 검단산에 도착해서 횃불로 연락을 주고받았으나, 청나라군의 기습 공격으로 패했다. 충청도 군사도 마찬가지로 패했다. 남한산성의 군사도 북문 밖 평지에 진을 쳤으나, 제대로 싸우지도 못하고 역시 기습당해서 패했다. 소규모 전투에서는 이기기도 했으나 전공을 과장했다.

### ●●● 주화파와 주전파의 대립

신하들은 주화파와 주전파가 팽팽하게 나누어져 있었다. 이조판서 최명길과 예조판서 김상헌이 대표적이었다.

이조판서 최명길은 정묘호란 때부터 화의를 주장했고, 청나라군에 스스로 들어가서 적정을 살피고 그들의 요구사항을 듣고 전쟁을 피하고자 했다. 국토와 백성의 생명을 보호하려는 현실적 주장이었다. 반면 예조판서 김상헌은 최명길과 대척점으로 화의를 극렬히 반대했다. 성리학적 명분에 근거한 주장이었다. 인조는 그 사이에서 뚜렷한 줏대와 방향 설정을 보여주지 못했다.

청나라군은 칸의 지휘 아래 30만 명*이 탄천에 진을 쳤다. 탄천은 한강에서 남한산성 인근으로 이어지는 강이다. 칸은 남한산

---

• 『인조실록』 15년 1월 1일의 기록을 참고했음. 반면 삼전도비에는 10만 명이라고 기록되어 있다.

성 동쪽 망월봉에 올라서 성을 굽어보았다. 1월 2일 칸은 조선에 문서를 보냈다.

"전쟁의 책임은 조선에 있다. 항거하는 자는 반드시 죽이고 순종하는 자는 살려줄 것이다. 도망자는 사로잡고 귀순자는 대우해줄 것이다. 이러한 사실을 모두에게 알려라."

조선에게 항복하라는 것과 다름없었다. 조정은 답서를 보냈다. 최명길은 조선은 형제의 나라로서 최선을 다했다는 내용을 공손하게 쓰고, 황제의 칭호도 처음으로 사용했다. 전쟁의 위기에서 청의 실체를 인정한 것이다. 최명길에게 온통 비난이 쏟아졌다. 최명길은 자신에게 쏟아지는 비난을 나라와 임금, 그리고 백성의 생명을 지키기 위해서 감내해야 했다.

주전론자들은 오랑캐에게 굴복할 수 없다면서 군사들이 의롭게 일어설 수 있다고 주장했지만, 현실은 달랐다. 팔도에서 올라온 군사들은 청나라군에 막혀 있거나 패배했다. 청나라군을 물리쳤다는 승리 소식은 없었다. 남한산성에 비축한 양식과 건초도 점차 줄어들고 있었다.

인조는 처음의 강경론에서 점차 화의로 입장이 바뀌고 있었다. 최명길은 청의 장수에게 뇌물을 주면서까지 화의를 계속 모색했으나, 주전론자들에게 가로막혔다. 최명길의 주도로 작성한 화의 문서를 주전파인 김상헌이 찢었다. 협상의 시간을 놓치고 있었다.

### ●●● 속수무책

청나라는 더욱더 강경하게 무력으로 위협했다. 청나라군의 대포가 성안에 떨어졌다. 탄환은 거위 알 정도였고 사망자도 발생했다. 성안 사람들은 놀라고 두려워하며 혼비백산했다. 남한산성으로 떨어지는 대포 소리가 점차 커지고 그치지 않았다. 성 위에 쌓은 담이 탄환에 맞아서 무너졌다. 대포는 위협적인 존재였고 맞대응을 하지 못했다.

시간을 잠시 과거로 되돌려보자. 인조 9년 7월, 임금이 남한산성을 수축하는 총융사 이서의 보고를 받는 자리에서 "남한산성은 포루砲樓가 한 곳도 없으니 이것이 결점"이라고 하자, 이서는 "포루는 성 방비에 방해가 되어 처음부터 설치하지 않았습니다"고 했다. 포를 쏘면 연기와 불꽃으로 사방이 어두워져 잘 안 보인다고 하면서 말이다. 이에 남한산성의 포루 설치는 흐지부지되었다.

총융사 이서는 군사와 장기적인 안목이 부족했고, 인조는 신하의 오판을 시정하지 못했다. 게다가 인조는 광해군이 설치한 화기도감을 없애고 더 이상 화약무기 개발과 훈련을 하지 않았다. 그로 인해 남한산성은 청나라군의 대포 공격에 속수무책이었다.

군사들은 동요하고 두려워했다. 군사들은 적과의 싸움 대신 현실적인 어려운 상황과 싸워야 했다. 싸울 무기와 식량이 부족했고, 추위와 배고픔 등 최악의 조건이었다. 현명한 지휘관, 군사장비, 식량 등이 모두 열악했다. 군사들은 총알받이로 전락할 수 없었다. 남한산성의 핵심 전력인 훈련도감과 어영청 군사들은 행궁 임금의 임시 거처 밖에 몰려와서 협상을 배척한 신하들을 적의 진영으로 보내도록 요구했다.

여기에 엎친 데 덮친 격으로 강화도가 함락되었다는 소식이 전해졌다. "오랑캐청는 말馬로 전투를 하기 때문에 바다를 건너지 못할 것"이라고 안일하게 판단하고 강화도는 철옹성이라고 믿고 있었기에, 강화도 함락은 충격 그 자체였다.

청나라는 3만 군으로 강화도로 향했고 대포로 선제공격을 했다. 강화 유수, 충청 수사 등 지휘관들은 멀리서 바라보고 싸우지도 않고 도망쳤다. 지휘관이 없는 병사는 의미 없는 숫자에 불과했다. 강화도로 피란 간 사대부 여인들도 정절을 지키기 위해 바다로 뛰어들었다. 그 숫자가 너무 많아 기록할 수 없을 정도였다. 세자의 동생 봉림대군도 사로잡혔다. 오랑캐에게 굴복하느니 차라리 의를 지키겠다며 자결하는 사람들도 늘어갔다. 본인은 죽음으로 의를 실천했을지 모르지만, 살아야 하는 백성은 누가 지켜야 하는가?

조선을 지키는 것은 성리학적 의리와 명분이 아니었다. 군사와 무기였고, 철저한 훈련과 군량이 뒤따라야 했다.

### ●●● 삼전도의 치욕

인조는 청나라의 요구 조건을 받아들이고 항복할 수밖에 없었다. 그나마 국토와 백성을 보전하는 길이었다.

청나라는 항복 조건을 보냈다.

- 명나라와 관계를 끊고, 청나라의 제도를 따를 것
- 소현세자와 봉림대군을 인질로 할 것
- 대신들의 자손도 인질로 할 것

- 청이 명나라를 정벌할 때 지원할 것
- 신·구 성을 수리하거나 신축하는 것을 허락하지 않는다

등이었다.

이조판서 최명길이 처음에 주장한 대로 좀더 일찍 협상을 했더라면 항복조건이 완화되었을지도 모른다. 청나라는 조선이 버티는 시간만큼 더 강경해졌기 때문이다. 이는 조선이 경험하지 못한 굴욕적인 조건이었다. 군사력은 약했고 현실적인 힘도 없이 주전론과 명분론에 휩싸인 결과였다. 여기에 인조가 치러야 할 치욕은 아직 남아 있었다.

청은 항복의식을 별도로 치르겠다고 했다. 인조는 왕이었지만 항복한 죄인의 신분이었다. 원래는 왕이 몸을 결박하고 관棺을 끄는 의식으로 남한산성을 나와야 했지만, 이것은 그나마 최명길의 협상 덕택으로 없앴다. 그 대신 왕은 항복한 죄인이었으므로 곤룡포를 입을 수 없고 남색으로 물들인 옷차림을 해야 했으며, 남한산성의 남문으로 나올 수 없고 대신 서문으로 나와야 했다.

인조 15년 1월 30일, 왕이 백마를 타고 삼전도에 도착했다. 청의 황제는 단의 중앙에 자리를 잡고, 군사들이 좌우에 갑옷과 투구 차림으로 무기를 들고 호위했다. 음악을 연주했다. 청은 축하 음악이었고, 조선은 비애의 음악이었다.

인조는 걸어서 단의 동쪽에 섰다. 청의 장수 용골대가 황제의 말을 대신 전했다.

"이제 임금께서 용단을 내렸으니 매우 기쁘고 다행스럽습니다."

"천은이 망극합니다."

인조는 3번 절하고 9번 머리를 땅에 닿게 하는 삼배구고두를 했다. 항복한 자가 자신을 최대한 낮추는 예다. 도승지 이경직이 국보國寶를 바쳤다. 인조는 무릎을 꿇어 청나라의 신하가 되었고 나라의 주권은 빼앗겼다.

인조는 해 질 무렵에 도성으로 돌아왔다.

"우리 임금이시여, 우리 임금이시여, 우리를 버리고 가십니까?"

인조는 백성의 한 맺힌 통곡을 들으면서 한밤중에 창경궁 양화당으로 돌아왔다, 인조가 궁궐을 떠난 지 47일 만이었다. 인조는 조선 왕으로서 여태까지 오랑캐로 무시한 종족에게 머리를 땅에 닿도록 조아리는 최대의 치욕을 당했다. 인조는 삼전도의 치욕을 당하면서 복수할 마음을 다졌을까?

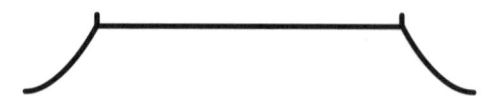

# 와신상담 할 수 있을까?

인조는 3번 이괄의 난, 정묘호란, 병자호란이나 궁궐을 떠나 피란 생활을 하고 창경궁으로 돌아왔다. 조선의 왕으로서 너무나 큰 치욕을 겪었다.

### ●●● 참담한 나라와 도성

임금의 치욕에 척화파 예조판서 김상헌과 이조참판 정온은 자결을 시도했으나 미수에 그쳤다. 또한 청나라와 끝까지 싸움을 주장한 홍익한, 윤집, 오달제 등은 소현세자, 봉림대군과 함께 청의 인질이 되었다.

인조가 돌아온 도성과 궁궐은 참담했다. 궁궐과 민가는 대부분 불타고 길거리는 시체가 여기저기 널브러져 있었다. 하급 관리는 부모와 가족을 찾겠다고 분주히 오갔고, 고위직 자리는 서로 맡지 않으려 했다. 고위직 자제들은 청의 인질로 끌려가야 하기 때문이었다.

백성도 항복의 대가를 치르고 있었다. 많은 백성이 납치되어 끌려갔고 그중에는 부녀자도 상당수 포함되었다. 부녀자들은 이후 조선으로 돌아와서도 이혼과 눈총으로 버림을 받았다. 나라가 부녀자들을 지켜주지 못한 책임을 누구 하나 지려고 하지 않았고, 부녀자들에게만 책임을 씌웠다.

인조 15년 2월 9일, 임금은 그나마 전란의 후유증을 수습하고 대책을 내놓으면서 백성과 군사에게 후회와 다짐의 글을 발표했다.

"과인 한 사람 때문에 모든 백성이 참화를 당했다. 그 죄는 과인에게 있다. 지난날을 되돌아보면 잘못한 것이 한둘이 아니다. 갑옷과 병기를 수선하지 못했고 군량을 비축하지 못했다. 재앙이 나타난 하늘의 경고에도 두려워할 줄 몰랐고, 백성의 원망과 한탄의 소리를 제대로 듣지 못했다. 이제 묵은 폐단을 통렬하게 징계하고 가혹한 정치를 없애서 전란을 막고 백성을 보호하고자 한다."

인조는 반성문을 제대로 썼다. 반정으로 즉위해서 15년이나 지나서야 두 번 다시 소를 잃지 않도록 외양간을 단단하게 고치겠다고 맹세했다.

사간원 대사간 김세렴은 민심 수습책을 제시하면서 월왕 구천의 고사를 인용했다. 구천은 한때 오나라 왕 부차에게 패배했으나 그 치욕을 씻기 위해 장작더미 위에서 자고 쓸개를 핥으면서 힘을 키워서, 마침내 부차를 꺾은 '와신상담' 이야기의 주인공이다.

### ●●● 이전과 달라진 인조

인조는 병자호란 이전과 확연하게 달라졌다. 나름의 굳은 결심이 있었고 행동으로 옮겼다. 그 속마음을 슬쩍 내비친 것이 '와신상담' 글자에 대한 조치였다. 청나라와의 문서에는 '와신상담'의 글자를 사용하지 못하게 했다. 우리가 와신상담하고 있음을 청나라가 눈치를 채지 못하게 하려는 조처였다.

조정의 공식문서는 청나라 연호를 썼지만, 나라의 제사는 명나라 연호를 사용했다. 오영五營*의 군사를 점검하고 수어청과 어영청을 강화했다. 나라를 회복하겠다는 의지였다.

인조 16년 1월 1일, 홍문관 부제학 이경석은 임금에게 새해를 다짐하는 글을 올렸다.

"닭이 우는 첫새벽에 일어나서 부지런히 쉬지 말고 도성을 떠나 피란하던 때를 늘 생각하소서. 남한산성에서 비바람을 무릅쓰고 간절하게 기도하던 심정을 잊지 마소서."

"그대가 올린 글이 정성이 깊고 내용이 지극하다. 어찌 감히 마음에 새겨두고 힘껏 실행하지 않겠는가."

인조는 다시 마음을 다지고, 남한산성의 패인은 군량 확보와

---

● 오영(五營): 임진왜란 이후 오위(五衛)를 고친 것으로, 훈련도감·총융청·수어청·어영청·금위영 등 중앙의 핵심 다섯 군영을 일컫는다.

무기의 열세라고 분석했다. 1월 4일에는 호조판서 심열에게 식량을 점검해서 남한산성 등에 충분한 군량을 비축할 수 있도록 하고, 공조판서 이시백에게는 무기 상황을 점검하도록 했다.

"적을 막는 군사 장비는 대포만 한 것이 없다. 남한산성에 대포를 갖추지 못한 것이 큰 흠이었다."

"현재 대포를 갖추려고 합니다. 그러나 구리와 쇠가 부족해서 뜻대로 되지는 않습니다."

인조는 신하들과 경연을 통해서 나라가 준비할 것을 틈틈이 논의하고 다른 대책도 세워 나갔다. 목책이나 토성을 쌓고 수군도 정비했다. 지역에도 산성을 쌓았다. 청나라와 항복 조건에 '산성을 수리하거나 신축하지 않는다'라는 조항이 있었지만, 왜구의 침입에 대한 방비용이라는 논리를 세웠다.

남한산성을 수축해서 포루를 설치했다. 활과 포를 쏘는 훈련도 했다. 병조판서 이시백은 병사를 격려하기 위해 손수 포를 쏘는 시범을 보였다.

평안도의 북쪽 지역에는 전쟁 중에 청나라군의 군량으로 많은 소가 희생되었다. 국가가 지켜주지 못한 백성의 소를 몽골 등에 가서 사와서 민간에게 나누어 주었다. 인조의 와신상담도 백성의 힘이 뒷받침되어야 하기 때문이다.

인조 16년 11월 11일, 임금은 선조가 의주에 피란해서 압록강을 바라보면서 지은 시 한 수를 신하들에게 들려주었다.

"압록강의 바람에 마음이 상하고
어찌 다시 동인과 서인을 찾을 것인가."

선조가 동인과 서인으로 갈라진 붕당을 비난한 시였다. 인조는 병자호란 이후 주전파와 주화파로 쪼개진 붕당을 우려하고 조정의 화합을 강조했다. 임금은 나름대로 착실하게 와신상담을 준비하고 있었다.

병자호란 항복의 대가는 컸다. 청나라의 요구는 계속 늘어났다. 말·가죽·쇠붙이·쌀·꿀·홍시 등을 요구했고, 우리가 보내는 짐이 많을 때는 5백여 바리말이나 소의 등에 잔뜩 싣는 짐였다. 과거에 명나라에 우리의 특산물 등 물품을 바치면 돌아오는 것이 더 많아서 경제적으로는 이익이었다. 그러나 청나라는 일방적 요구뿐이었다.

청은 군사지원도 요구했다. 육군 5천 명, 수군 6천 명과 함선, 군량을 요구하고, 지휘는 자신들이 하겠다고 했다. 군사 지원을 미적대면 인질로 잡힌 소현세자의 안위를 위협했다. 청나라 황제를 칭송하는 비도 삼전도에 세워 주어야 했다.

인조는 청의 요구사항이 지나쳐도 겉으로 드러나지 않게 맞추어 주고 속으로는 복수의 각오를 다졌다. 인조는 병자호란 이전과 뚜렷하게 달라진 모습을 보였다. 그러나 인조의 이러한 각오와 노력이 한 순간에 물거품이 되는 사건이 발생한다.

### ●●● 북벌의 의지가 물거품이 된 사건

인조 17년 12월, 청나라 사신 마부달의 일행이 황제의 칙서를 가지고 왔다. 군사와 군량을 지원하라는 요구였다. 마부달은 자신의 임무를 끝내고 삼전도비를 돌아본 후 사냥을 핑계로 내세워서 남한산성을 샅샅이 둘러봤다. 그리고 승지 등을 숙소로 불러서 강하게 질책했다.

"병자호란 조약 중에 산성과 해도를 다시 고쳐 짓지 않는다는 조항이 있습니다. 그런데 남한산성을 보수해서 포루를 설치하고 군량이나 말먹이 풀도 저장했습니다. 남한산성을 허물도록 하시오."

조선은 왜군의 침입에 대한 방비용이라고 설명했으나 통하지 않았다. 인조는 새롭게 보수한 남한산성을 허물었으나, 청의 요구는 더욱더 강경해졌다. 청은 영의정 등을 소환했고 남한산성 수축뿐만 아니라 군사 지원 등 여러 가지 생트집을 잡아서 문책했다. 차마 들을 수 없는 말도 했다.

이후의 『인조실록』을 보면, 병자호란 이전과 비교해서 정사를 기록한 양이 절반도 안 된다. 인조는 목표를 잃은 것처럼 정사 처리에 매우 소극적이었다. 신하들의 말에 "가상하다", "유념하겠다", "채용하겠다" 등 대답은 잘했으나 그뿐이었다. 대답한 내용을 실천으로 옮긴 것이 거의 없을 정도였다.

인조는 병자호란 이후 1~2년 동안 굳은 각오로 와신상담을 모색했다. 그 마음은 진정이었고 행동으로도 옮겼다. 그러나 청나라 사신 마부달의 남한산성 답사와 문책 이후 북벌의 의지는 한풀 꺾였다. 좀더 세밀하고 지혜롭게 와신상담을 다시 살리려는 노력을 하지 않았다. 충무공 이순신 장군처럼 맡은 직분에 충실해서 미래를 대비하는 지휘관도 없었다. 인조와 인조 시대의 한계였다.

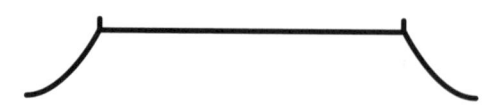

# 소현세자 독살설

소현세자의 삶은 기구했다. 인조의 원자로 태어나서 세자가 되고, 청나라 인질로 끌려갔다 귀국했으나 70여 일 만에 죽었다. 33세의 젊은 나이의 죽음은 의혹을 불러일으켰고, 독살되었다는 의혹으로 번졌다.

### ●●● 청에서 8년간의 인질

인조는 즉위 3년에 14세의 맏아들 왕汪을 세자로 삼는데, 바로 소현세자다. 소현세자는 2년 후 정묘호란을 맞이했고, 4도 체찰사 이원익의 보좌를 받으며 전주까지 내려가서 분조를 이끌어 후방을 지원했다. 병자호란 때는 분조를 설치하지 않고, 인조와 함께 남한산성에 들어갔다. 47일간 전쟁과 백성의 고통을 경험했다.

세자로서 2번 궁궐을 비우고 전쟁을 겪은 것이다.

소현세자는 25세 때 부왕의 항복으로 볼모가 되어 청나라로 가게 되었다. 조선의 세자가 처음으로 인질이 되어 타국에서 생활해야 했으며, 그의 삶도 완전히 바뀌었다.

소현세자는 궁궐을 떠나면서부터 인질이 된 서글픈 신세를 경험해야 했다. 북으로 떠날 때, 신하들은 길거리로 나와 세자가 탄 말을 부여잡고 울부짖었고, 세자는 잠시 멈추었다. 그러나 그 시간은 잠깐이었다. 이때 청나라의 조선인 통역 정명수가 세자 일행에게 채찍을 휘두르고 모욕적인 말로 갈 길을 재촉했다. 모두가 경악했다.

정명수는 평안도 은산현의 하인 출신으로, 광해군 때 강홍립의 군대에 편입되어 청나라와 싸운 심하전투에 참여했다가 청나라에 그대로 남아 청나라 말을 배워 병자호란 때 통역으로 왔다. 청나라의 통역이라는 완장을 찬 그는 소현세자 일행을 호령하고, 재상 위에 군림할 정도로 횡포를 부렸다. 조선의 신하들은 그를 말리지 못했다. 전쟁의 패배가 초래한 또 다른 수모였다. 정명수의 안하무인 행동은 앞으로 세자의 인질 생활이 녹록하지 않음을 예고했다.

인조 15년 2월 8일, 임금도 세자 일행을 데리고 가는 청나라군을 전송했다. 책임자는 구왕九王이었다.

"자식들은 깊은 궁궐에서만 생활했습니다. 북으로 가는 도중 온돌방에서 잠을 잘 수 있으면 다행이겠습니다."

"세자를 만 리 길을 떠나보내니 여러모로 마음이 쓰이겠지요.

임금께서도 건강에 유의하십시오. 군사의 갈 길이 매우 바쁘므로 하직합니다."

 세자가 떠날 때는 음력 2월이었다. 북으로 갈수록 겨울 추위가 매섭다. 인조는 적장에게 세자가 온돌방에서 잠을 자도록 부탁했다. 세자와 봉림대군은 임금에게 하직 인사를 올렸고, 임금은 눈물을 흘리면서 전송했다.

 "부지런해라. 지나치게 화내지 말고 가볍게 보이지도 말라."

 소현세자는 엎드려서 분부를 받았다. 신하들은 세자의 옷자락을 당기면서 통곡했다. 소현세자는 주상 전하 앞에서 눈물을 보이지 말라고 하면서 신하들에게 이별의 말을 남겼다.

 "각자 진중하도록 하라."

 소현세자는 마침내 말에 올라서 한성을 떠났다. 그리고 인조 23년 2월 19일, 소현세자는 8년간 청나라 심양에서 생활하고 돌아왔다. 인조는 교서를 반포해서 그 기쁨을 나타냈다.

 "세자가 돌아오게 되었으니 해와 별이 거듭 빛났다. 세자를 떠나보낼 때는 울었으나, 이제는 웃을 수 있게 되었으니 마땅히 새롭게 시작해야 할 것이다."

 인조는 소현세자의 귀국을 환영하고, 나라의 큰 경사가 있을 때 치르는 과거시험인 증광과를 실시했다. 전국의 선비들은 등용의 기회가 되기 때문에 청운의 꿈을 안고 한성으로 모여들었다.

 그러나 이 기쁨은 잠시였다. 소현세자는 귀국 후 인질 생활의 후유증으로 여러 병에 시달렸다. 어의는 학질로 진단하고 침과 약으로 치료했으나 효과가 없었다. 소현세자는 귀국 70여 일 후 승하했다. 33세로 너무나 황망한 죽음이었다.

### ●●● 소현세자 독살설의 5가지 근거

소현세자는 8년간의 인질 생활로 여러 가지 어려움을 겪었음에도 불구하고, 귀국 후 부왕 인조로부터 냉대를 받았다. 소현세자가 인질이 된 것은 누구 탓인가? 일반적인 상식으로 임금의 태도는 이해하기 어려웠다. 그리고 소현세자는 너무 이른 나이 33세에 황망하게 죽었고, 그 시신이나 죽음의 처리과정에도 석연찮은 면이 있어서 독살설로 퍼졌다. 현대에도 소현세자의 독살설에 관한 여러 종류의 책들이 출판되었고, 드라마나 영화의 소재가 되었다. 모두 『인조실록』을 근거로 한 것이라며 내용에 대한 신뢰를 강조했다.

우선 소현세자의 독살설을 제기하는 근거를 보자.

첫째, 인조의 의심과 냉대이다. 소현세자가 청나라의 인질로 간 7년째인 인조 22년 12월 6일, 청나라로부터 갑자기 세자를 돌려보내겠다는 소식을 받고 임금과 우의정이 나눈 대화를 보자.

> **우의정 서경우**: 세자가 귀국하는 것은 뜻밖의 일입니다. 조종의 신령이 도왔고, 나라의 경사가 이보다 더 큰 것이 있겠습니까?
> **인조**: 청나라의 조치는 좋은 뜻이지만 다른 속뜻은 없는가?
> **우의정 서경우**: 다른 염려는 하지 않아도 됩니다.

청나라는 이보다 앞서 북경을 점령해서 중원을 통일하고, 명나라를 멸망시켰다. 조선이 더 이상 명나라를 지원할 근거가 사라졌기 때문에, 청나라는 조선의 인질을 굳이 붙잡아 둘 필요가 없었기에 소현세자를 돌려보낸 것이다.

그러나 인조는 명나라의 멸망을 인정하지 않고 남은 세력이 복수할 것이라고 믿고 있었기에, 우의정에게 청나라의 속뜻을 물은 것이다. 청나라가 소현세자를 귀국시켜 임금의 자리를 새롭게 하겠다는 의도가 아닌가? 즉, 청에 대해 비협조적인 자신을 어좌에서 내리고, 청에 좀더 우호적인 소현세자를 어좌에 올리려는 의도가 아닌가를 의심해서 이러한 질문을 한 것이다. 우의정뿐만 아니라 다른 신하들도 그런 의도는 전혀 없다고 대답했고, 더 이상의 논의로 확대되지는 않았다.

그러나 인조의 이 발언은 소현세자를 의심한다는 추측을 불러일으켰다. 귀국 이후 실제로 세자를 냉담하게 대했다. 8년간 인질 생활을 한 아들을 따스하게 대하지 않았다.

둘째, 소현세자에게 마지막으로 침을 놓은 이형익에 대한 의심이다.

인조는 전 현령인 이형익이 번침燔鍼, 불에 달군 침으로 괴질을 치료한다는 소문을 듣고 불러 내의원에 소속시키고 자주 번침을 맞고 신뢰했지만, 신하들은 그가 망령되고 사람들을 현혹한다며 궁에서 내쫓기를 여러 차례 청한 바 있었다.

어의가 소현세자가 학질에 걸렸다고 진단한 후, 이형익은 소현세자가 승하하기 전 이틀 동안 번침을 놓았다. 그러나 세자는 회복되지 못했다. 신하들은 이형익을 국문해서 처벌을 요구했으나, 인조는 끝까지 들어주지 않았다.

또한 이형익은 인조의 후궁 조소용과도 친분이 깊었다. 조소용은 소현세자 내외와 사이가 좋지 않았고, 특히 세자빈은 대역부도하다고 인조에게 참소해서 모함했다. 조소용의 참소는 후일 세자빈 강씨를 죽음으로 몰아가는 촉매제가 된다. 즉, 인조가 신뢰한 이형익과 후궁 조소용이 공모해서 세자를 죽음으로 몰고 갔다는 의심이다.

셋째, 인조가 세자의 입관을 서둘렀다는 혐의다. 인조는 대신들의 반대에도 불구하고, 세자의 시신을 사대부의 관례처럼 3일 만에 입관했다. 이는 세자의 시신을 빨리 덮으려 한다는 의혹을 불러일으켰다.

넷째, 소현세자가 죽은 후 후계 문제에 대한 의혹이다. 인조 23년 윤6월 2일, 임금은 자신의 네 아들 중에서 소현세자의 후계를 세우겠다는 뜻을 밝혔다.

"과인에게 오래 묵은 병이 있고 이따금 심해지고 있다. 그런데 원손소현세자의 아들은 미약하니 성장하기를 기다릴 수가 없다. 과인은 대군大君, 인조의 아들 중에서 세자를 세우고자 한다."

이에 신하들은 반대하며, 소현세자의 아들 중에서 새로운 세자를 세우는 것이 예부터 내려온 법도라고 주장했다. 소현세자는 세 아들을 두었고, 맏아들 석철은 10세였다. 신하들이 계속 반대하자, 인조는 화를 내고 꾸짖어 입을 막았다. 심지어 원손의 자질이 나라를 감당할 재목이 아니라고 깎아내리고, 결국 자신의 둘째 아들 봉림대군을 소현세자의 후계로 밀어붙였다.

또한 인조는 소현세자빈과 손자들에 대해 극도의 불신감을 드러냈고 결국 죽였다. 특히 어린 손자 3명을 제주도로 유배를 보내고, 급기야 죽음에까지 이르게 한 것은 임금 이전에 인간, 특히 할아버지로서 할 수 없는 행동이었다. 이것은 소현세자의 독살설에 기름을 붓는 격이었다(뒤에서 상세히 다룬다).

다섯째, 소현세자의 시신에 대한 증언이었다. 종친 이세완은 인조 23년 6월 27일, 세자의 염습에 참여해서 시신을 보고 주변 사람들에게 증언했다.

"세자의 온몸이 전부 검은 빛이었다. 이목구비의 일곱 구멍에서 모두 선혈이 흘러나왔다. 검은 천으로 얼굴의 반을 덮었으나, 얼굴빛을 구별할 수 없어서 마치 약물에 중독되어 죽은 사람 같았다."

종친 이세완의 증언은 소현세자의 죽음이 독에 의한 것이라는 독살설의 증거로 제시되었다. 이 증언으로 지금까지 독살설에 대한 여러 가지의 의심이 확신으로 바뀌었다.

위의 기록은 모두 『인조실록』을 근거로 했다. 국가의 공적 기록임으로 신뢰할 수밖에 없는 측면이 있다. 소현세자는 과연 독살되었을까?

### ●●● 독살설이 근거 없는 이유

『인조실록』의 기록만을 보면, 소현세자의 독살설은 어느 정도 근거가 있어 보였다. 그러나 실록이 놓친 기록이 있다. 소현세자는 8년간 청나라에서 생활했는데, 그 8년간 무슨 일이 있었는지는 실록으로는 알 수 없다.

조선은 기록을 철저하게 했다. 사관이 소현세자를 따라서 청나라에 함께 가서 인질 생활을 기록했다. 이것이 『소현심양일기』이다. 여기에 소현세자가 귀국해서 승하하기까지의 기록이 하나 더 있는데 『소현을유동궁일기』이다. 두 기록은 사관이 소현세자가 청나라 인질로 잡혀간 심양에서의 생활과 건강상태, 귀국한 후 사망에 이르기까지를 일기 형식으로 기록했으며, 2008년에 번역 완료되어 공개되었다. 두 기록을 근거로 해서 『인조실록』이 기록하지 못한 소현세자의 생활환경과 건강상태를 살펴보자.

소현세자는 청나라의 심양에서 인질 생활을 했는데, 수행 인원이 500명이 넘었으며, 청이 지어준 관소에서 생활했다. 세자는 낯선 땅·풍토·물에 적응해야 하고 함께 간 인질도 돌봐야 했다.

청은 처음에 먹을 것을 제공했으나 부담이 되자, 땅을 떼어주고 자급자족하게 했다. 세자를 중심으로 스스로 땅을 일구어서 먹고 입을 것을 마련했다.

심양에 도착한 후 척화를 주장한 윤집·오달제·홍익한은 주장을 굽히지 않아서 결국 살해당했다. 세자는 타국에서 신하들이 잔혹하게 죽는 것을 지켜봐야 했다. 아무런 도움이 되지 못했으니 그 심정이 오죽했을까?

그 후 척화를 주장한 김상헌과 청과 화해를 모색한 최명길도 잡혀 와서 옥에 갇혔다. 최명길은 청을 배반했다는 이유였다. 세자는 잡혀 온 두 신하들을 마음대로 만나거나 돌볼 수 없었다. 세자도 인질 신세로서 활동의 한계가 있었고 심리적 압박으로 작용했다.

조선은 병자호란으로 청과 부자지간의 관계로 설정되었지만, 속으로는 인정하지 않았다. 명나라를 여전히 재조지은(再造之恩, 임진왜란 때 파병하여 조선을 다시 세워준 은혜)의 나라로 받들었다. 이것은 청에 대한 정책에서 드러났다.

조선은 병자호란의 조약을 어기고 남한산성을 수축했고, 청의 군대 파병이나 군량 요청, 양국 간의 혼인, 방물에 대해서도 생각이 달랐다. 청은 이러한 정책의 차이를 소현세자를 통해서 해결하려고 했다. 이 외에도 세자가 현지에서 청에 납치된 우리 국민의 속환, 주회인*, 향화인**, 그리고 채삼인***의 월경 문제 등 처리해야 할 일이 많았다.

청은 소현세자를 조선의 제2인자로 보고 불러 추궁하고 문제의 해결방안을 요구했다. 그러나 조선의 세자는 정사에 관여할 수 없었다. 청은 조선의 제도를 이해하지 못했다. 그들의 기준으로 세자는 제2인자로서 역할을 하기 때문이다. 청은 세자를 강하게 압박했다.

* 주회인(走回人): 청에 붙잡혀 왔다가 조선으로 몰래 도망쳐 온 중국인
** 향화인(向化人): 조선에 귀화한 여진족
*** 채삼인(採參人): 조선 국경을 넘어서 인삼 캐는 조선인

**청나라**: 우리는 세자께서 여기에 계시므로, 모든 일을 친히 왕에게 아뢰는 것과 다름이 없다고 여겼습니다. 오늘에야 비로소 우리의 말을 따르지 않은 것은 귀국의 조정이 아니라 세자가 이곳에서 막은 탓임을 알았습니다.

**소현세자**: 세자는 본국에서도 임금에게 문안을 여쭙고 수라를 살피는 일 외에는 정사에 관여하지 못합니다. 하물며 군사와 국정에 관계된 일은 어떻겠습니까? [『소현심양일기』 무인년1638년 7월]

소현세자는 청의 요구 사항을 무시할 수도 없고, 그렇다고 청의 요구 사항을 본국에 전달하면 청의 대변자라 오해를 불러일으키기에 그대로 전달할 수도 없었다. 부왕 인조는 청에 대한 적개심으로 가득 차 있었다. 세자는 청의 불신과 불만을 달래야 했고, 본국의 실정을 이해시키려고 했으나 쉽지 않았다. 청과 본국 사이에 이러지도 저러지도 못한 낀 신세였다. 심리적 고통이 컸을 것이다.

이에 더해 육체적 고통도 이만저만이 아니었다. 세자는 청 황제를 따라서 심양에서 북경도 왕복했다. 인조 22년 9월, 세자를 수행한 스승 임광이 본국에 보고한 내용을 보자.

"심양에서 북경까지는 1,600리 노정입니다. 세자 일행이 비바람을 맞고 산을 넘고 물을 건너면서 고생하는 실정을 다 말하기 어렵습니다."

소현세자는 원하지 않는 사냥도 나가야 했다. 세자는 말을 타는 것이 능숙하지 않았고 말에서 떨어져 다치기도 했다. 이러한 심리적, 육체적 고통은 결국 병을 유발했다.

『소현심양일기』에 기록된 소현세자의 병은 거의 종합 병동 수준이었다. 감기·소화불량·곽란급성 위장병·안질·이질·마비증세·불안·습종부스럼의 일종·산증허리 또는 아랫배가 아픈 병, 목마름과 목의 통증, 귀의 통증 등이다.

조선과 다른 심양의 기후와 풍토 탓도 있겠지만, 조선과 청 사이에 낀 신세로서 육체적·심리적 압박감이 질병의 원인으로 짐작할 수 있다. 소현세자는 심양 생활 8년 동안 내내 질병을 달고 살았고, 이러한 질병은 귀국한 후에도 계속 이어졌다.

소현세자가 인질에서 풀려나 귀국한 이후는 『소현을유동궁일기』에 상세하게 기록되어 있다. 세자는 심양에서 한성까지 수천 리의 귀국길에 몸이 불편한 상태로 돌아왔다. 세자는 도착해서 임금에게는 예를 올렸지만, 승하한 어머니 인열왕후의 영전에는 예를 미루어야 했다. 심양에서부터 앓았던 병이 회복되지 않았기 때문이다. 어머니의 영전에 귀국 인사를 하지 못할 만큼 질병이 심각했음을 알 수 있다.

또한 소현세자는 함께 귀국한 청나라 사신을 접대해야 했다. 이것도 여간 힘든 일이 아니었다. 청나라 사신을 접대할 때, 세자의 몸이 '미령하다靡寧, 몸이 불편하다'라는 표현이 여러 번 등장한다.

소현세자는 귀국 후 어의의 치료를 받았지만, 병든 몸이 회복할 기미는 좀처럼 보이지 않았다. 승하하기 한 달 전에 스스로 밝힌 증상을 보자.

"숨이 차고, 천식 증상이 이전보다 더 심하고, 새벽이 오면 답답증이 심하다. 머리가 아파서 잠자리가 편치 않다. 또한 옆구리가 당기고 가슴 응어리의 답답한 증세가 때때로 발작한다."『소현을유동궁일기』 3월 23일

증세는 며칠씩 반복적으로 계속되었다. 세자는 열이 났고 추위가 심했다. 어의 최득용, 이형익, 박태원, 박군은 학질로 진단했다. 어의를 감독하는 약방제조는 세자 스승들이었다. 세자의 치료는 침을 맞고 탕·환·첩으로 지은 약을 복용했다.

먼저 이형익과 조소용이 공모해서 소현세자를 독살했다는 주장을 살펴보자. 세자가 승하하기 이틀 전은 이형익이 침을 놓았는데, 이는 유력한 독살설의 근거이다.

그런데 이형익보다 앞서 어의 박태원이 침 치료를 했지만, 세자의 병은 나아지지 않았다. 이형익이 침을 놓을 때, 어의 박태원과 어의를 감독하는 약방제조도 함께 입시해서 지켜봤다. 침을 놓는 부위는 모두 드러나기 때문에 이형익이 침으로 소현세자를 독살했다는 근거는 희박하다.

또한 세자는 침뿐만 아니라 소시호탕·청심환·시호제모탕 등을 달여 복용했다. 이런 약도 약방제조의 감독 아래 복용했다. 세자에게 누군가가 몰래 죽일 의도로 침을 놓거나 독약을 먹이는 것은 불가능했다. 어쨌든 어의들이 세자를 꾸준히 치료했으나 질병의 개선 효과는 거의 없었다.

소현세자가 승하하기 전의 3일간의 기록을 좀더 자세하게 보자. 만일 세자가 약물에 중독되어 독살되었다면 그 증상이 어디에선가 나타났을 것이기 때문이다.

**4월 24일** 이틀 전

의관이 인시새벽 3시~5시에 세자에게 침을 놓았다. 독살설의 의심을 받는 이형익이 침을 잡고 간사혈과 심삼귀혈에 침을 놓았고, 곁에는 어의 박군과 이섬이 있었다. 이형익이 두 어의를 속여서 침을 놓아서 독살했다는 가정은 성립되기 어렵다. 침을 맞은 뒤 세자 스승과 약방뿐만 아니라 승정원과 홍문관의 관원 등 여러 사람이 세자에게 문안했고, 신하의 질문에 세자도 "알았다"고 간단하게 대답했다. 만약 약물로 중독되었다면 그 흔적을 있었을 것이다.

약방은 임금에게 세자의 상태를 상세하게 보고했다.

"세자는 갖옷을 겹으로 입어도 계속 추위에 떨고 있으며, 저녁에는 조금 풀렸으나 열이 있고 정신이 혼미해져서 청심원을 복용한 후 조금 진정되었습니다. 밤새도록 침소에 들지 못했고, 목마른 증세, 천식이 심하여 편하게 눕지도 못하였습니다." 『소현을유동궁일기』 4월 24일

소현세자가 한 달 전 스스로 밝힌 증상과 이틀 전의 증상을 비교하면, 병이 점점 심각해지고 있음을 알 수 있다. 특히 승하하기 이틀 전은 음력 4월 24일로 봄의 기운이 만연할 때인데도 갖옷짐승의 털가죽으로 안을 댄 옷을 겹으로 입어도 추위에 떨었고 밤새도록 잠을 자지 못했으며 정신도 혼미했다. 소현세자에 대한 치료가 효과를 발휘하지 못했음을 말해준다. 약방이 밤새도록 곁에서 간호했으나 병은 오히려 더 악화하고 있었다.

**4월 25일** 하루 전

세자 스승들은 새벽부터 문안했고, 세자는 "어젯밤에는 아침까지 앉아서 겨우 보냈다. 오늘 밤에는 비록 앉아서 밤을 새우기는 했지만, 어제보다는 조금 덜한 것 같다"라고 대답했다. 만일 세자가 약물에 중독되었다면 앉아서 밤을 새우거나, 이런 말을 하기 어려웠을 것이다.

의관 박군, 이형익, 이득길은 어제처럼 인시에 침을 놓았다. 이형익이 침을 잡았고 어제와 같은 혈에 침을 놓았다. 침을 맞은 후 어제보다 더 많은 신하가 문안인사를 드렸고, 세자는 "알았다"라고 대답했다. 만일 세자가 약물에 중독되었다면 그 흔적을 알아챘거나, 세자가 신하들의 물음에 대답하지 못했을 것이다.

**4월 26일** 승하 당일

세자의 스승이 문안인사를 했고, 세자는 역시 "알았다"고 대답했다. 약방은 인조에게 세자의 증상을 설명하고, 소시호탕에 말린 칡, 지모, 술로 씻은 생지황, 지골피, 황련, 볶은 치자, 황백 등을 지어 올리겠다고 보고했다. 이런 처방을 한 것도 세자가 약물에 중독되지 않았음을 추론할 수 있다.

그러나 세자는 진시오전 7시~9시 정각에 기운이 급박하고 막히는 증세를 보였다. 소조중탕 한 첩을 복용했다. 세자 스승들이 문안했고, 세자는 "알았다"라고 대답했다.

세자의 곁에 있었던 승언색은 "약을 올린 뒤에 담화痰火, 담이나 가래로 생기는 열가 조금 내려서 잠시 진정된 듯하지만 오르고 내리는 것이 일정하지 않습니다"라고 보고했고, 의관 박태원은 "약을 올린 뒤로 식은땀을 많이 흘려서 두터운 솜옷이 흥건히 젖을 정도였습니다. 세자가 옷을 갈아입고자 의원들을 잠시 나가라고 영을 내렸으며, 증세 또한 잠시 그친 듯합니다"라고 말했다.

약방은 인조에게 다음과 같이 보고했다.

"세자의 증세가 가볍지 않아서 혹시 담화가 불시에 올라갈 때가 있으니, 급한 일세자의 승하에 대처할 방도를 미리 생각해 두지 않을 수 없습니다. 오늘부터 어의를 궐내에 입직하고 약방제조도 숙직하겠습니다."

이것이 소현세자가 승하하기 전 3일간의 기록이다. 승하 당일은 아침부터 위독했고, 약방은 급한 일승하할 수 있음이 있을 수 있음을 예고했다. 세자는 오시11시~13시 정각에 창경궁 환경당에서 승하했다.

소현세자가 침이나 약물로 독살되었다면, 인조 혹은 인조의 지시로 누군가가 세자에게 남몰래 접근해서 침을 놓거나 독약을 먹여야 한다. 그러나 세자 주변은 밤낮으로 스승과 어의들이 지키고 있었고 신하들도 문안인사를 했다. 기록에는 없지만 세자빈 강씨도 곁을 지켰을 것이다. 소현세자의 승하 3일 간의 기록을 봐도 독살설을 의심할 만한 흔적을 찾을 수 없었다.

인조가 세자의 시신을 3일 만에 입관한 것은 전례가 있었고, 잘못된 결정은 아니었다. 사관이 과거의 실록을 상고해 보니 세조의 장남 의경 세자도 3일 만에 입관했다.

『인조실록』과 『소현심양일기』와 『소현을유동궁일기』를 종합하면, 소현세자는 심양에서 8년간의 심리적·육체적 고통으로 종합 병동 수준의 여러 질병에 시달렸다. 여기에 심양과 북경, 심양과 한성을 오가면서 겪는 장거리의 여독과 불안정한 생활, 부왕 인조의 의심과 냉대, 귀국 후 질병의 악화, 당시의 의학적 지식으로 정확하게 설명할 수 없는 여러 복합적인 요인으로 승하했음을 알 수 있다. 소현세자의 독살설은 근거가 없다.

인조는 인열왕후 한씨와는 네 아들을 두었는데, 모두 장수하지 못했다. 소현세자는 33세, 효종은 41세, 인평대군은 35세, 용성대군은 5세에 사망했다.

# 며느리 세자빈 강씨와
# 손자들을 죽이다

### ●●● 원손 대신 아들인 봉림대군을 세자로

소현세자가 죽은 후 새로운 세자를 세워야 했다. 인조가 신하들에게 먼저 후계 문제를 꺼냈다.

인조 23년 윤6월 2일, 임금은 이미 답을 정하고 있었지만 짐짓 신하들의 의견을 물었다.

"원손은 미약해서 성장을 기다릴 수 없다. 경들의 생각은 어떠한가? 나는 대군 중에서 선택하려 한다."

사실상 두 명의 대군인 봉림대군과 인평대군 중에서 세자를 선택하겠다는 통보였다. 원손, 즉 소현세자의 아들은 배제하고 자기 아들 중에서 세자를 선택하고 싶다는 것이었다.

하지만 신하들의 생각은 달랐다. 소현세자의 아들을 세자로 선택하는 것이 조종의 도리라고 했다. 임금은 사헌부와 사간원의 의견을 물었는데 이들도 마찬가지였다. 그러자 신하들의 생각이 자신과 다르다며 화를 내고 꾸짖었다. 심지어 원손을 깎아내렸다.

"원손은 자질이 밝지 못하여 결코 나라를 감당할 재목이 아니다."

인조의 주장에 원손의 스승들이 반박했다.

"원손을 가르칠 때 재능이 있었습니다."

인조는 더욱더 발끈 성을 내고 얼굴도 붉으락푸르락했다. 논리로 설득되지 않자, 결국 임금의 권위로서 화를 내서 신하들의 입을 막고 자신의 결정을 통보했다.

"봉림대군을 세자로 삼노라."

인조의 의사결정은 자주 이런 식이었다. 대화와 논리로 설득이 안 되면 화를 벌컥 내서 임금의 권위로 신하의 입을 다물게 했다. 역사적으로 강압적이고 독단적인 결정으로 국정운영의 성과를 내는 경우는 드물다. 인조의 국정 운영 실적이 거의 떠오르지 않는 이유이다.

### ●●● 며느리 소현세자빈 제거

인조가 소현세자의 아들을 세자에서 배제한 이유는 서서히 드러났다. 인조는 약 3개월 전에 세자빈 강씨의 동생 강문명이 소현세자의 장례 날짜가 불길하다고 발언한 것을 새삼 문제를 삼았다. 세자빈의 남자 형제들이 불량하므로 역모를 일으킬 수 있으며, 역모 조짐을 미리 제거해야 한다고 밝혔다. 세자빈과 그 형제들을 모두 몰살하려는 무서운 뜻을 내포하고 있다.

신하들은 이들이 역모를 일으킬 조짐이나 증거가 없다고 반박했으나, 인조는 아랑곳하지 않고, 특명으로 세자빈의 남자 형제 4명을 모두 유배를 보냈다. 특명은 임금이 신하들과 합의해서 내리는 명이 아니라, 임금이 일방적으로 내린 명을 말한다.

세자빈의 남자 형제 4명은 역모를 했다는 아무런 증거도 없었음에도 모두 공초를 받다가 형틀에서 죽었다. 잔인한 고문이 자행되었음을 알 수 있다. 이는 세자빈 강씨를 제거하기 위한 사전 정지 작업이었다.

이제 남은 것은 소현세자빈 강씨였다. 인조는 수라의 전복구이에 독이 있었는데, 이는 세자빈 나인들의 짓이라고 몰아부쳤다. 조선은 임금의 수라 관리가 엄격해서 음식을 만드는 책임자와 미리 맛보는 사람이 달랐다. 내시부의 도설리가 책임자로 음식을 주관하고, 상궁이나 나인이 그 수라를 미리 맛을 보았다. 그런데 상궁이나 나인이 어선임금에게 올리는 음식의 독을 발견한 것이 아니라, 임금이 전복구이에 독이 있다고 주장한 것이다 조선왕조실록에서 임금이 수라에서 독이 있다고 주장한 유일한 사례다.

소현세자빈 강씨는 이미 외톨이나 마찬가지였다. 인조가 이전에 세자빈과 말하는 사람은 벌주겠다고 명을 내렸기에, 세자빈 강씨가 임금의 수라에 접근하는 것은 사실상 불가능했다. 그럼에도 인조는 세자빈 강씨의 나인과 어주 나인御廚內人, 임금의 수라를 짓는 나인을 범인으로 몰아 하옥했다. 세자빈의 나인들은 독을 넣었음을 부인했고, 낙인과 압슬형의 잔인한 고문을 받고 형틀에서 죽었다. 인조는 독을 넣은 증거와 증인을 제시하지 못했다.

또한 인조는 세자빈이 청나라의 볼모로 있을 때 왕비 노릇을 했다는 덤터기를 씌웠다. 사치를 하고 적의翟衣, 왕비의 옷를 만들고 '내전內殿, 왕비를 부르는 칭호'이라고 부르게 했다고 주장했다. 이 또한 증거나 증언이 있는 것은 아니었다.

소현세자빈이 청의 볼모로 간 것은 누구 탓인가? 인조는 그 사실을 외면한 채 청의 볼모로 있을 때의 확인되지 않은 일까지 끄집어낸 것이다. 세자빈을 죄주기 위한 구실에 불과했다.

인조 24년 2월 9일, 신하들은 소현세자의 배필로서 세자빈에게 자식처럼 은혜를 베풀어 달라고 간했으나, 임금의 반응은 싸늘했다.

"개새끼 같은 것을 임금의 자식이라고 억지로 칭하니, 나를 모욕주기 위함이 아닌가?"

인조는 차마 임금의 입에서 나올 수 없는 단어를 사용했다. 원전은 구추狗雛, 개와 병아리, '개새끼'로 번역로 되어 있다. 소현세자빈 강씨, 맏아들의 처, 며느리를 동물에 비유하고 쌍욕을 했다. 인조의 심리가 증오에 가까웠음을 알 수 있다.

결국 인조는 신하들의 반대에도 불구하고, 세자빈 강씨를 아무런 증거도 없이 역모 혐의로 몰아 옛집으로 쫓아내서 사사했다. 세자빈에게 내렸던 교명죽책敎命竹冊*, 인印, 장복章服**을 불태

---

- 교명죽책(敎命竹冊): 교명은 비단에 쓴 왕의 명령이나 교훈이고, 죽책은 세자나 세자빈을 책봉하거나 존호를 올릴 때 대나무 쪽에 새겨 넣는 것을 말한다.
- 장복(章服): 세자와 세자빈이 입던 의식복(儀式服)인 칠장복을 말하는데, 세자빈의 경우 의식 때 칠장복과 함께 흑적의(黑翟衣)를 착용했다.

웠다. 세자빈으로서 자격을 완전히 박탈했다. 이는 그 자식에게도 화가 미칠 수 있음을 예고했다.

### ●●● 손자 셋을 죽음으로 내몰다

소현세자와 세자빈 강씨 사이에는 세 아들이 있었다. 석철은 12세, 석린은 8세, 석견은 4세였다. 인조는 손자이자 어린 이들을 역모 혐의의 연좌제로 엮어 모두 제주로 유배를 보냈다.

결국 석철과 석린은 제주 유배지에서 죽었다. 인조는 유배지에서 잘 보살피지 못한 나인과 하인 탓으로 돌렸다. 인조 26년 12월 23일, 나인 옥진은 공초를 받고 호소했다.

"두 아이가 죽은 것은 토질 탓이지 보양을 소홀한 탓이 아닙니다."

옥진도 결국 형틀의 고문으로 죽었다. 인조는 손자의 죽음을 나인에게 뒤집어씌웠지만, 사실상 자신이 유배를 보내 죽인 셈이다. 당시 어린아이를 제주로 유배를 보내는 것은 죽이는 것과 마찬가지였다.

소현세자의 막내아들인 석견은 살아남았지만, 유배생활의 후유증으로 잦은 병치레를 했고 22세에 사망했다. 그는 다행히도 자손을 남겼기 때문에 소현세자의 핏줄은 이어졌다.

인조는 손자들이 죽은 지 5개월 후, 거의 업적을 남기지 않은 채 병으로 55세에 승하했다. 인조에게 임금의 자리는 며느리와 손자를 죽일 만큼 값지고 중요한 역할을 했을까?

### ●●● 용두사미, 무능하고 치졸한 왕

인조는 광해군을 쫓아내는 반정으로 정권을 잡고, 광해군의 실정을 회복하기 위해 의욕적으로 출발했다. 그러나 신하들의 정책 건의에 대답은 잘했으나 실천력이 없었고, 자기 생각과 다를 때는 벌컥 화를 내고 임금의 권위로 신하의 의견을 억눌렀다.

또한 국가를 운영하는 뚜렷한 비전을 갖고 있지 않았다. 광해군이 실시한 중립외교를 폐기했다. 국제정세 파악이나 군사를 기르지 않은 채 무턱대고 명나라를 섬기고 청나라를 배척했다. 그 결과 정묘호란과 병자호란의 치욕을 당했으며, 이 땅에 청나라 황제를 칭송하는 삼전도비를 남겼다. 그리고 병자호란 이후는 그 수습에 국정을 낭비했다.

인조는 26년 2개월 어좌에 있었다. 그러나 치적은 거의 없다. 이괄의 난, 정묘호란, 병자호란으로 국토는 유린당했고, 3번이나 궁궐을 떠나서 피란했으며, 청 황제에게 무릎을 꿇어서 임금으로서 권위도 잃었다.

또한 병자호란의 치욕으로 인질이 된 소현세자를 보듬지 않았고, 며느리와 손자조차 죽음으로 몰아갔다. 임금으로서 실적도 거의 없지만, 아버지로서 할아버지로서도 비정했다.

인조는 광해군을 쫓아내는 반정으로 힘차게 출발했으나 그 끝은 미미했다. "용두사미", 인조의 26년 2개월 재위 기간에 어울리는 표현이다.

2장

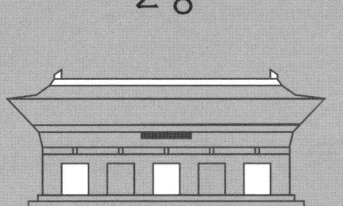

# 효종,
# 북벌 의지에 불타다

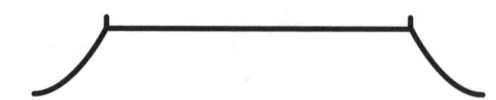

# 즉위 초기, 훈구파를 내치다

인조가 승하한 5일 만인 1649년 5월 13일양력 6월 22일, 봉림 세자가 창덕궁 인정문에서 즉위했다. 제17대 효종이다.

●●● **정통성 문제**

효종은 청나라 심양에서 인질로 있다가 형 소현세자의 급작스러운 죽음으로 귀국해서 세자가 되고 왕위에 올랐다. 하지만 불안한 점이 있었다. 바로 정통성 문제였다.

소현세자가 죽은 후 신하들 대부분은 세자의 아들이 왕위를 잇기 바랐다. 인조의 뜻에 따라서 봉림대군이 세자가 되는 것을 지지한 신하는 소수에 그쳤다. 영의정 김류와 김자점 정도였다. 효종이 왕위에 오를 때 김류는 이미 사망한 상태였고, 김자점은 인조 후반기에 영의정에 올라 있었다.

효종은 자신을 지지한 김자점에게 그대로 영의정을 맡겼으나, 이는 양날의 칼이었다. 송시열 등 산림*은 김자점을 싫어했다.

### ●●● 산림과 척화파를 끌어들이다

효종은 산림 세력의 지지도 필요했기에 불러서 등용하려 했다. 송시열 등이 조정으로 올라올 때는 쌀과 고기를 하사하고, 그들의 어미가 늙고 병들었다는 말을 듣고 쌀과 반찬, 약재를 내려서 각별한 애정을 보였다.

또한 효종은 척화파의 상징으로서 젊은 관료들에게 인망이 높은 김상헌을 조정으로 불렀다. 김상헌은 79세로 관직을 맡는 것이 사실상 불가능하다며 여러 차례 사직을 청했으나 윤허하지 않았다. 김상헌이 대궐에 들어올 때는 견여肩輿, 어깨에 메는 가마를 타도록 하고, 임금을 뵐 때 내시가 부축하게 하는 특혜를 주었다. 효종은 김자점 등 원훈대신뿐만 아니라 산림과 척화파도 끌어들이겠다는 강한 의지를 보였다.

### ●●● 양날의 칼 김자점을 내치다

즉위한 한 달여 후인 효종 즉위년 6월 16일, 사헌부 집의 김홍욱과 장령 이석은 영의정 김자점을 탄핵하는 상소를 올렸다.

"영의정 김자점은 원훈 대신으로서 공정한 도를 생각지 않고 오로지 사리사욕을 채웁니다. 수상으로서 깨끗한 정치에 누를 끼

---

• 산림(山林): 학식과 덕은 높으나 벼슬을 하지 아니하고 지역에 있는 선비

치므로 여론이 이를 분하게 여깁니다."

효종은 선왕 승하 후 얼마 되지 않았는데 갑자기 한 시대의 뛰어난 대신을 탄핵하는 것은 안 된다고 반대하고, 오히려 김홍욱과 이석을 교체했다. 이에 승정원뿐 아니라 홍문관도 나서서 간언을 올리는 신하를 죄주는 것은 마땅치 않은 일이라며 반대했다.

사헌부와 사간원은 김자점의 개인 비리들을 지적하며 다시 탄핵했다. 김자점이 공훈과 지위를 믿고 사치스럽고, 후궁과 내시에게 충성하며, 화려한 집을 짓고, 기름진 땅이 사방에 널려 있으며, 그의 종들조차 방자하게 행동한다고 공격했다. 그럼에도 효종은 김자점을 주석柱石, 기둥과 돌처럼 의지하고 골육과 같다면서 받아들이지 않고, 김자점에게 깊은 신뢰를 보냈다. 효종은 원훈 대신과 산림의 두 축으로 정권을 운영하고 싶어 했으나, 산림 세력은 김자점과 그를 따르는 자들을 묶어서 끈질기게 공격했다.

결국 효종은 즉위 3개월 만에 영의정 김자점을 교체하고, 54세의 이경석을 영의정, 79세의 김상헌을 좌의정으로 제수했다. 이경석을 좌의정에서 영의정으로 승진시킨 것은 청나라를 의식한 인사였고, 김상헌은 산림을 끌어들이기 위한 포석이었다. 이경석은 자신이 25세나 아래여서 영의정으로서 김상헌 위에 있을 수 없다고 극구 사양했으나, 임금은 받아들이지 않았다.

그런데 김자점이 조정에서 물러난 후 이상한 소문이 돌기 시작했다. 청나라가 우리의 조정에 사신을 파견해서 조사하고 문책한다는 것이었다.

# 외교적 위기를 지혜롭게 해결하다

효종이 즉위 3개월 만에 김자점을 내치면서 이경석을 영의정으로 임명한 것은 불가피한 선택이었다. 청나라와의 관계가 좋았던 영의정 김자점을 내치고, 그 자리에 모두 척화파를 임명하면 청나라로부터 오해를 불러일으킬 수 있기 때문이었다.

### ●●● 김자점의 밀고와 청의 강경한 태도

청나라가 조선의 조정을 조사하겠다는 것은 인흥군 이영과 부사 이시방이 사은사로 갔을 때 어느 정도 감지된 것이었다. 청은 북경의 관문을 닫고 며칠 동안 조선의 사신에게 문을 열어주지 않았다. 이영은 청이 조선을 나무라는 말을 많이 했으며, 조만간 청의 호부상서 파흘내 등 일행이 황제의 칙서를 가지고 조선에 파견될 것이라고 보고했다.

효종 1년 2월 8일, 마침내 청의 호부상서 파흘내 등이 와서 섭왕攝王의 뜻을 전했다.

"조선은 은혜에 감사할 줄 모르고 불경스러운 일을 하는데, 이게 무슨 도리인가? 청의 토산품 무역도 허락하지 않으므로 조선은 성의와 신의가 없음을 알 수 있다."

청은 강경한 태도였다. 청이 말한 '불경스러운 일'은 인조 대왕 묘지문에 청의 연호 대신 명의 연호인 '만력萬曆'을 쓴 것, 그리고 김자점이 자신의 심복을 통해 조선이 청에 침입할 의도가 있다고 밀고한 내용을 지칭한 듯했다. 김자점은 효종 즉위 이후 자신을 비롯해 청에 대한 우호 세력이 조정에서 쫓겨나고 반발 세력이 정권을 잡고 있다며, 청에 밀고했던 것이다. 청을 움직여 자신의 위상을 되찾기 위해서였다.

청이 강경한 태도를 보이자, 효종은 대신과 비변사를 소집해서 청의 의도를 파악하고자 했다. 좌의정 조익은 조선의 누군가가 우리의 내부 사정을 모함했기 때문일 것이라고 했고, 효종은 북방의 무역금지가 주요한 원인일 것이라고 생각했다. 영의정 이경석은 청의 문책이 있으면 자신이 책임지겠다고 나섰다.

"청이 무리한 일로 힐책하면 신이 직접 담당하겠습니다. 그렇게 해서라도 나라가 무사하다면 어찌 이 몸 하나를 아끼겠습니까."

영의정 이경석은 명에를 지고 있었다. 병자호란 때 도승지였고 이후 예문관 제학에 올랐는데, 문장 실력이 뛰어나서 「삼전도비문」을 써야 했다. 인조의 명으로 나라의 위기를 넘기고자 한 고육

지책이었으나, 평생 「삼전도비문」을 지었다는 꼬리표를 달고 비난을 받았다. 그는 후에 저서 『백헌집』에서 임금이 청나라에 항복한 사실을 비문에 적은 것을 부끄러워하며 "문자를 배운 것을 후회한다"라는 글을 남긴 바 있다. 이경석은 다시 나라를 위해 몸을 던지겠다고 했고, 임금은 나라를 위한 정성이 간절하다고 칭찬했다.

### ●●● 영의정 이경석과 내부 단결

청의 호부상서 파흘내는 황제가 내린 2통의 칙서도 내밀었다. 한 통에서는 조선으로 망명한 한인漢人의 처리 문제, 세공과 예물 문제, 왜를 핑계로 내세운 성城의 보수 등을 강하게 질책했다. 다른 한 통은 청의 왕과 조선 왕실 여인의 혼인을 원하는 것이었다.

파흘내 일행은 조선의 신하를 직접 불러 여러 가지를 조사하기도 했다. 다행히도 효종이 우려한 명나라 연호 사용과 북벌 의지, 김자점의 교체와 김상헌의 등용에 관한 질책성 조사는 하지 않았다. 김자점이 교체된 것은 조선의 북벌 의지와 전혀 상관이 없고, 선왕이 위독할 때 약방 책임자로서 시약侍藥, 약시중을 제대로 살피지 않았기 때문이라고 미리 설명했고, 뇌물도 주었기 때문이었다.

파흘내는 그 대신 황제가 제기한 문제는 임금 대신 누군가 책임져야 한다고 했다. 영의정 이경석은 국정을 총괄하는 자신에게 모든 책임이 있다고 했고, 자신을 처벌해서 조선과 청의 오해를 풀도록 청했다.

청은 이경석을 사죄死罪로 처벌하겠다고 했다. 그러나 효종의 간절한 요청으로 죄를 감해 백마산성에 위리안치했다. 백마산성은 의주의 남쪽에 있다. 이경석이 우리 국토에 위리안치된 것은 다행이었고, 청 황제는 9개월 후 이경석을 풀어주었다.

또한 효종은 청의 요구대로 혼인할 여자를 뽑았다. 금림군 이개윤의 딸을 의순공주로 삼아 청나라 구왕九王에게 시집보냈다.

효종은 집권 초기 영의정에서 물러난 김자점의 밀고로 청과의 외교관계에서 큰 위기를 맞이했다. 청이 우리 국토를 다시 침입하거나 신하 몇 명의 목숨을 빼앗을 수도 있는 상황이었다. 또한 효종의 북벌 의지를 파고들어 임금을 난처하게 할 수도 있었다. 그러나 효종의 균형 있는 인사정책, 영의정 이경석의 살신성인 자세를 비롯한 내부 단결, 그리고 혼인 문제를 해결함으로써 청과의 외교문제는 말끔하게 해소되었다. 효종은 지혜롭게 외교문제를 해결했고 내정에 충실할 수 있게 되었다.

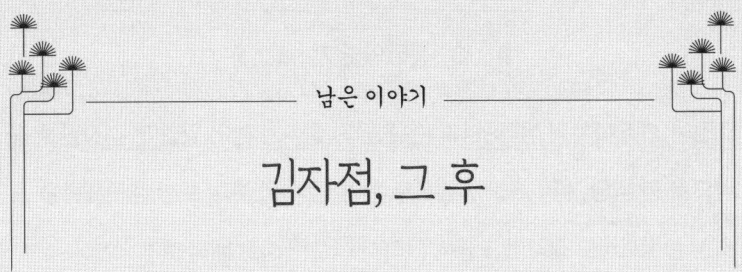

## 남은 이야기
# 김자점, 그 후

### ■■■ 훈구 세력의 대표 김자점 ■■■

효종은 즉위 초기, 김자점을 중심으로 한 훈구세력과 산림을 동시에 아우르는 정치를 하고자 했으나 그 축이 차츰 산림으로 기울고 있었다.

사헌부와 사간원을 중심으로 젊은 신진들은 김자점과 그와 친한 관리 등을 계속 공격했다. 김자점은 영의정에서 물러난 후, 청나라를 이용해서 자신의 위상을 회복하고자 했으나 좌절된 바 있었다.

김자점은 강원도 홍천현으로 중도부처 되었다. 중도부처는 죄인을 일정한 장소에 보내 거주지를 한정하는 유배형이다. 그러나 양사사헌부·사간원는 처벌이 가볍다며 절도에 안치하라고 여러 번 청했다. 결국 김자점은 전남 광양현으로 유배를 갔다.

그럼에도 공조좌랑 이회보는 수만 자의 상소문을 올렸다. 김자점이 과거에 후궁 귀인 조씨와 인척 관계를 맺고 모의해서 세자효종를 위태롭게 하려 했다는 설, 청과 내통해서 산림 세력을 모함하려 했다는 설을 제기하며, 이를 밝혀 사람들의 울분을 풀어달라고 청했다. 김자점을 죽이라는 상소였다. 그러나 효종은 사건이 확대되는 것을 원하지 않아 이회보의 상소문을 불태워 버렸다.

## ▂▂▂ 붕당의 줄기 ▂▂▂

조정은 선조 때부터 싹터서 내려온 붕당의 줄기가 뻗어 있었다. 김자점을 중심으로 한 낙당, 원두표를 중심으로 한 원당이 있었다. 또한 훈구세력을 공격한 산림끼리도 생각이 조금씩 달라서 때로는 서로 배척했다.

임금의 경연관들은 야대夜對, 임금과 신하의 야간 보충수업에서 붕당의 폐해를 논했고, 임금은 그 폐해를 실감하고 있었다. 효종 2년 1월 11일이었다.

**효종**: 사람들이 모두 나라를 걱정한다고 내세우지만, 그 걱정하는 바가 각자 다르다. 이것은 참으로 나라를 걱정하는 것이 아니다. 만일 모든 사람이 붕당을 앞세우지 않고 논의한다면, 어찌 다행스러운 일이 아니겠는가?

효종은 신하들이 나라보다 각자의 당파적 이익을 우선하는 것을 지적했다.

신하들은 총론으로 붕당의 폐해를 이야기하지만, 각론으로 들어가면 달랐다. 같은 동네의 이웃, 스승과 제자, 결혼으로 인한 친인척 관계 등 여러 가지 얽히고설켜서 붕당의 매듭을 쉽게 풀지 못했다.

## ▂▂▂ 다가오는 죽음 ▂▂▂

효종은 그동안 화합의 조치로 여러 번 사면령을 내렸지만, 김자점은 거기에 포함되지 않았다. 임금은 김자점의 유배지를 한성 가까운 곳으로 옮겨 주고 싶어 했다. 효종 2년 9월 3일, 임금은 이렇게 말했다.

"사면은 죄가 있는 자에게 죄를 면하게 하는 것이다. 이번 김자점의 양이

量移˚가 어찌 옳지 않을 리가 있겠는가. 번거롭게 논하지 말라."

효종은 원훈 세력과 산림 세력의 균형을 유지하려 김자점을 불러올리려 했으나, 양사의 반대가 심해 뜻대로 되지 않았다. 조선은 왕조국가로서 임금이 절대 권력을 갖고 있지만, 간언의 기능도 잘 작동해서 임금을 견제했다.

효종의 뜻과 달리, 오히려 김자점의 죽음이 다가오고 있었다. 선왕 인조의 후궁 귀인 조씨의 저주 사건이 드러난 것이다. 김자점과 귀인 조씨는 사돈 관계이다. 조씨는 우물물을 떠다가 몰래 기도했고, 궁궐 및 효종의 동생 인평대군의 집에 사람의 뼛가루를 뿌렸으며, 임금의 침전 가까이에도 흉한 물건을 파묻어 임금과 왕비를 저주했다. 여기에는 김자점의 아들 김식이 깊이 관여하고 있었다.

효종은 김자점의 유배지를 수색하게 하고, 김자점의 아들 김식을 잡아오게 했다. 김식이 아버지 김자점에게 보낸 편지가 발견되었는데, "홍무적은 늙은 간신이고 조석윤은 고양이다"라는 문구가 있었다.

효종이 이를 추궁하자, 김식은 지난해부터 산림의 대표 격인 송시열과 송준길 등을 죽이고자 했다고 실토했다. 이들이 아버지 김자점을 죄인으로 만들어 유배를 보냈으므로 복수하고자 했다는 것이다. 김식은 역심을 품고 반역을 같이할 무인들을 모았고, 귀인 조씨의 아들 숭선군을 왕으로 옹립하려 했다고 실토했다. 아버지 김자점도 이 사실을 알고 있다고 진술했다.

효종 2년 12월 3일, 임금이 친국한 죄인들의 진술을 토대로 결론을 내렸다.

"과인은 김자점이 권세를 제멋대로 휘두르는 것은 알고 있었지만 잘 부전해 주려고 했다. 그런데 김자점은 나를 저버리고 반역했다."

김자점은 형신죄인의 정강이를 때리는 고문을 받고 아들과 공모한 사실을 승복

- 양이(量移): 죄인이 원래 살았던 가까운 곳으로 유배지를 옮겨주는 것

했다. 김자점은 반역 혐의로 처형되었다. 반역자는 보통 시신을 찢어 경계의 의미로 그 시신을 사방에 돌려보게 하는 전시傳示를 하는데, 임금은 김자점의 경우 원훈대신에 대한 최소한의 예로서 전시를 하지 않고 시신을 수습해서 봉분을 만들 기회를 주었다. 귀인 조씨도 신하들이 요구한 강력한 처벌 대신 자진시켰다. 임금으로 거론된 숭선군은 유배를 보내고 생명을 빼앗지는 않았다.

### ▲▲▲ 산림이 정권을 잡다 ▲▲▲

효종은 광해군이 영창대군을 죽인 비정한 예를 교훈으로 삼아서 즉위 내내 강력한 처벌 대신에 인정을 베풀려고 했다.

효종은 김자점을 보호해 주고 싶었지만 반역 행위로 죽일 수밖에 없었다. 산림은 그들이 원했던 대로 김자점이 죽었으므로 훈구세력을 대신해서 정권을 담당하게 되었다. 김자점이 우두머리인 낙당도 사라졌다. 산림은 붕당의 폐해 없이 똘똘 뭉쳐 효종의 의지를 잘 실천할 수 있을까?

# 북벌을 소리 소문 없이 준비하다

북벌北伐 혹은 북정北征은 '북쪽을 정벌한다'는 뜻으로, 우리 국경 북쪽에 거주한 여진족후금=청나라에 대한 정벌을 의미했다. 북벌은 학교나 시험문제에서도 가르치고 출제된다. 북벌은 효종의 대표적 정책이다.

### ●●● 효종실록에 왜 '북벌'이 한마디도 안 나올까?

조선왕조실록에서 북벌 혹은 북정을 검색하면 약 400건의 기사가 나온다. 세종·세조·성종 때 여진족을 정벌한 내용, 선조 때 임진왜란이 끝난 후 북벌하자는 논의가 주를 이룬다. 그런데『효종실록』을 보면 북벌 혹은 북정의 단어가 한 건도 검색되지 않고, 북벌을 위해서 구체적으로 논의한 기록도 없다.

효종대왕의 행장行狀*을 보면, 다른 왕들에 비해 매우 장문이다. 태어날 때 하얀 기운 세 가닥이 침실로 들어왔고, 효심이 깊었으며, 소현세자와 형제애가 두터웠고, 왕이 되어 학문을 좋아해서 경연을 열심히 했으며, 송시열·허목 등 산림의 인재를 등용하고 붕당을 철저하게 경계했고, 형벌을 최소화했으며, 흉년이 들 때는 궁궐의 물품을 줄이고 백성을 구휼하기 위해서 정성을 다했다며, 임금으로서 뛰어난 자질을 가졌고 백성을 사랑한 내용을 길게 극찬하고 있다. 하지만 북벌에 대해서는 단 한마디도 언급이 없다.

『효종실록』에 북벌에 관한 구체적 언급이 없음에도, 북벌은 왜 효종의 대표적 정책일까? 효종은 실제로 북벌을 계획하고 준비했을까? 『효종실록』을 중심으로 북벌을 어떻게 추진했는지를 살펴보자.

### ●●● 북벌에 대한 속내를 감추다

효종이 즉위한 3개월 후인 즉위년 7월 27일, 약방제조 조경은 선왕인조이 겪은 정묘호란·병자호란의 치욕을 잊지 말고 몸을 튼튼히 해서 설욕을 다짐해야 한다고 하자, 왕은 이렇게 말했다.

"나 역시 잊지 못하고 걱정하는 마음이 없겠는가마는, 실로 재주가 미치지 못해서 두려워할 뿐이다."

효종의 짐짓 두렵다는 대답만 보면 북벌에 대한 의지가 없어 보이지만, 조경의 요청에 강한 부정은 하지 않았다. 효종은 즉위

---

* 행장(行狀): 왕의 사후, 왕의 성장 과정, 덕과 업적을 칭송하는 글이다.

초기에 신하들에게도 속마음을 보여주지 않았다.

홍문관 응교 조빈도 상소를 올려서 선왕은 복수의 뜻을 가졌지만 그 뜻을 펼치지 못했다고 하며, 전하에게 '평성의 우환'*을 남겨주셨기에 '회계의 치욕'**을 잊지 말고 와신상담해야 함을 강조했다. 또한 조빈은 병자호란 이후 종묘의 축사, 관리의 임명장에 연월만 쓰고 청나라 연호를 사용하지 않았다고 하면서, 옥책과 묘지석에도 그대로 따를 것을 건의했다. 청나라 연호를 쓰지 말자는 것이었다. 효종은 대신들에게 은밀하게 논의하라고 했고 대신들도 동의하자, 청나라 연호를 사용하지 말도록 했다. 조선 나름대로 청나라에 대한 소심한 복수였다.

효종은 체격이 좋았고, 청룡언월도를 휘두를 만큼 힘도 셌다. 말을 잘 탔고 활도 잘 쏘고 연습을 게을리하지 않았다. 문무를 겸비해서 세자 시절 스승에게 한나라 문제文帝보다는 무제武帝가 더 훌륭하다는 평가를 한 바 있다.

효종 즉위년 11월 6일, 사헌부 집의 송준길은 이런 사실이 있었느냐고 물었다.

"과거의 말이라 잊어버렸다."

"신이 어찌 그 말씀 밖의 뜻을 모르겠습니까."

한나라 무제는 흉노를 토벌하는 등 변방을 침입해서 영토를 넓힌 군주였다. 송준길은 무제처럼 청나라 정벌을 염두에 두고 있

---

* 평성의 우환: 한나라 고조가 흉노를 토벌하기 위해 평성에 갔다가 오히려 흉노에게 포위된 것으로, 인조가 남한산성에서 청에 포위된 것을 말한다.
** 회계의 치욕: 월나라 왕 구천이 오왕 부차에게 회계에서 패한 고사로, 인조가 남한산성에서 패하여 항복한 치욕을 비유한 말이다.

지 않느냐고 임금의 옆구리를 슬쩍 찔렀다. 임금은 과거의 일이라 잊었다고 얼버무렸지만, 그런 사실이 없다고 부정하지는 않았다.

### ●●● 조용한 실천

효종은 북벌에 대한 속내를 말로 드러내지 않았지만, 행동으로 조용하게 실천했다.

병자호란 이후 북병사는 2품 이하가 임명되었으나, 함경도 방어를 강화하기 위해 종2품으로 품계를 높여서 권위를 세워 주었다. 또한 효종 2년 6월 19일에는 병조판서에게 무비를 강화하라고 명했다.

"요즈음 무사들이 활쏘기를 할 때, 화살 하나만 맞히고 책임을 때우고 물러가니 참으로 한심스럽다."

효종은 병조판서가 솔선수범해서 무예를 익히라고 하면서 훈련방법도 구체적으로 지시했다. 말을 달리면서 활로 쏘는 표적을 멀리 세워놓고 강한 활로 쏘게 했으며, 훈련을 게을리하는 자는 벌을 주어서 깨우치게 했다.

효종은 군사에 관한 지식이 있었다. 특히 척후를 강조했다. 한나라의 명장 이광과 정불식을 소개하고 모두 척후에 뛰어났다며, "군사의 운명은 척후를 잘하느냐? 못하느냐?"에 달렸다고 했다.

효종 3년 5월 15일, 임금은 병자호란 때 부원수 신경원이 패배한 원인을 분석하며, 신경원은 자신이 죄를 준 군관을 척후장으로 삼았는데, 벌 받은 자가 신경원을 위해 성실하게 망을 보겠냐며, 신경원은 척후 방법을 몰라서 청의 기습 공격에 패했고 포로가 되었다고 설명했다. 그리고 청에 인질로 있을 때, 심양에서 지켜본 청나라군에 관해서도 이야기했다.

"청의 군대는 병법을 익혀서 행진이 엄숙하고 무기가 예리했다. 그중에서 가장 믿을 수 있는 자에게 척후를 맡겼다. 그들이 전쟁에서 승리하는 것은 이러한 작전 때문이었다. 우리는 과연 그렇게 할 수 있는가?"

효종은 청나라군을 칭찬하면서 우리 장수의 척후 방법은 우습더라고 했다. 우리 장수는 용감한 군사를 좌우에 두어 자기 몸 지키는 데 급급하고, 척후는 가군관*을 내보낸다는 것이다. 또한 비변사의 낭청을 슬기롭고 힘을 지닌 자가 아니라 서생 같은 자를 뽑는데, 이러한 서생은 위급한 상황에서 적을 상대할 수 없다며, 이는 나라의 커다란 병폐라고 질타했다.

효종은 이처럼 군사의 병폐를 지적하는 한편 임금을 호위하는 친위부대인 어영군을 강화했다. 공·사천을 막론하고 포 및 활쏘기, 힘자랑을 시험해서 건장하고 솜씨 좋은 자들을 4천 명 뽑았다. 효종은 훈련대장 이완을 어영대장으로 겸임하게 하고, 군안을 작성케 했으며, 규모를 6천 명으로 늘리고, 노약자와 재주 없는 자는 가려서 없앴다.

보인제도도 만들어서 3명을 단위로 1명은 군사로 나가고, 나머지 두 명은 베와 쌀을 내게 했다. 이로 인해 훈련된 군사를 기를 수 있을 뿐만 아니라 군량을 안정적으로 확보할 수 있었다.

● 가군관(假軍官): 정원 외에 연줄을 타고 이익을 바라보고 군관이 되려고 하는 자

효종 5년 6월, 임금은 가뭄의 원인으로 왕의 부덕과 사대부의 무책임한 직책 수행뿐만 아니라 군사의 일을 소홀히 한 것을 꼽기도 했다. 이는 다른 임금들에게서 찾아볼 수 없는 예로서, 그가 군사력 강화에 매우 신경쓰고 있음을 알 수 있다.

"가뭄을 극복하기 위해서는 군사의 일을 밝게 닦고 성터와 장비를 수선하라. 창을 베고 아침을 기다리는 것처럼 뜻을 세우라. 병조의 군사, 어영청·훈련도감·총융청, 그 외 지역의 군사도 글로서 엄하게 타이르고 훈계하라."

또한 남한산성이나 강화도에 충분한 군량을 쌓아두도록 했고, 북방 국경 부근의 백마산성을 중들을 동원해서 몰래 수축했다. 병자호란 조약으로 성의 수축이 금지되었기 때문이다.

### ●●● 군사훈련에 진심

효종은 선왕의 능 참배를 하면서도 군사훈련을 했다. 효종 6년 3월 27일, 강릉康陵, 명종과 인순왕후의 쌍릉에서 제례를 마치고 돌아오면서 넓은 지역에 멈추고 군사들의 말달리기 시합을 벌였다. 금군과 좌우 별장, 선전관임금의 명을 전하는 자로 말을 잘 탄다 등의 부대가 경쟁했다. 들판에 작은 깃발을 꽂게 하고 깃발을 먼저 뽑는 자에게 상을 주겠다고 했다. 반드시 동시에 출발하라고 엄명을 내렸다. 그리고 언덕 위로 올라가서 지켜보았다.

그런데 임금이 내리는 상에 의욕이 넘쳐서 부정 출발자가 나왔다. 효종은 대장들을 불러 곤장을 치고 다시 주의를 주었다.

"어전에서 기를 휘두르고 나팔을 분 뒤에 한꺼번에 출발해라.

만약 어기는 자는 군율로 다스리겠다."

하지만 또 부정 출발자가 나왔다. 좌별장 초군 정시영은 임금의 출발 신호보다 먼저 출발했고 뽑지 않아야 할 깃발을 뽑았다. 임금은 매우 화가 났다.

"군령을 따르지 않는 군졸은 죽여도 아까울 것이 없다."

효종은 군령을 어긴 정시영을 군율에 따라 참수했으며, 군사들의 훈련장에 효시해서 초군들에게 군법의 엄함을 알리도록 했다. 금군별장도 지휘 책임을 물어 파면했다.

효종 6년 4월 5일, 신하들은 너무 과한 처벌이라며 임금의 덕에 누가 된다고 했지만, 임금은 "경들은 문관으로서 어찌 군법을 알겠는가?"라고 한마디로 거절하고 언성을 높였다.

"군율에 어두운 말을 하지 마라. 우리나라는 군율이 엄하지 않아서 예전에 경계를 소홀히 했다."

효종은 군령을 따르지 않은 군사는 10만 명이 있어도 아무런 도움이 되지 않는다고 판단했다. 반면 군령에 따라서 말을 힘껏 달려 깃발을 뽑은 자에게는 약속대로 말馬을 상으로 주었다. 화살을 한 번 맞혀도 자급을 올려주었다.

서울의 노량진도 군사훈련 장소였다. 효종 6년 9월 29일, 노량진의 모래밭에 어영군과 양주의 군사 1만 3천 명이 늘어섰다. 임금은 배에 올라서 군사의 위엄이 성대한 것을 만족했다. 그러나 임금이 의도한 만큼 군사들이 일사불란하게 움직이지 않았다. 마땅한 장수가 없는 탓이었다.

"이런 군사와 말이 있는데, 통솔을 제대로 하지 못해서 한갓 쓸모없는 군졸이 되었다. 참으로 개탄스럽다."

효종은 영의정 겸 어영대장 이시백과 훈련대장 이완에게 임금이 만족할 만큼 오랜 시간 군사훈련을 강행하게 했다.

효종은 창덕궁 후원에서도 군사훈련을 했다. 후원의 훈련을 마친 후 훈련대장 이완과 어영대장 유혁연에게 내구마 한 필을 내렸는데, 말이 야위었고 상태가 좋지 않았다. 임금은 크게 화를 내고, 임금의 말을 기르는 사복시의 첨정 이문주를 바로 의금부로 보냈다. 좌의정 원두표는 사복시 제조를 겸임했는데, 임금의 화에 허겁지겁 뛰어나와 말고삐를 잡아야 했다.

효종은 무신을 우대했고 좋은 상을 주어 격려했다. 사헌부는 무인들에게 여러 차례 후한 상을 준다고 비판했으나 따르지 않았다. 효종은 청나라가 눈치를 채거나 빌미를 삼을 수 있는 '북벌' 혹은 '북정'이라는 단어를 사용하지 않았을 뿐이다. 북벌을 위해서 소리 소문 없이 행동으로 준비하고 있었다.

# 송시열과 독대,
# 북벌 계획을 밝히다

효종은 즉위한 초기에 송준길·송시열·권시·이유태 등 산림을 조정으로 불렀으나, 이들은 임금이 불러도 조정에 나오지 않았고, 설령 조정에 나오더라도 또 시골로 내려갔다. 이유는 가지가지였다.

송시열이나 송준길은 자신의 의견이 채택되지 않을 경우에 부모나 자신의 병을 구실로 내세워서 낙향했다. 권시는 부친으로부터 과거 급제나 벼슬을 원하지 말라는 훈계를 잠시도 잊을 수 없다고 하면서 고향으로 내려갔다. 효종은 이들이 낙향하면 다시 불러들였다.

### ●●● 효종과 신하들의 온도 차

효종 7년 6월 4일, 권시는 임금의 경연관으로서 다시 부름을 받고 입시했다.

> **권시**: 신이 시골에 있으면서 전하께서 중국을 정벌하고자 하는 뜻을 품고 계시다는 것을 들었습니다. 그런 뜻을 밤낮으로 게을리하지 마시고 중단하지 마십시오.
> **효종**: 과인은 재주와 지혜가 미치지 못해서 그대들의 힘에 의지하고자 한다. 그런데 그대들은 늘 멀리 떠나려는 뜻을 품고 있으니, 과인이 이 때문에 탄식한다.

권시는 효종에게 북벌의 뜻을 품고 포기하지 말라고 말했지만, 정작 그 자신은 북벌의 부지깽이라도 될 것이라는 각오나 행동을 보여주지 않았다.

송준길도 마찬가지였다. 송준길은 효종이 승하한 후, 현종 즉위년 11월 1일에 현종에게 효종의 말씀을 전했다.

"선왕효종께서 하교하시기를, 만약 10만 정병이 있다면 천하의 대의를 펼칠 수 있다. 과인이 지난날 연경과 심양에서 인질의 고통을 당한 것도 어찌 보면 하늘의 뜻이었는지도 모른다고 했습니다."

산림은 효종의 품은 뜻을 높이 평가했으나, 그 뜻의 실천을 위해서는 어떠한 박자도 맞추지 않았다. 이것은 조정도 마찬가지였다.

효종 9년 6월, 임금의 주관으로 처음으로 사냥을 실시하고자 했다. 사냥은 실전의 종합 훈련이다. 그러나 사헌부와 사간원, 홍문관은 반대하고 나섰고, 결국 임금은 선대에서도 사냥을 했다고 하면서 언성을 높이고 화를 내면서까지 사냥을 강행하고자 했다.

병조는 임금의 명에 따라 사냥하는 절목을 만들고 장소까지 살곶이 목장으로 정했다. 살곶이는 조선 초기부터 사냥을 겸한 군사훈련의 단골 장소이다. 하지만 사헌부와 사간원은 왕의 뜻에 반대해서 사직서를 냈고, 중추원 대신들도 반대했다. 결국 임금은 뜻을 꺾을 수밖에 없었다.

"대신들도 반대하므로 사냥하는 명은 정지하라."

효종이 처음으로 야외에서 대규모 군사훈련을 실시하고자 했지만, 결국 그 의지는 좌절되었다. 신하들은 흉년으로 군량이 부족하다는 이유를 내세웠다. 병자호란으로 국토가 유린당하고, 수많은 군사가 죽고, 백성은 흩어지고, 임금은 삼전도에 굴욕을 당한 지 21년 후이다.

한편 비변사는 훈련도감의 군사 증원도 반대했다. 비변사는 중종 때 삼포왜란으로 설치된 후 임진왜란 때는 군사적 목적으로 운영되었고, 임진왜란 이후에는 의정부를 대신한 정치의 중추 기관이었다. 비변사의 주요 기능은 나라의 변란에 대비하기 위한 것이다. 그런 비변사가 군량 부족을 이유로 군사 증원을 반대한 것이다. 효종과 신하 사이에 군사의 일에 관해서 온도 차가 너무 컸다.

## ●●● 북벌을 함께할 신하를 물색하다

효종은 북벌을 염두에 두고 조용히 군사를 강화해 나갔지만, 신하들은 흉년으로 인한 군량 부족 등을 내세워서 지속적으로 군사훈련이나 강화를 반대했다. 임금은 북벌의 뜻에 맞는 신하를 찾아야 했다.

효종은 산림에 은거한 송시열과 송준길을 계속 불렀다. 둘은 효종 초기에 자신들의 의견이 채택되지 않자 향리로 돌아가 있었는데, 임금의 간절한 부름에 몇 번 거절한 후 올라왔다. 효종은 두 사람과 시사에 대해서 논했고, 이번에는 그들의 건의를 들어주고 필요한 조치를 취했다.

훈련도감 증원 문제도 화제에 올랐다. 송준길은 군사 정원을 늘리는 것에 명확하게 반대했으나, 송시열은 군사를 뽑는 것보다 유지하는 것이 어렵다고 하면서 적극적인 반대는 하지 않았다.

효종은 송시열을 이조판서에 제수하고, 초모담비의 모피로 만든 가죽 모자와 초구담비의 모피로 만든 가죽옷를 특별히 내렸다. 송시열은 이들을 받지 않으려고 했으나, 임금은 이렇게 말했다.

"경은 내 뜻을 모르는가? 이것은 조만간에 원수를 갚을 지역의 요주遼州와 계주薊州*의 매서운 추위를 견디기 위한 것이다."

효종은 초모와 초구를 통해서 북벌 의지를 설명했고, 송시열은 임금의 뜻을 이해하고 받았다.

효종은 그동안 자신이 구상하고 있는 북벌을 함께 할 신하를 물색하고 있었다. 신하 대부분은 청나라 정벌을 두려워했고, 나라

---

• 요주(遼州), 계주(薊州): 지금의 중국 하북성 일대

의 복수보다 자신과 가솔의 안위를 우선으로 여겼다. 임금은 북벌을 함께 할 적임자로 송시열을 꼽았다. 송시열은 그동안 군사 증강이나 북벌에 대해서 반대하지 않았고 어느 정도 공감대가 형성되었기 때문이다.

### ●●● 송시열과의 독대

효종은 즉위해서 10여 년 후 강산이 변하는 세월이었고, 그동안 조용하게 군사훈련을 시켰다, 이제 군사를 행동으로 옮기는 힘을 길렀다고 판단했다.

효종 10년 3월 11일, 임금은 창덕궁 희정당에서 신하들을 만났다. 임금은 조정의 논의를 끝낸 후 송시열만 남게 했다. 또한 승지와 사관, 내시까지 물러가게 했다.

"경의 병으로 인해 오랫동안 만나지 못해서 매우 답답했다. 오늘은 경의 병이 자못 안정된 듯하므로 나가지 말라."

효종은 송시열을 거의 3개월 만에 본 참이었다. 조선은 임금과 신하의 독대를 금했으나 송시열과 독대를 하겠다고 한 것이다. 그 대신 문을 활짝 열게 했다. 둘의 모습을 누구나 볼 수 있으나, 다만 소리는 들리지 않게 했다. 효종은 송시열에게 무슨 이야기를 하고 싶었던 것일까?

효종은 오늘 자신의 뜻을 다 말하고 싶다며, 첫 마디로 "대사大事, 큰일"라는 말을 꺼냈다. 두 사람은 그동안 북벌을 '대사'라는 단어로 칭하며 서로의 의중을 교환해 왔던 터였다. 효종은 우선 청나라에 대한 정세 분석을 했다.

"오랑캐청나라를 낮게 지칭는 반드시 망하게 돼 있소. 칸汗, 청나라 황제를 낮게 지칭의 형제들이 줄어들고 인재들이 차츰 용렬해지고 있으며, 무예와 전쟁을 숭상했지만 이제 서서히 폐하고 있소. 칸도 주색에 빠져서 나라의 형세가 오래 가지 못할 것이오."『현종개수실록』 즉위년 9월 5일

효종은 청나라 사신이 조선에 오면, 청 황제에 대한 정보를 파악하기 위해 황제의 동향을 슬쩍 묻곤 했던 터였다. 이런 정보와 심양에서 겪은 8년의 인질 경험에서 우러나오는 정세 분석이었다.

"우리의 신하들은 전쟁을 바라지 않고 있지만, 과인은 그렇지 않소. 정예화된 포병 10만 명을 자식처럼 기르고 용감한 군사로 만들어서 기습공격으로 국경 너머로 쳐들어갈 계획이오."

효종은 구체적 군사 양성 방법을 밝히고, 심양에서 조선을 도와줄 자까지 염두에 두고 있었다. 중원의 의사와 호걸명의 남은 세력을 지칭, 우리의 공물을 받은 자, 청나라에 억류된 우리 포로 수만 명의 호응도 기대했다. 또한 청이 요동과 심양의 국경을 방비하지 않는 것도 쳐들어가는 데 유리하다고 했다. 임금은 성공을 장담했다. 송시열은 최악의 상황을 염두에 두고 질문했다.

"전하의 뜻은 존중합니다. 그러나 제갈공명도 실패한 후 '세상사는 뜻대로 안 된다'라고 했습니다. 만일 계획에 차질이 생겨서 국가가 망하게 되면 어찌하시렵니까?"

효종은 웃으면서 자신을 시험하지 말라며 자기 능력으로 충분히 해낼 수 있다고 했다. 그동안 활쏘기와 말타기, 군사의 일을 계

속 익혀왔다고 했다. 인질 생활은 오히려 청에 대한 두려운 마음을 없애 주었고, 청의 형세와 산천의 지리를 잘 알고 있다고 했다.

효종은 지금까지 닥쳐온 시련은 어떤 뜻이 있었을 것이고, 경과 같이 뜻이 맞는 신하와 함께 하기 위함이라고 했다. 앞으로 자신이 50세가 넘지 않은 10년 안에 청을 정벌할 것이고, 그때까지 자신의 곁에 있어 달라고 했다.

효종은 북벌에 대한 강한 의지를 불태우고 송시열에게 자신의 모든 속내를 다 털어놨다. 임금은 그동안 군비를 강화하고 군사훈련도 틈틈이 했다. 북벌은 세자에게 맡길 수 없고 반드시 자기 손으로 이룩하겠다고 했다.

효종은 북벌 의지가 굳었고 이를 실천해 온 터였다. 세자가 되자 "술로 인해서 천하와 국가를 망치는 예가 많다. 술로 인해서 말을 실수하고 화를 스스로 부르니 이보다 심한 해로움이 있겠는가"라고 하며 술을 딱 끊었다『효종대왕 행장』. 그만큼 나라의 운명이 달린 세자 자리를 무겁고 두려운 자리로 여겼다.

또한 효종은 인열왕후 한씨와 13세에 결혼해서 1남 6녀를 두었는데, 임금이 되어서도 후궁은 한 명뿐이었다. 북벌을 결심하면서부터 부부관계로 혈기가 손상되고 의지가 해이해질 것을 우려해서 끊었다며, 주색을 끊었기에 앞으로 10년은 몸과 정신이 건강해질 것이라고 송시열에게 자신감을 보였다.

또한 효종은 그동안 다른 신하들에게 북벌의 뜻을 은밀하게 시험했는데 모두 무관심했다며, 그들은 북벌이 오히려 나라를 망하게 할 것이라고 두려워하고 제 자손만을 위한 계획을 세우고 임금을 도우려고 하지 않는다고 탄식했다. 그래서 송시열에게 이조 판서뿐만 아니라 병조판서도 겸직으로 맡기겠다고 했다.

송시열은 자신은 그런 능력이 없다고 겸손했다. 그리고 임금이 이유태에게 북벌을 이야기했을 때, 이유태가 자신에게 한 말을 소개했다.

"전하께서 큰 뜻을 가졌다면 비록 능력과 지혜가 없는 자라도 분발해야 합니다. 석호의 아낙처럼 새벽밥 짓는 일이라도 해야 합니다."

석호의 아낙은 전쟁터에 나가서 무엇이라도 하겠다는 중국의 고사이다. 송시열은 전하가 큰 뜻을 가지고 계시고, 비록 자신이 재능은 부족하지만 크게 쓰려는 임금의 뜻을 받들어 의견을 다 말씀드리고 죽을 각오로 일하겠다고 했다.

효종은 세자로서 4년, 왕으로서 10년이 되자, 송시열에게 북벌에 대한 구체적 계획을 밝힌 것이다. 둘은 앞으로도 북벌을 계속 논의하자면서 동지들을 규합하고 은밀하게 편지를 주고받는 방법을 찾아보자고 하고 헤어졌다. 임금의 북벌 계획은 어느 정도 구체적이었고 강한 결심과 자신감을 보였다.

### ●●● 효종의 북벌이 멈칫한 이유

효종은 인조의 차남으로서 소현세자의 급작스러운 죽음으로 세자가 되고 왕위에 올랐다. 소현세자의 자식 대신 세자가 되었기 때문에 정통성 문제에 시달렸으나, 산림을 끌어들여 지지 기반을 세워 나갔다.

그럼에도 효종과 신하 사이에 군사에 관해서는 생각이 달랐다. 효종은 군사를 은밀하게 키우고 훈련하고 강한 군대를 만들어서 북벌하고자 했으나, 신하들은 가뭄과 흉년으로 식량 부족을 내세워서 군비 강화를 반대했다. 청을 보는 시각이 달랐기 때문이다.

효종은 청나라의 연경, 심양 등에서 8년간 인질로 있었다. 그 시련이 오히려 대의大義, 북벌를 펼칠 수 있는 하늘의 뜻이라고 여겼다. 청나라의 산천, 지리를 익히는 기회였고 그들에 대한 두려움을 없앨 수 있었다고 했다. 효종은 문보다는 무에 더 관심을 가졌다.

반면 신하들은 병자호란으로 청의 힘과 난폭함을 보았다. 또다시 자신과 식솔이 전쟁의 위험에 빠지는 것을 경계했다. 효종과 신하들은 청에 관한 생각이 전혀 달랐고, 이것은 전쟁, 즉 북벌에 대한 시각차로 이어졌다.

효종은 북벌에 대한 강한 의지로 군사를 기르면서 준비했고, 송시열을 만나서 겨우 자신의 의지를 밝혔다. 둘은 찰떡궁합은 아니었지만, 북벌에 대한 뜻과 의지를 함께 모아갔다.

효종과 송시열의 독대는 끝났다. 효종은 청나라를 치겠다는 국가의 기밀을 송시열에게 털어놓고 그 계획을 함께 세우고 실천하고자 한 것이다. 한 번의 만남으로 모든 해결책이 나오는 것은 아니므로, 이후 모든 일을 송시열과 은밀히 논의하겠다고 하면서 그 방법을 글로서 하고자 했다.

송시열은 효종과의 독대 이전에도 밀서를 받았고, 독대 이후에도 몇 차례 더 받았다. 그러나 이 밀서들은 남아 있지 않다. 그 밀서들을 어명에 따라 불태웠기 때문이다. 밀서 전달자는 세자 현종이었다.

효종이 돌아가시기 전에 세자를 통해서 전달된 한 통의 밀서와 또 다른 효종의 어찰 3통은 남아 있다. 그 밀서에는 불태우라는 어명이 없었기 때문이다. 여기에는 성을 축조하고 말을 기르며 군사를 뽑고 훈련하는 구체적인 방안이 담겨 있다.

효종이 독대와 밀서에서 제시한 대로 10년 동안 10만 명을 양성하고 힘을 합쳐서 차분하게 준비해 갔다면, 효종의 북벌도 가능했을지도 모른다.

그러나 역사는 효종 편이 아니었다. 효종과 송시열의 만남은 이것이 마지막이었다. 문제는 건강이었다. 효종은 술과 색을 끊었기 때문에 정신이 맑아졌고, 앞으로 10년은 거뜬할 것이라고 했지만, 송시열과 독대 이후 2개월여 만에 병으로 승하했다. 효종은 북벌에 대한 강한 의지를 다지고 구체적 계획을 세웠으나, 건강으로 행동으로 옮기지 못하고 물거품이 되었던 것이다.

── 남은 이야기 ──

# 효종과 송시열의 독대가
# 실록에 기록된 이유

효종과 송시열이 독대할 때 문을 열고 대화했기에 둘의 만남은 알려졌으나, 사관은 임금의 명에 따라 물러갔기에 대화 내용은 기록할 수 없었다. 그러나 역사에 묻힐 뻔했던 둘의 독대 내용은 『현종개수실록』 즉위년 9월 5일에 실려 있다(송시열의 저서 『송자대전』 송서습유 제7권 잡저에도 실려 있음). 이는 효종의 북벌 의지와 계획을 소상하게 알 수 있는 역사의 중요한 자료이다. 사관 이광직, 이세장, 그리고 이선 세 명의 끈질긴 노력 덕택이었다.

### ▮▮▮ 둘의 독대는 어떻게 조선왕조실록에 기록되었을까? ▮▮▮

송시열은 독대 다음날 대화 내용을 바로 기록해서 책자로 만들었으나, 효종이 2개월 후 승하했다. 송시열은 독대 내용을 공개하지 말라는 효종의 부탁대로 기록을 산속 깊숙이 보관했다. 그런데 사관 이광직이 은밀하게 임금과 독대한 내용의 기록 여부를 묻고 역사에 남기고 싶다는 편지를 보내왔다. 송시열은 종일토록 고민하다가 마음을 고쳐먹었다.

"임금과 독대한 내용이 이루어졌다면 기록으로 남길 필요가 없지만, 임금이 이루고자 한 뜻을 후세에 전해야 한다."『송자대전』 송서습유 제7권/잡저/악대설화

송시열은 독대 내용을 봉함해서 이광직에게 보내고자 했으나, 공교롭게도 기록을 넘기고자 한 그날 사관 이광직의 부음을 들어 보낼 수 없었다.

이후 사관 이세장과 이선이 편지를 보내 독대 내용을 청했다. 송시열은 당시 구설수에 올라 대죄 중이었기에, 독대 내용이 공개되면 죄가 더욱 가중될까 싶어 이들의 요청에 응하지 않았다.

그럼에도 이세장은 계속 요청했다. 송시열은 이광직에게는 허락해 놓고 이세장에게는 거절하는 모순을 깨닫고. 결국 독대 내용을 보내주었다. 송시열은 사관에게 자신의 고충을 이해하고 역사에 기록해서 후세에 전해달라고 부탁했는데, 그의 바람은 이루어지지 않았다.

사관 이광직과 이선은 송시열의 뜻대로 사초에 기록해서 실록청에 제출했으나, 『현종실록』의 편수자들은 사관들이 힘들게 확보한 이 기록을 빼버렸다. 송시열을 반대한 자들의 소행이었다.

하지만 역사 속으로 묻힐 뻔했던 기록은 되살아났다. 『현종실록』은 하나 더 있으니 바로 『현종개수실록』이다. 『현종개수실록』 편수자들은 실록에 효종과 송시열의 독대 내용이 빠진 것을 발견하고, 사관의 기록을 찾아 다시 실었다. 여러 사람의 끈질긴 노력 끝에 효종과 송시열의 독대 내용은 세상에 전해졌고, 역사의 소중한 자료가 되었다.

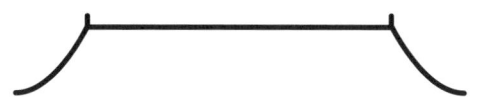

# 효종과 송시열의 독대,
# 그 이후의 추진과정

효종과 송시열의 은밀한 계획을 알고 있는 사람이 한 분 있었으니, 바로 세자 현종이었다. 현종은 세자로서 효종과 송시열 사이에 은밀하게 주고받은 밀서 심부름을 했다. 그는 부왕의 북벌에 대한 원대한 꿈을 누구보다도 곁에서 지켜봤다.

현종은 즉위 후 송시열을 중용하려 했다. 이조판서, 병조판서, 우의정에 임명했으나, 송시열은 계속 병을 핑계로 내세워 사직하고 낙향했다.

### ●●● 송시열, 임금의 뜻을 묻다

송시열이 사직한 이유는 따로 있었는데, 현종의 즉위 10년 30일에 그 속내를 임금에게 밝혔다. 송시열은 효종이 "날은 저물고 갈

길은 멀다"라고 한, 북벌 의지의 말씀을 떠올릴 때마다 비통한 마음이 든다며, 공자가 무왕과 주공의 효를 칭찬한 것은 '계지술사繼志述事'를 잘했기 때문이라고 했다. 계지술사는 선대의 뜻과 사업을 잘 계승해서 발전시키는 것이다. 송시열은 현종에게 선왕 효종의 뜻을 이어받아 북벌 의지가 있는지를 물었다.

> **송시열**: 전하는 나라를 어떻게 생각하십니까? 만약 변란이라도 일어나면 장차 어떻게 대처하시겠습니까?
> **현종**: 선대의 뜻을 잘 이으려는 생각은 간곡하지만, 나의 뿌리 깊은 병으로 일이 뜻대로 되지 않는다. 변란이 일어나면 그때그때 대처할 따름이다.

송시열에게는 실망스러운 답변이었다. 송시열은 임금의 뜻대로 되지 않는다는 것은 말도 안 되는 말이며, 임금이 되어서 뜻대로 하지 못한다면 나라꼴이 되겠냐는 직언을 했다.

현종은 즉위 초기부터 안질이나 피부병 등 고질적인 병을 갖고 있었다. 현종은 자신의 병을 내세워서 북벌에 대해서 차츰 말끝을 흐렸다.

### ●●● 효종의 간절한 염원, 그러나…

현종 9년 11월 4일, 송시열의 속내를 잘 아는 송준길이 다시 한번 임금의 의중을 파고들었다. 송준길은 송시열의 솔직한 뜻을 임금에게 전달했다. 임금의 북벌에 대한 의지가 확인되면 송시열은 조정에 머물 것이고, 그렇지 않다면 고향으로 돌아갈 것이라고 했다. 그러나 기대는 어긋났다.

"송시열이 '계지술사'를 진언할 때 여의찮다고 대답했다. 청의 침입에 대한 대비책을 세워야 하지만, 청의 기미를 예측하기는 어렵다."

현종은 송시열의 보필을 받고자 조정에 머물기를 간곡하게 청했으나, 정작 송시열이 원하는 북벌은 받아들이지 않았다. 송시열은 현종이 북벌에 대한 의사가 없음을 다시 한번 확인하고 결국 향리로 돌아갔다.

송시열은 향리로 돌아가서도 다시 상소를 올려서 '계지술사'를 강조하고, 임금의 청나라에 대한 복수 의지를 확인했으나, 임금은 말뿐이었고 행동으로 보여주지 않았다.

효종은 송시열을 매개체로 해서 북벌의 뜻을 펼치고자 했으나 건강 악화로 승하했고, 그 아들 현종도 병을 구실로 내세워서 북벌에 대한 적극적인 의사가 없었다. 효종과 현종, 북벌 의지는 있었으나 건강 문제로 좌절되었던 것이다.

"날은 저물고 갈 길은 먼데, 지극한 애통함이 마음에 있다."●

효종이 북벌에 대한 의지를 다지면서 영의정 이경여에게 내린 글이다. 현실의 힘은 부족하지만 청을 정벌하고자 하는 효종의 간절한 염원이 담겨 있다. 송시열은 위의 내용을 이경여의 묘지명에 써서 효종에 대한 의리와 효종의 북벌 의지를 잊지 않도록 강조했다.

● 일모도원 지통재심(日暮途遠 至痛在心), 『숙종실록』 33년 8월 8일

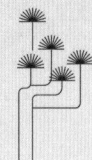 

## 남은 이야기
# 효종과 나선 정벌

효종 5년 2월 2일, 청의 사신 한거원이 한성에 와서 청의 외교문서를 임금에게 바쳤다. 조선에서 조총을 잘 쏘는 사람 백 명을 선발해서 나선 정벌을 요청했다. 나선은 효종에게 생소한 이름이었다.

"나선은 어떤 나라요?"

"영고탑 옆에 사는 별도의 종족이 사는 곳입니다."

영고탑은 우리 국경에서 멀지 않은 곳에 있었고, 나선은 흑룡강과 송화강 일대이다. 러시아인들은 이곳에 모피를 수집하러 와서 청나라군과 충돌했는데, 청은 총포를 갖고 있는 러시아인들에게 패배했고, 조선의 조총 위력을 알고 파병을 요청한 것이다.

### ▰▰▰ 1차 나선 정벌 ▰▰▰

효종은 북우후 변급을 대장으로 파견했다. 변급은 총수 100명과 기수 및 고수 48명을 거느리고, 함경북도 회령에서 8일이 걸려 영고탑에 다다랐고, 또다시 배와 육로를 거쳐서 왈합에 도착했다. 2,400리의 장정이었다.

변급은 왈합에서 큰 배 13척, 작은 배 26척을 만났다. 작은 배는 왜선과 비슷한 크기였다. 변급은 유리한 지형에서 싸우기로 하고 강변의 지세가 높은 곳에 진을 쳤다. 버드나무 사닥다리를 만들어서 무기를 숨기고 군사들은 대포와 불화살을 쏘았다. 여러 날을 싸웠고 적선은 거의 불탔고, 적군은 탄환에 맞아 많이 사망했다. 아군은 8명의 전사자와 몇 명의 부상자뿐이었다. 대승이었다.

효종 5년 7월 3일, 비변사는 변급의 승리 소식을 알렸고 상을 청했다.

"변급은 이역異域에 깊이 들어가서 군사들을 온전하게 데리고 왔으므로 상을 주어야 합니다."

효종은 비변사가 건의한 대로 변급에게는 특별히 품계를 올려주었고, 군사들에게는 호역戶役, 집마다 부과되는 부역을 면제하고 쌀과 베를 내리고 음식도 베풀었다.

### ▲▲▲ 2차 나선 정벌 ▲▲▲

청은 4년 후 나선 정벌을 위해서 다시 한번 군사와 군량이 부족하다며 조선의 지원을 요청했고, 효종은 기꺼이 파병을 승낙했다.

효종 9년1658, 북우후 신류를 대장으로 해서 조창수 200명, 기수와 고수 60명, 모두 260명이 석 달 먹을 양식을 싸서 갔다. 흑룡강에 이르러 적군을 만나서 온종일 싸웠고 불화살이 위력을 발휘했다. 적선 10척을 불살라서 거의 잿더미가 되었고, 겨우 한 척만 살아남아 도망했다. 아군은 8명이 전사하고 25명이 부상을 입었다. 역시 대승이었다. 청나라는 이듬해 사신을 통해서 감사를 표했다.

나선 정벌*은 조선이 처음으로 군사를 해외에 파병하고, 청과 협력해서 러시아인들과 벌인 전투였고, 두 번이나 대승을 거두었다. 나선 정벌은 소규모 전투였으나 효종에게 자신감을 심어주었다.

- 나선정벌의 전투 상황은 『고운당필기 제2권/유득공』와 『통문관지/역관 김지남』를 참고했다. 효종실록은 전투 상황을 구체적으로 기록하지 않았기 때문이다.

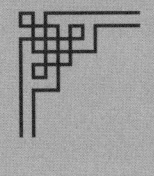

3장

# 현종,
# 붕당은 허용치 않은
# 병약한 왕

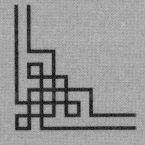
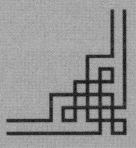

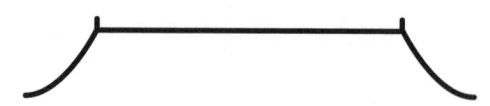

# 효종의 능,
# 어떻게 결정되었나?

### ●●● 현종, 눈물의 즉위식을 올리다

제17대 효종은 나선 정벌 이후 송시열과 독대해서 북벌 계획을 세워 나갔으나, 머리 위에 작은 종기가 악화되었고, 종기의 독이 얼굴에 퍼져서 눈을 뜰 수 없는 지경이었으며, 침으로 독을 빼내려고 했으나 효과를 발휘하지 못했다. 송시열과 독대한 지 2개월 후, 창덕궁 대조전에서 병으로 41세에 승하했다.

현종은 효종이 승하한 5일 후 1649년 5월 9일<sub>양력 6월 18일</sub>, 창덕궁 인정문 앞에서 즉위식을 올렸다. 부왕의 시신이 궁궐 안에 있으므로 즉위식은 눈물바다였다. 현종은 세자에서 왕위에 올라 최종 결정권을 가지게 되었다.

### ●●● 효종의 묫자리 논쟁

현종은 부왕의 묘호를 효종, 능호를 영릉寧陵˙으로 정했다. 현종이 '영寧' 자의 뜻을 묻자, 송시열은 살았을 때는 하늘의 섭리에 순응하고 죽었을 때는 아무 미련 없이 편안하다는 뜻이라고 답을 올렸다.

임시기구 산릉도감이 설치되어 왕을 안장할 장소를 찾았다. 효종의 상제를 총괄할 총호사는 좌의정 심지원, 수릉관은 평운군 이구로 정했다. 총호사 심지원, 예조판서 윤강, 관상감 제조 이응시, 윤선도와 행 부호군 이원진, 서운관˙˙ 소속의 지관˙˙˙ 등은 장지를 찾아야 했다. 풍수지리를 잘 아는 관리와 풍수가들이 총동원되었다. 윤선도는 효종과 현종의 세자 시절의 스승이었고, 풍수지리에 정통하다는 평판을 받았다. 태조와 태종, 세종의 능 주변이나 풍수가 좋다는 여러 산을 둘러보았고 15곳이 후보로 올랐다.

현종은 순서를 매기라고 했다. 제1순위는 수원의 산이고, 그다음으로 교하 윤씨의 산, 경기도 광주 정씨의 산, 한강 북쪽의 산이라고 했다. 네 곳은 산세를 그린 도형과 장·단점의 의견을 첨부했다. 현종 즉위년 6월, 특히 예조판서 윤강은 수원의 산을 극찬했다.

---

- 왕의 무덤은 릉(陵), 세자나 대군은 원(園), 사대부나 백성은 묘(墓)라고 했다.
- 서운관(書雲觀): 조선 초기 천문·지리·역수·점산·기상관측 등을 담당했다. 조선은 풍수학을 정식 학문으로 가르쳐서 서운관에 배치했다. 서운관은 세종 때 관상감으로 바뀌었지만 혼용해서 사용했다.
- 지관(地官) 혹은 지사(地師) : 풍수설에 따라 집터나 묫자리의 좋고 나쁨을 가려내는 관리.

"수원의 산은 용혈사수*가 진선진미해서 그야말로 천재일우의 곳입니다. 다른 산과는 비교가 되지 않습니다."

현종은 이 외에도 대신들과 경기도의 산세에 관해서 의견을 나누고, 세종대왕의 능이 있는 홍제동경기도 여주이 따로 추천되었다. 지관은 산세만 본다면 여주의 홍제동이 제1의 명당이라고 했지만 거리가 너무 멀었고, 효종도 살아생전에 홍제동은 거리 때문에 후손들이 능자리로 사용하지 말라고 했다.

현종은 이러한 의견을 종합해서 효종의 능자리를 수원의 산으로 결정했다. 영의정 정태화는 수원의 산을 조사해서 5백여 채의 민가를 철거하고 7백여 결의 전답을 수용해야 한다고 보고했다. 현종은 민원이 발생하지 않도록 잘 조처하라고 했고 민가를 옮길 장소까지 결정했다.

현종의 결정에 송시열과 송준길이 은근히 반대했다. 두 사람은 현종의 세자 시절 스승으로 영향력이 컸다. 송준길은 수원은 군사의 요충지이며 백성을 이주시키는 것도 부담인데, 제1명당 홍제동을 두고 차선인 수원을 택하는 이유를 모르겠다고 했다. 그러나 임금은 선대왕의 뜻을 내세웠다.

"선대왕효종도 미리 산릉을 정하려고 했었고, 홍제동은 너무 멀다고 하셨다. 그곳에 산릉을 정하는 것은 자손으로서 도리가 아닌 것 같다."

현종은 송시열 등의 반대에도 불구하고 수원의 산으로 결정

---

* 용혈사수(龍穴砂水): 용은 묘혈로 뻗어 내린 산줄기, 혈은 용이 끝나는 무덤 자리, 사는 묘혈을 둘러싼 산세, 수는 묘혈 주변을 흐르는 물이다. 용혈사수는 명당이 갖춰야 할 필수적인 4대 요소다.

하고, 예조와 『산릉도감』을 보내 묘혈 자리를 정해서 오라고 명했다.

임금의 결정에도 불구하고 부호군 이상진은 상소를 올려서 수원산의 단점을 들추어냈다. 심지어 함릉군 이해는 수원은 도회지로서 다섯의 우환이 있는 자리이고, 여태까지 덕망 있고, 재주와 슬기가 뛰어난 인물이 나왔다고 듣지 못했다고 했다.

두 신하는 여주의 홍제동을 제외하고 제1순위로 선택된 수원의 산을 깎아내리고 있었다. 산세와 풍수를 보는 눈이 제각각이었다.

현종은 승정원에 명을 내려 더 이상 선왕의 능 자리에 관한 상소를 받아들이지 말라고 했다. 수원의 산을 산릉으로 밀고 나가겠다는 강한 의지였다. 그럼에도 수원 산릉의 반대는 이어졌고, 수원 산릉을 천재일우의 명당이라고 주장한 예조판서 윤강은 사직서를 냈다. 송시열과 송준길도 자신들의 의견이 받아들이지 않자 사직서를 냈다. 임금은 사직서를 처리하지 않았지만, 자칫 효종의 능을 둘러싸고 풍수를 보는 시각이 권력 다툼으로 벌어질 듯했다.

현종은 의견이 분분했음에도 명을 내려서 수원의 산릉 공사를 시작했다. 총호사 심지원은 서울 근교의 다른 산들도 소개하면서 수원의 능 공사를 중지하고 모두 의견 일치를 본 후 다시 공사를 시작하자고 건의했으나, 임금은 받아들이지 않았다.

"수원의 산릉 공사를 정지할 이유가 없다. 그대로 진행하라."

현종이 수원의 산을 두 번이나 능 자리로 결정했음에도 반대

의견은 수그러들지 않자, 임금은 공사를 중지시키지 않은 채 새로운 명당을 찾도록 했다. 예조판서 윤강 등이 추가로 살펴본 곳에서는 명당을 찾지 못했다. 이에 임금은 수원의 산을 효종의 능 자리로 세 번째 결정했다.

그러나 며칠 후 현종은 다시 송시열에게 물었다. 송시열은 처음 반대한 대로 수원의 문제점을 지적했다.

"수원은 6, 7천의 군사가 주둔하고, 3남충청·경상·전라도의 요충지로서 전쟁이 일어나면 싸움터가 될 곳입니다. 또한 수백 호의 민가와 분묘를 철거해야 하므로 그에 대한 백성의 원한이 국가로 향할 것입니다. 시기를 늦추어서 다른 산을 찾아보소서."

현종은 송시열의 건의를 받아들였다. 송시열은 건원릉태조의 능, 구리시 주변 산등성이를 여러 지관에게 물어보라고 건의했다. 영의정 정태화 등은 임금의 명을 받고 건원릉을 답사하고 좋은 산등성이를 찾았다고 의견을 올렸으나, 임금은 마땅하게 생각하지 않았다. 하지만 수원의 산 이외에는 달리 논의할 곳이 없다고 다시 결론 내렸다. 현종의 네 번째 결정이었다.

왕조국가의 임금이 네 번이나 같은 결정을 내렸음에도 반대 의견은 잦아들지 않았다. 새롭게 찾은 건원릉 주변의 산등성이가 좋다는 의견이 많았다. 그럼에도 현종은 여전히 수원의 산에 꽂혀 있었다. 임금이 의견을 받아들이지 않자, 신하들은 사직서를 내고 임금은 만류하는 일도 벌어졌다.

효종의 능 자리를 두고 2개월 동안 공방이 계속되었다. 임금과 신하, 신하와 신하 사이의 의견 차이는 또렷했다. 그 팽팽한 줄다리기를 뒤집은 것은 '비기祕記'였다.

현종 즉위년 7월 11일, 대사헌 송준길은 임금을 뵙고, 수원의 산을 쓰지 말자고 한 신하들의 속내가 있다고 아뢰었다. 감히 상소장에 쓸 수 없는 내용이라고 했다.

"우리나라 비기祕記에 '국가에 일이 있으면 수원에서 변이 일어나 서울과 나라 안이 불안해질 것이다.'라고 한 말이 있습니다. 그 때문에 모두 우려를 품고 있습니다."

현종은 처음 듣는 이야기라고 했고, 신하의 속뜻을 이해한다고 했다. '비기'가 수원의 능자리를 철회했다. 임금은 영의정 정태화를 비롯한 여러 대신들을 불러서 의견을 내라고 했다. 대체로 건원릉 주변의 새로운 산등성이를 찬성했고 받아들였다.

"산릉 문제에 대해 의논이 분분하므로, 과인이 감히 독단을 내리지 못하고 회의를 거쳐 정하려고 했다. 그런데 대신 이하 대부분이 건원릉의 새로운 산등성이가 수원의 산보다 낫다고 하니 그리로 정하는 것이 좋겠다."

송준길의 학문이나 행실을 고려할 때, '비기'를 왜 꺼냈는지는 알 수 없지만, 임금의 마음을 바꾸었다. 신하들의 합리적 의견보다 '비기'가 우선이었고, 효종의 능은 건원릉의 서북쪽 산등성이로 결정되었다.

드디어 임금과 신하 사이에서 2개월간의 논쟁은 끝났다. 산릉도감은 승군 1천 명과 연호군* 3천 명을 조발해서 쌀과 품삯을 주

---

* 연호군(煙戶軍): 연호는 연기가 나는 집이라는 뜻으로, 국가의 큰 행사가 있을 때 동원되는 백성을 말한다.

고 효종의 능을 조성했다.

효종의 능 자리를 정하기 위해서 관리들은 현장을 답사했고, 그 산세를 그림으로 그려서 임금에게 보여주고, 장단점을 설명했다. 현종은 당대 최고의 풍수가 등의 의견을 듣고, 여러 번 회의 끝에 최고의 명당으로 결정했다. 그러나 효종의 능은 바람 잘 날이 없었다. 심각한 문제점이 드러났다.

### ●●● 효종, 잠자리를 다시 옮기다

효종의 능은 15년 후 개봉해서 천장했다. 그동안 영릉에 문제가 계속 발생했기 때문이다.

영릉 앞면의 지대석과 상석, 병풍석 등의 연결 부위에 틈이 생기거나 허물어졌다. 회를 발랐으나 소용이 없었다. 때로는 팔뚝만 한 구멍이 생겼다. 기와조각을 넣어서까지 메웠으나 이듬해 비슷한 일이 또 일어났다. 능을 해마다 보수해야 했다.

정자각의 기와에 바른 석회도 벗겨졌다. 물도 잘 빠지지 않았다. 왕릉을 지키는 수릉관과 수복은 매년 골머리를 앓았다. 임시방편으로 해결될 문제는 아니었다.

현종은 결국 천장을 결정했다. 임금과 신하 사이에 2개월간 산의 풍수에 관해서 숱한 논쟁을 하고, 백성 4천 명을 동원해서 조성한 능자리였는데 말이다.

천장할 장소를 다시 논의했고, 지관이 산세만 보면 제1순위라고 추천한 여주의 홍제동으로 결정되었다. 상여는 한강의 뱃길로 이동했다. 천장에는 처음 효종의 능이 조성된 정도의 백성과 물자가 동원되었다. 그만큼 국력은 낭비된 것이다.

경기도 여주에는 두 개의 왕릉이 있다. 세종의 영릉英陵과 효종의 영릉寧陵이다. 세종은 살아생전에 자신의 희망과 지혜를 총동원해서 무덤을 정했다, 헌릉태종의 능. 서울 서초구 옆이었고 그곳에 묻혔다. 그러나 18년밖에 있지 못했다. 손자 예종이 여주로 옮겼기 때문이다『왕PD의 토크멘터리 조선왕조실록』 1권, '풍수에 답하다'에 상세. 반면 효종은 홍제동이 풍수학적으로 좋기는 하지만 지리적으로 멀다는 이유로 홍제동에 본인의 능을 조성하지 말라고 했으나 그곳에 안장되었다.

세종은 살아생전 본인이 정한 능자리를 떠났고, 효종은 본인의 능자리로 하지 말라고 한 곳에 잠들어 있다. 두 왕은 본인의 뜻과 전혀 다른 곳에 잠든 것이다.

조선의 왕릉은 풍수에 조예가 깊은 대신과 풍수학을 배운 지관의 지혜를 모아서 최고의 명당에 조성했다. 또한 능을 천장할 때도 마찬가지였다. 그런 명당에 능을 조성하고 조상을 편안히 모셔서 그 후손의 복을 기대하거나 나쁜일이 발생하지 않기를 바랐다.

세종과 효종의 능을 옮긴 예종과 현종은 이런 기대와는 달리 두 능을 천장한 후 얼마 되지 않아서 승하했다. 예종은 19세, 현종은 33세였다. 모두 건강이 문제였다.

풍수지리風水地理는 바람과 물, 땅의 형세를 살펴서 명당을 선정한다. 최고의 명당으로 선정되는 왕릉, 후손에게 수명을 늘리거나 복을 주는 것은 아니었다.

# 1차 기해년 예송 논쟁

조선은 예를 중시하는 국가로서 임금에게 충성, 부모에게 효를 근본으로 삼았다. 효를 실천하는 최고의 방법은 살아생전에는 부모의 잠자리를 살피고 문안인사를 드리는 것이고, 돌아가시면 시묘살이 등으로 제사를 극진하게 모시는 것이었다. 시묘살이는 부모의 묘 곁에 움막을 짓고 3년간 지극하게 산소를 돌보는 것이다. 이것은 왕실도 예외는 아니었다. 연산군처럼 '이일역월제'로 한 달을 하루로 계산하는 예외는 있었다.

### ●●● 3년인가, 1년인가?

효종의 승하로 자의 왕대비는 몇 년 동안 상복을 입어야 하는가, 3년인가, 1년인가를 결정해야 했다. 자의 왕대비 장열왕후 조씨는 인조의 두 번째 왕비였다. 인조의 첫 왕비 인열왕후 한씨가 승하했기 때문에, 장열왕후는 효종의 법적 어머니였다. 일반적으로 대를 잇는 적자로서 장남이 죽으면 부모는 3년, 그렇지 않으면 1년의 상복을 입는 것이 관례였다. 즉, 효종을 어떻게 자리매김하느냐에 따라서 그 어머니의 복제가 정해지는 것이다.

자의 왕대비는 소현세자가 죽었을 때 이미 3년의 상복을 입은 바 있다. 소현세자는 적자로서 장남이었기 때문에 이론의 여지가 없었다. 그러나 효종은 소현세자 다음에 둘째 아들로서 왕위를 계승했다. 효종이 둘째아들이라는 것에 초점을 둘지, 왕위 계승에 초점을 둘지에 따라서 상복을 입는 기간이 달라진다.

현대의 기준으로 상복을 3년 입어야 할지, 1년 입어야 할지에 대한 논쟁은 아무런 의미도 없고 중요하지도 않다. 하지만 당시에는 예를 보는 기준에 따라서 인생관의 철학이 담겼으므로 치열한 논쟁이 벌어졌다.

### ●●● 서인과 남인의 권력 다툼

송시열, 송준길을 중심으로 한 서인, 그리고 윤휴, 허목, 윤선도를 중심으로 한 남인 간의 학문적 논쟁이 벌어졌으며 당파의 권력 다툼으로 이어졌다.

예조는 『오례의』에 관련 규정이 없으므로 대신들에게 의논해서 정해야 한다는 의견을 올렸다. 영의정 정태화를 비롯한 원로 대신들은 논의를 거쳐서 대체로 기년복1년으로 의견을 모았다. 송시열이 논리를 제공한 『주자가례』와 『대명률』을 근거로 하고, 지금까지의 관례에 따른 것이었다. 그러나 전 지평 윤휴는 '예설'을 내세워서 3년을 주장했다.

효종은 승하한 약 6개월 후 발인해서 영릉 경기도 구리시에 장례를 치렀다. 현종은 장지까지 따라가고자 했으나 신하의 반대와 건강상의 문제로 창덕궁에서 망곡례를 행했다. 이렇게 효종의 장례 절차는 마무리되었다.

그런데 이듬해인 현종 1년 3월, 사헌부 장령 허목이 상소를 올려서 자의 왕대비의 기년복이 잘못되었으며, 『의례주소 儀禮注疏』의 상복조를 근거로 들어 효종은 비록 둘째아들지만 왕위를 정당하게 이어받았기 때문에 장자의 대우를 받아 3년의 상복을 입어야 한다고 주장했다.

"적자에서 적자로 이어지면 '정체正體'로서 3년을 입고, 중자衆子, 맏아들 이외의 모든 아들로서 계통을 이은 자도 같습니다. 효종은 자의 왕대비의 적자이고 절차를 밟아 왕위에 오른 '정체'이기 때문에 자의 왕대비는 3년을 입어야 합니다."

좌참찬 송준길은 허목이 인용한 『의례주소』의 내용을 달리 해석해서 반대했다. 첩의 자식뿐만 아니라 첫째의 적자 이하는 통틀어 서자庶子라고 했고, 기년복을 입는다고 했다. 그리고 의견을 구하고 실록을 상고해서 올바른 결과를 찾도록 하자고 건의했다.

이에 허목은 「상복도」를 작성하고, 조부와 부를 잇는 정체正體가 중요하며, 반드시 첫째만을 위해서 3년 복을 입는 것이 아니라고 했다. 그리고 비록 아버지를 잇는 정체이지만 3년 복을 입지 않는 경우에 대한 4가지 설을 설명했다. 첫째, 정체이지만 전중傳重, 조상의 제사를 자손에게 전하여 이음을 할 수 없는 것으로서, 적자지만 몹쓸 병 또는 사고가 있거나, 죽고 자식이 없어 전중을 받지 못한 경우, 둘째, 전중이지만 정체가 아닌 것으로, 서자 손자를 후사로 삼는 경우, 셋째, 정체이지만 정이 아닌 것으로, 서자를 후사로 삼는 경우, 넷째, 정이되 체가 아닌 것으로, 적손을 세워서 후사를 삼는 경우라고 했다. 허목은 효종은 이 4종에 해당하지 않으므로 자의 왕대비는 3년을 입어야 한다고 했다.

봉교 송창은 적상 산성의 사고에 보관된 실록을 고찰했으나, 직접적으로 참고할 만한 예가 없었다. 예종 승하 시 정희왕후, 인종 승하 시 문정왕후의 복제가 뚜렷하게 기록되어 있지 않았다. 그래서 그 외 상제에 참고가 될 만한 사항이나 각각 의경세자와 순회세자 승하 시의 세조와 명종의 복제를 베껴서 올렸다.

대신들은 송창이 올린 보고를 근거로 해서 다시 논의했다. 영의정 정태화는 허목이 주장한 근거를 반박할 수 없다면서 모호한 태도를 보였다처음엔 기년복을 주장했었다. 좌의정으로서 효종 장례를 총괄하는 총호사였던 영중추 심지원도 처음에는 기년복에 동조했으나, 이제는 널리 의견을 구하라고 했다. 판중추 원두표는 허목의 상소는 경전의 명문을 근거한 것이므로 다른 논의를 할 수 없다면서 과거 기년복 주장은 실수였다고 했다. 대체로 허목의 상소를 수긍해서 3년 복을 지지했다.

이에 송시열이 나서서 허목의 상소를 조목조목 반박했다. 그중 하나가 서庶자에 대한 해석이었다. 서자庶子는 부모가 1년 복을 입는데, 효종을 서자庶子로 볼 수 있느냐, 없느냐가 관건이었다.

허목은 '서庶'를 첩의 자식으로만 해석했는데, 송시열은 '무리'라는 뜻으로 해석해서 적장자 이하를 서자라고 했다. 효종을 서자庶子로 볼 수 있다는 뜻이다.

현종 1년 4월, 송시열도 『의례주소』를 인용해서 말했다.

"『의례주소』에서 이르기를 '서자는 첩의 아들의 호칭이나 둘째도 같이 서자라고 명명한다'고 했습니다. 그렇다면 효종은 인조의 서자가 되어도 상관없는 일입니다. '서庶'는 천하다는 뜻이 아니라 바로 무리 '중衆'의 뜻입니다."

허목과 송시열은 같은 책을 읽고 인용했으나 해석은 달랐다. 송시열은 적장자만 3년 복을 입고 그 아래는 임금의 계승과 상관없이 서자庶子로서 1년 복을 입는 것이라고 주장한 것이다.

이에 윤선도가 송시열을 반박하는 상소를 올렸다. 윤선도는 「오우가」, 「어부사시사」 등 아름다운 시구로 잘 알려져 있는데, 상소문은 아름다운 시구와 달리 직선적이었다. 그는 광해군 때 실세였던 이이첨과 광해군을 싸잡아 비판하는 상소를 올렸다가 유배를 갔다온 바 있다. 현종 1년 4월 18일, 윤선도는 이번에도 에두르지 않았다. 허목의 논리를 좀더 구체화하고 송시열의 논리를 낱낱이 비판했다.

"송시열과 송준길의 학식과 심술은 잘 알지 못합니다. 그러나 그들이 한 행위를 보면 어질지 못하거나 슬기롭지 못한 자들입니다. 그런데 그들이 어떻게 예설에 밝을 수 있겠습니까?"

윤선도는 송시열과 송준길의 인품까지 문제삼았고, 자신의 상소가 받아들여지고 실천되는지 여부가 임금의 세력主勢이 굳건할지, 국조國祚, 나라의 복록가 연장될 수 있을지의 가늠자가 될 것이라고 했다. 윤선도는 예를 논하면서 송시열과 송준길을 비난하고, 임금의 안위와 나라의 복록까지 언급한 것이다. 자의 왕대비의 복제 논쟁을 뛰어넘어서 송시열 등 서인 세력이 나라를 위태롭게 한다고 정치적 발언을 한 것이다.

윤선도의 상소문은 큰 파문을 불러일으켰다. 승정원에서 먼저 상소문을 읽고, 윤선도는 예를 논한다는 평계를 내세우고 있으나 마음 씀씀이가 음흉하고 남을 속이며 허풍 친다고 임금에게 아뢰었다. 임금은 떠도는 소문을 나열한 상소를 왜 받아들였는지 다시 묻고 도로 내주라고 하고는 윤선도에게 벌을 내렸다.

"윤선도는 음험한 상소문으로 신하를 헐뜯고 이간질하고 있다. 관작을 삭탈하고 시골로 내쫓아라."

승정원, 홍문관, 사헌부은 죄가 가볍다고 반발하고 국가를 문란한 죄에 해당한다며 사형을 요구했다. 현종은 윤선도가 효종의 사부였음을 고려해서 함경도 삼수군으로 유배를 보냈다. 윤선도의 나이 72세였다. 그리고 그의 상소문도 불태웠다.상소 내용은 사관이 미리 베껴 두었으므로 『현종실록』에 그대로 남아 있다

### ●●● 서인의 승리로 끝나다

이번에는 윤선도를 옹호하는 자들이 반격했다. 한성부 우윤 권시와 우의정 원두표였는데, 특히 처음부터 3년 복을 주장한 윤휴는 허목에게 서신을 보내 논리적 근거를 명확하게 했다.

"일반 백성도 장자는 조부와 부의 대를 이을 자라고 해서 참최

3년 복을 입습니다. 왕위를 계승한 임금은 종묘와 사직을 받들고 사해의 주인이 되었으므로 큰 장長이고 높은 종宗입니다. 효종은 왕위를 계승했으므로 참최 3년 복을 입는 것이 일반 법도이고 대의입니다."

윤휴는 적서嫡庶로 따져서 상복 입는 기간을 줄이는 것은 효종을 낮추는 것인데, 그것이 될 일이냐며 반문했다. 그리고 예가 잘못되면 어둠이 되고, 명분이 잘못되면 허물이 되기 때문에 나라의 삼강오륜이 관계된다고 했다.

예조는 조정대신들을 만나서 의견을 다시 물었다. 대체로 송시열의 주장을 따르거나 임금이 결단할 일이라고 어정쩡한 답을 했다. 그런데 처음부터 3년 복의 논리를 제공한 윤휴가 평소의 주장에서 한발 물러서는 답변을 했다.

"국가의 예는 각자의 의견이나 논설이 있으므로 임금께서 결단하십시오. 이것은 백성의 인심과 올바른 도리와 관계가 있으므로 선왕의 예에 어긋나지 않게 하십시오."

윤휴가 슬쩍 발을 뺀 것은 의외였다. 예조는 영돈녕부사 이경석, 영의정 정태화, 효종의 총호사였던 심지원 등에게도 의견을 물었다.

"당초 복제를 의논해서 정할 때도 국제國制에 따랐고, 실록을 참고해도 3년 복을 행했던 예를 찾아볼 수 없었습니다. 상복 제도는 이미 선조의 예에 따라야 한다고 말씀드렸고, 이제 바꿀 수는 없습니다."

현종은 모든 의견을 종합해서 자의 왕대비의 복제를 기년복1년으로 정했다. 송시열 등 서인의 주장을 따른 것이다. 제1차 갑인년의 예송 논쟁은 서인의 승리로 끝났다.

예송논쟁은 예禮를 보는 관점에 따라서 서인과 남인으로 갈라졌다. 『의례주소儀禮注疏』의 같은 책을 인용했으나, 자신에게 유리한 문구를 내세워 상대의 논리를 반박했다. 좋은 예를 만들어 조상을 극진히 모시기보다는 상대를 공격하는 수단으로 활용했다.

1차 기해년 예송 논쟁은 서인의 주장이 받아들여졌고, 서인이 승리했다. 그러나 승리한 송시열은 효종을 서인庶人으로 낮추었다는 꼬리표가 붙어 현종, 숙종 때까지 유학자들의 공격을 받았다. 패배한 남인은 절치부심해서 반격할 기회를 엿보고 있었다.

# 2차 갑인년 예송 논쟁

현종 15년, 어머니 인선왕후 장씨가 57세로 승하했다. 당시 인조의 계비 자의 왕대비가 살아있었는데, 며느리 상에 몇 년 복을 입어야 할지 결정해야 했다. 자의 왕대비는 며느리보다 6세 아래였다.

### ●●● 1년인가, 9개월인가?

『가례복도家禮服圖』와 '시왕時王의 제도'에 며느리를 위한 복은 기년복1년과 대공복9개월의 두 종류가 있었다. 시왕의 제도란 당대의 왕이 만든 제도로 명나라 율법인 『대명률』, 조선이 만든 『경국대전』 등을 일컫는다. 예조는 현종 1년, 기해년의 복제를 근거로 해서 대공복에 표지를 붙여서 올렸다. 대공복은 대공친의 상사에 입는 상복이다.

그런데 5개월 후 대구의 유학 도신징이 상소해서 대왕대비의 복제를 대공복으로 한 것은 잘못됐다고 주장했다. 『가례家禮』와 『가례의절家禮儀節』에서 '큰며느리를 위해서 기년복을 입는다' 부분을 인용했고, 『주례周禮』에서 '큰며느리를 위해서 대공복을 입는다'라는 것은 증명할 수 없다고 깎아내렸다. 그도 자신에게 유리한 부분만 강조했다.

그럼에도 도신징의 상소는 큰 파문을 불러일으켰다. 현종이 대왕대비의 복제를 처음 기년복에서 대공복으로 바꾼 사실을 알았기 때문이다.

현종 15년 7월 13일, 왕은 영의정이자 총호사 김수흥을 불러서 그 이유를 물었다.

"처음에 기년복1년을 정하였다가 왜 다시 대공복9개월으로 고친 것인가?"

"기해년의 상복 제도에 따른 것입니다."

김수흥이 말한 기해년은 제1차 예송 논쟁이 벌어진 해를 말한다. 현종은 국가의 제도는 어떻게 돼 있는가를 물었고, 김수흥은 큰며느리의 복제는 기년복이라고 대답했다현종의 어머니는 둘째 며느리다. 현종은 예조를 몹시 나무랐다.

"예조는 기해년의 일을 자세히 상고해서 증거를 대고 고쳐야 했는데, 함부로 대공복으로 고쳤다. 어떻게 이럴 수 있는가?"

예조 판서 조형은 며느리 상에는 대공복을 입기 때문에 고쳤다고 답변하며, 기해년의 복제를 다시 상고하겠다고 했다. 영의정 김수홍도 기해년의 일을 자세히 상고해서 처리하는 것이 옳다고 했다. 현종은 사안이 중대함으로 예조뿐만 아니라 전· 현직 대신, 육조 판서, 삼사 장관, 판윤 등이 모두 모여서 의논하라고 했다. 영의정 김수홍은 모두의 의견을 종합해서 보고했다.

"대체로 장자에게는 삼년복을, 중자맏아들 이외의 모든 아들에게는 기년복을 입는 것은 옛날의 예이고, 장자와 중자를 구분하지 않고 모두 기년복을 입어 주는 것이 국가의 제도입니다."

김수홍의 설명은 아들에게는 기년복1년을 입으므로, 며느리에게는 대공복9개월을 입는다는 의미였다. 그리고 당시에 반대 의견도 있었다고 덧붙였다. 현종은 보고 내용이 명백하지 못하다고 질책하고, 대왕대비가 기년복인지, 대공복인지 결론을 내지 않은 이유를 물었다.

김수홍은 기해년의 복제 제도만을 조사하는 줄 알았다고 했다. 김수홍은 대왕대비의 복제 문제를 다시 의논해서 문서로 보고하겠다고 대답했다.

영의정 김수홍 등 조정 대신들은 과거의 예와 『경국대전』을 조사했다. 며느리의 상에 시어머니가 입는 상복 제도는 구체적으로 나와 있지 않았다. 아들의 경우 대체로 기년복이었기 때문에, 며느리의 경우는 한 등급 낮추어 대공복이라고 결론지었다.

현종은 즉위하고 이미 15년이 되던 때였다. 현종 즉위년, 기해년의 복제를 정할 때는 송시열 등 서인의 주장에 끌려갔지만, 지금은 즉위 초기와 완전히 달랐다. 왕은 서인 세력에서 벗어났으며, 대왕대비의 복제를 논하면서 논의를 주도했다.

현종은 조정 대신들의 조사를 불신했다. 승지들과 함께 기해년에 3년 복을 주장한 허목 및 유세철의 상소, 의례를 직접 검토했다.

현종은 과거 유세철의 상소를 비판했으나 이제는 그의 논리를 끌어왔다. 이 조사에서도 며느리의 상에 시어머니가 기년복을 입어야 한다는 명확한 규정은 없었다. 그럼에도, 7월 14일 영의정 김수홍을 비롯한 대신들을 몰아붙였다.

"국가 전례라고 하면서 대공복을 정한 것은 무슨 뜻인가? 예조는 상복 제도에 대해서 잘 모른다. 예조가 대공복으로 논한 것은 불순한 것 같다."

### ●●● 서인을 누른 왕권의 승리

현종은 어머니의 상을 위해서 자의 왕대비에게 기년복을 입히고자 했다. 신하들은 명확한 규정은 없지만 비교적 대공복이 예에 맞는다는 주장을 철회하지 않자, 현종은 임금의 말문을 막는 것이라고 감정적으로 대했다. 논리보다 임금의 권위로 조정 대신들을 눌렀다.

현종은 예조가 처음에는 기년복으로 했다가 다시 대공복으로 고친 것을 문제삼고, 자신에게 충분히 설명하지 않고 직책을 수행했다며 예조판서와 그 아래 관리 모두를 하옥시켰다. 영의정 김수홍도 춘천으로 유배를 보냈다. 사헌부 장령 이광적과 지평 유지발이 김수홍을 변호하자, 이들도 파직시키고 도성 밖으로 내쫓았다. 공적인 일을 사사로운 붕당으로 변호한다는 것이 죄 주는 이유였다.

현종은 기어코 대왕대비의 복제를 대공복9개월에서 기년복1년으로 늘렸다. 현종은 제2차 예송논쟁에서는 서인을 억눌렀다. 왕권의 승리였다.

효종과 효종비의 상을 두고 벌인 자의 왕대비의 복제 논쟁, 상복을 입는 기간이 쟁점이었으나 그 이면에는 서인과 남인의 권력 다툼, 현종의 홀로서기가 맞물려 있었다. 예송 논쟁, 학문논쟁을 넘어서 권력 다툼으로까지 번졌다.

현종은 제2차 예송 논쟁 한 달 후 승하했다. 그는 즉위 초부터 여러 가지 병에 시달렸다. 눈병, 피부병, 다릿병 등이었고, 침이나 뜸으로 치료했으나 효과가 없었다. 현종은 건강 문제로 자의 왕대비가 기년복을 끝까지 입는 것을 지켜보지 못한 것이다.

# 현종의 병, 온천을 치료 수단으로

현종은 효종의 갑작스러운 승하로 18세에 즉위했는데, 즉위 초기부터 지병이 있었다. 특히 눈병이 심했다. 안질로 글을 읽지 못할 정도였다. 여기에 핵환核患, 혹처럼 생긴 피부병의 일종, 습창濕瘡, 다리에 나는 부스럼도 있었다. 침을 맞고 뜸을 떴으나 근본적인 치료는 되지 않았다.

### ●●● 지병이 많았던 왕

현종 2년 윤7월, 임금은 눈꺼풀에 다래끼가 있어서 약방 도제조 원두표를 불러 물었다.

"민간치료에 습창은 온천이 효험이 있다고 하는데 사실인가?"

"의서에는 그런 말이 없습니다. 그러나 온천으로 효험을 본 경우는 봤습니다."

 광해군은 한성의 인왕산 아래에 인경궁을 지었는데, 그 안에는 온천이 있었으며, 효종과 대왕대비는 여기에서 온천을 했다. 현종은 세자 시절의 기억을 떠올리고 가보고 싶었다. 온천은 휴양에 더해서 병을 치료하는 수단으로 생각했다.

 현종은 며칠 후 인경궁에 내리 5일 동안 거둥해서 4차례나 온천을 했다. 그럼에도 습창은 나아질 기미가 없었다.

 현종 3년 8월, 임금은 온양 온천을 다녀온 훈련대장 이완에게 그 효험을 물었다.

 "신의 두드러기는 온천으로 효험을 보지 못했습니다. 그러나 습창 같은 증세는 온천으로 효과가 있다고 하였습니다."

 현종은 온천을 가고 싶었으나, 도승지 남용익은 한성에서 3일 걸리고 온천을 하려면 최소한 보름은 필요하다며 어려워했다. 반면 의관들은 습창에 온천이 제일이라고 건의해서 온천물을 궁궐로 가져와서 활용했다. 임금은 물을 떠오느라 민폐를 끼칠까 염려했다. 온천에 가고 싶은 간접적인 의사 표현이었다.

 현종의 안질은 더욱더 악화했고 핵환도 회복될 기미가 보이지 않았다. 특히 습창과 습열이 심해서 고통을 견디기 어려울 정도였다. 눈병과 습창이 한꺼번에 발생해서 약을 먹었으나 효과가 없었고, 침은 일시적인 진정 효과뿐이었다.

 더욱 심각한 것은 눈 부위에 40여 차례 침을 놓았으나 효과는 없었고, 그 자리에 오히려 부스럼이 생겼다는 것이다. 이제 침을 놓을 자리도 없었고, 의원들은 온천에 가는 것 외에는 달리 방도가 없다고 했다.

우의정이자 약방 도제조 허적은 병의 심각성을 대신들에게 알려야 한다고 건의했다. 약이나 침보다 온천이 마지막 치료 수단으로 여겼다.

현종 6년 3월, 임금은 대신들을 불렀다.

"우의정 허적은 과인의 병을 상세하게 알고 있다. 즉시 치료하지 않으면 실명할 것 같다. 온천에 가서 치료하고 싶다."

영중추부사 이경석, 영의정 정태화는 임금의 거둥이 어렵다고 난감해했다. 자연재해로 백성의 민폐를 우려했다. 임금과 신하 사이에 여러 차례 말이 오갔으나 팽팽했다. 좌의정 홍명하가 임금께서 평정심을 갖고 두 신하의 말을 따라 달라고 요청했다. 임금은 몸의 건강이 악화하고 있는데 어찌해서 평상심을 가질 수 있느냐고 불쾌했다.

현종은 젊었지만, 눈병, 핵환, 습병 등으로 고생했고, 의관은 이를 치료할 방법을 찾지 못했다. 동의보감이 편찬된 후였지만 의관의 수준이었다. 마지막 수단으로 온천을 가서 치료하고자 했으나 대신들의 반대에 부딪혔다. 왕조국가의 임금이었지만 딱한 처지였다.

### ●●● 온양 행궁행

현종의 증세는 더욱더 악화되었다. 부스럼은 가슴, 등, 머리까지 퍼졌다. 눈병도 온천에 효험이 있다고 했다. 현종 6년 4월 7일, 약방은 반드시 온천을 가야 한다고 건의했다.

"침과 탕약, 환약은 습병을 치료하는 효과를 거두기 어렵습니다. 온천이 최고입니다. 임금의 건강이 더욱더 심각하므로 여러 대신에게 다시 물어보겠습니다."

약방 도제조 허적은 그동안 반대했던 대신들을 만나서 임금 병의 심각성을 설명하고 동의를 구했다. 여러 차례의 논의 끝에 온양 온천행이 결정되었다. 영의정을 중심으로 준비에 들어갔다.

이번 온천행은 왕비는 궁궐에 있고 왕만 가기로 했다. 임금은 군복 차림으로 칼, 활, 화살통을 찼다. 영의정을 비롯한 주요 대신들은 임금을 수행했다. 조정의 이동이었다. 어영군 1,200명, 군뢰와 잡색이 400명, 금군 500명, 포수를 포함해서 호위 군사는 3,500여 명이었다.

여기에 더해서 수원 군사 5천 명은 경기도까지, 그다음 충청 군사 5천 명은 충청도의 경계에서 인계받아 온천까지 호위했다. 임금의 온천 행사에 대대적인 군사가 동원되었다. 임금의 명으로 이동하면서 군사훈련도 했다. 군사들과 백관의 급료는 호조의 쌀을 주기로 했다.

온양 행궁도 수리했다. 온양 행궁은 세종 때 만들었으나 이후 거의 사용하지 않았다. 형조판서 김좌명은 정리사가 되어 미리 출발해서 충청 감사와 협력해서 어실을 만들고 수리했다. 이때 지은 어실은 6칸, 온천 방은 8칸이었다. 온천 방을 어실보다 크게 지었다. 신하들을 위한 탕도 북쪽에 마련해서 전체는 100여 칸의 규모였다. 승군 수천 명이 동원된 토목공사였다.

충청도의 사대부와 백성은 임금의 성대한 행차를 볼 수 있는 절호의 기회였다. 이들도 온양으로 모이고 있었다. 현종은 행차를 천천히 해서 임금의 엄숙한 태도와 위엄을 보여 주고, 백성을 위로하고 백성의 실정을 물어볼 기회였다.

현종은 지나가는 곳의 명산대천에 제사를 지냈다. 한강과 관악산, 직산의 성거산현 천안시이 포함되었다. 성거산은 고려 태조 왕건뿐만 아니라 태조 이성계와 세종대왕도 온천을 행차할 때 제사를 올린 곳이었다. 온양 온천에도 관리를 보내서 고유제告由祭를 지내게 했다. 고유제는 주요한 행사를 앞두고 사당이나 신명에게 행사를 알리고 무사 기원을 비는 제사다.

현종 6년, 드디어 임금이 온양 온천으로 떠났다. 궁궐을 떠나서 한강, 과천, 경기도 광주, 천안을 거쳐서 4일 만에 온양에 도착했다.

현종은 온양에서 여러 가지 일을 처리했다. 충청도민을 대상으로 무과를 치렀고. 충청 출신의 김장생, 송상현, 이순신, 조헌 등 충신들에게 제사를 지냈다. 충청도와 경기도의 80세 이상 3백여 명에게 당상첩도 주었다. 온양은 전세를 감해 주었다. 그동안 향리에 머물렀던 송시열과 송준길도 온양으로 불러서 치세의 도를 들었다.

현종은 온양에 20일 정도 머물며 온천에서 손도 씻고 머리도 감았다. 온천 방에 매일 들어갔다. 임금의 건강은 눈에 띄게 좋아졌다. 온천 전에는 안질로 글자를 쓸 수도 없었고 읽을 수도 거의 없었는데, 온천 이후 문서의 작은 글자도 또렷하게 읽을 수 있었고, 백 걸음 떨어져 있는 사람도 구별했다. 습창이나 피부병도 거의 사라졌다. 침과 약으로 치료 효과를 보지 못했던 것이었다.

현종은 온천을 병의 치료 수단으로 여겼고, 건강이 회복된 것은 사실이었다. 온천 이후 임금의 안질을 치료한 기록은 확 줄었다. 임금의 건강이 회복되자, 경연을 여는 등 과거와 달리 정사 논의를 활발하게 했다. 국사를 논한 내용이 과거에 비해서 길게 기록돼 있다. 그러나 온천의 효과는 그리 오랫동안 지속되지는 않았다.

현종은 습창이 재발하려는 조짐을 보이고 눈병도 재발했다. 온천이 질병을 근본적으로 해결해 주는 것은 아니었지만, 현종은 온천에 대한 신뢰도가 높아서 또다시 어머님을 모시고 갔다. 중전과 공주도 데리고 갔다.

임금은 현종 6년부터 10년까지 해마다 갔다. 모두 5차례 봄이면 으레 온양으로 갔다. 그러나 현종 11년부터 온천행은 중지되었다. 온천에 대한 논의의 기록이 전혀 없다. 물론 이 기간에도 왕은 몸이 편찮아 침을 맞았다. 다만, 현종 11년에 기근이 발생했고, 이듬해도 대기근이 발생해서 전국적으로 많은 백성이 죽었다. 이러한 이유로 온천을 갈 여유를 부릴 수 없었을 것으로 추론한다.

현종은 승하하기 열흘 전 기운이 몹시 지쳐서 인삼차를 연거푸 드셨지만, 몸을 가누지 못했다. 신하들을 접견할 수 없을 정도였다. 이후에도 몸이 불덩이처럼 달아올라서 밤새도록 괴로워했다. 설사도 있었다.

약방제조가 하루 동안 6, 7차례 진찰했다. 침을 맞았고 인삼차를 복용했으나 종일토록 혼미했다. 식약청을 설치하고 종묘와 사직, 산천에 기도해도 소용이 없었다. 창덕궁에서 승하했다. 현종은 18세에 즉위해서 15년간 왕위에 있었고, 33세의 젊은 나이에 승하했다.

의관은 자신들의 의학적 지식으로 왕의 병을 고칠 수 없었고, 왕에게 오히려 온천을 권유해서 치료 효과를 보자고 했다. 현종은 온천에 가서 실질적으로 일시적인 치료 효과를 봤다. 그러나 젊은 나이에 승하한 것을 고려하면 온천이 만병통치약은 아니었다. 왕조국가 임금의 질병 치료와 현대 의학과 비교하면 격세지감이 든다.

### ●●● 온양 행궁은 어떤 모습이었을까?

조선의 왕은 온천을 자주 이용했다. 휴양 겸 질병 치료가 목적이었다. 태조와 태종은 황해도의 평주 온천을 자주 이용했다. 한성으로 도읍을 옮긴 이후 평주는 멀었다. 세종은 도성 가까이에 온천을 찾도록 했고, 온천을 발견한 자는 상을 주었다. 세종은 여러 질병을 앓았다.

세종이 처음으로 온양 온천을 찾아서 행궁을 지었고, 현종 때 다시 주목받았다. 현종은 행궁을 100여 칸으로 증축했다. 이후 숙종, 영조, 사도세자가 이용했다.

정조는 아버지 사도세자를 그리며 온양 행궁에 영괴대靈槐臺를 설치해서 어제비御製碑를 세웠다. 그곳은 사도세자가 온천을 갔을 때 느티나무 세 그루를 직접 심어둔 곳이었다. 정조 때 지은 『영괴대기』속에 「온양행궁전도」가 실려 있어서 당시 온양 행궁의 모습을 알 수 있다.

「온양행궁전도」를 근거로 해서 온양 행궁을 복원하는 데는 문제가 없다. 그러나 현재 온양 행궁터는 많은 현대적 시설물이 들어와 있다. 온양 행궁을 복원하기 위해서는 이런 시설물의 주인들과 이해관계의 조정이 필요하고, 거기에 걸맞은 자본이 뒤따라야 한다. 이런 조건이 갖추어지면, 조선의 임금이 자주 이용한 온양 행궁의 모습을 복원할 수 있을 것이다.

# 현종은 어떤 일을 했나?

현종은 15년간 재위했지만 뚜렷하게 기억되는 왕은 아니다. 두 차례 예송논쟁 외에는 거의 알려진 것이 없다. 『현종실록』은 부왕의 『효종실록』과 비교해도 기록이 많지 않다.

조선왕조실록을 보면 임금의 공부인 경연을 통한 정사 논의가 많았다. 비록 신하가 왕에게 역사나 경전을 강론하는 자리지만, 자연스럽게 현실적 문제로 이어져서 정사를 논의했다. 신하들도 공식 회의보다 편하게 말씀을 올릴 수 있었고 기록이 풍부해졌다.

현종은 질병 때문에 경연을 거의 하지 않았다. 경연을 방해하는 최대의 적은 안질 등 질병이었다. 안질이 심해서 핏발이 서고 앞이 안 보이고, 붓을 들어서 글씨를 쓸 수 없을 정도였으며, 상소문도 신하가 대신 읽었다. 부스럼 등 피부병도 심했다. 임금과 신하가 무릎을 맞대고 정사를 논의할 기회가 줄었고 기록이 적은 이유다. 그러나 그중에서도 자세하게 보면 현종이 추진한 업적이 있다. 몇 가지 정책을 보자.

### ●●● 대동법 확대

현종은 전라도에 대동법을 확대했다. 대동법은 지방의 특산물을 공물로 바치던 것을 쌀로 통일해서 내는 세금이다. 대동법은 쌀로 내기 때문에 세금을 일률적으로 예측할 수 있다. 방납의 폐해를 줄일 수 있어서 백성은 대체로 환호했다. 반면 세금을 거두는 측에서는 불만이 있었고, 백성 일부도 찬반이 있어서 오랫동안 단계적으로 실시된 제도다.

대동법은 이원익과 김육의 주장으로 광해군 때 경기도를 시작으로, 인조 때 강원도, 효종 때 충청도와 전라도의 해읍海邑으로 확대했다. 전라도의 26개 산군山郡은 남아 있었다.

효종은 승하하기 전, 전라도 산군의 대동법은 가을에 논의하겠다고 했다. 송시열은 효종의 묘지문을 올리면서 이 내용을 현종에게 전했다. 임금은 영의정 정태화를 불러서 그 과정을 물었다.

"호남의 27개 해읍은 백성들의 부역이 고되었기 때문에 우선 시행했습니다. 그러나 나머지 26개 산군은 대동법에 대한 백성의 의견이 나누어져서 조정도 합의를 보지 못했습니다." 『현종실록』 즉위년 9월 5일

정태화는 운봉, 임실, 정읍 등 26개 지역은 아직 대동법을 시행하지 않았다고 설명했다. 이후 여러 논의를 거쳐서 현종 1년 호남의 26개 산군에도 대동법을 시행했다.

대동법은 숙종 때 경상도와 황해도까지 넓혔고, 제주도, 평안도, 함경도를 제외한 전 지역에서 실시되었다. 대동법은 광해군에서 숙종까지 100년 동안 순차적으로 시행된 제도였다.

### ●●● 태조 왕건 묘와 사당 성역화

현종은 고려 태조 왕건의 묘와 사당을 성역화했다. 조선은 고려 태조 왕건은 삼한을 통일한 공이 있다고 해서 높이 평가했다. 태조 이성계는 즉위 교서에서 경기도 마전군을 정양군 왕우에게 주고 왕씨의 제사를 받들게 했다. 문종은 왕씨를 예우하라고 명하고 왕씨 조상의 제사를 받드는 절목을 만들고 사당도 고쳐 지었다. 이것이 현재 경기도 연천군에 있는 숭의전이다.

숭의전은 처음에는 태조 왕건 외의 고려 왕 7명의 위패를 모시고 제사를 올렸다. 문종 때 4명 태조, 현종, 문종, 원종으로 줄였다. 이후 숭의전과 개성의 왕건릉 주변에 묘를 쓰는 자들이 있었다. 현종 1년 9월, 임금은 이 사실을 알고 단호한 조치를 했다.

"우리나라에서 숭의전을 모시는 것은 그 본의가 평범한 것이 아니다. 그곳에 묘를 쓰는 자는 묘를 파서 옮겨라. 그대로 두는 것은 안 된다."

현종은 그 실태를 조사시켰다. 경기 감사는 숭의전 근처는 묘가 2기, 개성의 왕건릉 주변은 무려 170기가 있다고 보고했다. 현종은 몰래 묘를 쓴 것을 통탄하고, 능의 2백 보 내에 있는 것은 모두 파내고, 나머지는 모두 봉분을 없애는 평토를 명했다.

왕건릉과 숭의전은 예조 낭관이 3년에 한 번씩 조사하는 것을 법으로 정해서 시행하게 했다. 왕건릉을 개수하고 제사를 올린 다음 월급을 주는 수직관을 3명 두었다. 현종은 삼한을 통일한 태조 왕건을 높이 평가하고, 개성의 왕건릉과 숭의전을 성역화했다. 숙종도 부왕의 뜻을 이어갔다.

### ●●● 군사훈련

현종은 군사훈련을 열심히 했다. 창덕궁 후원 춘당대에서 관무재를 여러 번 했다. 관무재는 군사를 열병하고, 말타기와 활쏘기로 무인을 뽑는 무과시험도 겸했다.

효종의 능을 참배할 때도 군사훈련을 했다. 3년 복을 갓 벗은 때라 신하들은 군사훈련을 반대했으나, 임금은 아랑곳하지 않았다. 금군에게 짚 인형을 만들어서 말을 타고 활을 쏘게 했다. 두 개의 화살을 명중한 7명에게는 직부전시* 자격을 주고, 화살 한 개를 맞춘 89명에게는 면포를 하사했다. 임금이 내린 상을 보고 미처 활을 쏘지 못한 자들은 활을 쏘게 해 달라고 땅에 엎드려서 간청했으나, 임금은 다음에 기회를 주겠다고 했다. 금군은 적극적으로 군사훈련에 임할 것이다.

현종은 온양 온천에 오갈 때도 군사훈련을 했다. 현종의 온천

---

- 직부전시(直赴殿試): 초시와 복시를 면제하고 임금 앞에서 치르는 시험으로 합격 순서를 정한다. 직부전시의 자격을 얻은 자는 이미 초시와 복시를 통과한 것과 마찬가지다. 과거 응시자에게는 어마어마한 혜택이다.

행에는 호위 군사 외 수원 군사 5천 명, 충청 군사 5천 명이 외곽을 호위했다. 임금은 사열하고 충청의 지휘관에게는 말馬을 하사해서 격려하고 계속 호위하게 했다.

"충청 군사는 수원 군사보다 낫다. 대열이 정연하고 깃발이 활기차다. 충청 군사는 맡은 일에 부지런했음을 알 수 있다."

현종 6년 5월, 임금은 온천을 마치고 돌아오면서 어영대장에게 진법 훈련도 시켰다.

"방진方陣을 펼쳐라."

조선은 세종 때 5위의 진법을 구축했다. 전위는 뾰족한 예진, 중위는 둥근 원진, 좌위는 곧은 직진, 우위는 모난 방진, 후위는 굽은 곡진이다. 즉 방진은 4각의 형태로 모지게 군사를 배치한다. 임금은 병사를 출동시켜서 실전처럼 접전해서 싸우게 했다. 북을 치고 함성을 질렀다. 군사들은 훈련에 열심히 임했고, 임금은 만족했다.

"군사는 법도가 있고, 진법 훈련도 호령에 따라서 잘 움직였다. 매우 가상히 여긴다."

현종은 지휘관에게 말과 갑옷 및 투구를 하사하고 병사들에게는 별도로 음식을 제공했다. 진법 훈련은 이후에도 계속되었다.

현종은 부왕의 뜻을 받들어 북벌 의지가 있었고 군사훈련을 소홀하지 않았다. 그러나 건강이 문제였고 북벌 의지가 차츰 약화했다.

●●● **신체 형벌 완화**

조선의 형벌은 신체에 직접적인 고통을 주었다. 곤장은 100대까지 칠 수 있었는데, 조선왕조실록을 보면 곤장을 맞아 죽는 경우가 부지기수다. 때리는 사람의 힘과 곤장의 크기와 강도에 따라서 그 고통이 다르다. 곤장은 참나무로 만들었는데, 참나무는 방패를 만들 만큼 단단하다. 임진왜란 때 왜군의 화포와 조총이 우리의 참나무 방패를 뚫었다는 기록이 여러 번 나올 정도이다.

현종은 곤장의 재질을 참나무에서 버드나무로 바꾼다. 버드나무는 나무 중에서도 강도가 약했다. 군사의 지휘관이 사용하는 곤장의 넓이도 3촌에서 2촌으로 줄이고, 형태도 세모에서 양면형으로 바꾸었다. 엄격한 군령이 시행되어야 하는 곳이지만 병사들의 신체적 고통을 줄이고자 하는 배려였다.

두 번의 예송 논쟁에서도 사람을 죽이지는 않았다. 예송 논쟁에서 가장 심하게 벌 받은 사람은 고산 윤선도로, 함경도 삼수의 유배였다. 이마저도 남쪽으로 옮겨주고 6년 후 석방했다.

●●● **외교적으로는 단호**

현종은 외교적으로 단호한 면이 있었다. 그는 지병이 있는 만큼 업무를 적극적으로 주도하지 않았다. 성격도 다혈질이어서 벌컥 화를 냈으나, 대신들이 달래면 화를 누그러뜨렸다. 그러나 외교에서는 이와 다른 모습이 있었다.

안추원은 경기도 풍덕개성의 동쪽 지역 사람으로 병자호란 때 13세에 강화도로 피란 가다가 납치되어 심양으로 끌려갔다가 북경으로 팔려 가서 대장장이 일을 했다. 26년 후 북경에서 도망쳐서 산해관을 넘어오다가 붙잡혀서 얼굴에 자자형을 받고 북경으로 압송되었다. 그는 다시 탈출을 시도했고 성공해서 우리나라로 들어왔다.

조정은 안추원을 받아들여서 의복과 음식을 주고, 국경에 사는 대신 고향으로 돌아가게 했다. 납치된 28년 후 41세가 되어 고향으로 돌아갔으나 부모 형제는 모두 죽고 없었으며 살길이 막막했다.

안추원은 고향을 버리고 다시 청나라로 들어가서 살고자 청나라로 넘어갔으나 붙잡혔고, 과거 행적이 드러났다. 이것은 외교적으로 큰 문제였다. 병자호란 조약에 조선으로 도망한 사람을 숨겨주어서는 안 된다는 조항이 있었기 때문이다.

청나라는 사신을 파견해서 안추원을 감춘 사실을 따졌다. 매우 강경한 자세였다. 우리의 책임자를 사형죄로 논하겠다고 했다.

현종 7년 7월, 임금은 단호한 입장을 보였다.

"도망자를 청국에 아뢰지 않은 죄인데, 이것은 임금이 책임져야 하오. 과인은 사신의 생각과 달리 사형죄에 해당하지 않는다고 생각하오."

현종은 북쪽을 보면서 황제에게 직접 죄를 청하겠다고 했다. 청나라 사신은 임금의 강경한 자세에 한발 물러섰고, 사형제 이하로 논하겠다고 했다. 안추원 사건은 결국 은으로 내는 벌금으로 감형되었고, 신하의 죽음을 면할 수 있었다. 중국 사신에게 이처럼 강경한 자세를 보여 준 왕은 태종과 현종 정도였다.

### ●●● 붕당을 없애려 하다

현종은 즉위해서 부왕의 신임이 높았던 송시열과 송준길 등 서인에 의지했다. 두 사람은 세자 시절의 스승이기도 했다. 그렇지만 임금은 당파를 무척 경계했고 서인에게만 의존하지 않았다. 그 의지가 단적으로 드러난 것은 제2차 예송 논쟁과 인사다.

현종 5년 4월, 이조에서 인사안을 올렸다. 이규령은 사간원 정언, 조성보는 사헌부 지평, 조원기와 윤형성은 지역의 수령이었다. 정언과 지평, 수령은 5~6품이므로 이조에서 올린 안대로 처리하는 것이 일반적이다.

그러나 현종은 완전히 정반대의 인사를 했다. 이규령은 북청 판관, 조성보는 이성 현감, 조원기와 윤형성은 지평과 정언으로 제수했다. 이규령과 조성보는 서인의 당파로 여겨서 지역으로 내쫓았다.

"요즈음 이조가 인사를 사적으로 하는 것이 풍속처럼 되었다. 이조에서 올린 인사는 당파를 두둔하고 있다. 이조의 당상과 낭청을 모두 파직하고 추고하라."

현종은 이규령과 조성보는 바로 현지로 떠나라고 명하고, 이조 판서를 교체했다. 임금이 서인을 억누르고자 한 강한 의지가 담긴 인사안이었고, 현종 재위 내내 붕당의 폐해는 거의 없었다.

### ●●● 궁가에 지나치게 집착

궁가宮家는 임금의 형제자매, 대군과 공주들을 통틀어 일컫는 말이다. 현종은 외동아들이지만 7명의 여자 형제가 있었고, 자녀는

1남 3녀였다. 돌볼 궁가가 많았다. 궁가는 국가에서 집과 전답 외에 산림 벌목권, 어업권의 혜택을 주고 면세였다. 궁가의 소유가 늘어나는 만큼 국가의 수입이 줄어들었다.

현종 3년 12월, 황해 감사가 올린 보고서를 보면 궁가의 폐단이 얼마나 심각한지를 알 수 있다.

"황해도는 궁가에서 설치한 전장田庄, 사유지이 92곳입니다. 황해도의 절반을 차지하고 있습니다. 앞으로 전장이 늘어나면 황해도에 남아 있는 땅이 없을 것입니다."

신하들은 궁가의 면세전을 없애고자 계속 상소했고, 땅의 소유 한도를 줄이고자 했다. 현종은 신하들의 주장을 일부 받아들여 전장을 늘리는 것은 금했지만, 궁가의 근본적인 혜택을 줄이는 것은 받아들이지 않았다. 현종은 즉위 내내 궁가를 보호했다.

어느 시대나 혜택을 늘리기는 쉬워도, 그 늘린 혜택을 다시 줄이는 것은 쉽지 않다. 처음 혜택을 줄 때 신중해야 한다. 현종의 단점이었다.

현종은 조선의 왕 중에서 유일하게 외국 태생이다. 부왕 효종이 심양에 인질로 있을 때 태어났다. 또한 예종과 더불어서 후궁을 두지 않았다. 조선의 임금은 후궁을 9명까지 둘 수 있었고, 12세에 왕위에 오른 단종도 최종 왕비 후보에서 떨어진 두 명을 후궁으로 삼았다.

두 번의 예송 논쟁을 거쳤으나, 붕당의 파벌을 허용하지 않았고, 신하를 죽이지도 않았으며, 형벌을 가볍게 하려고 노력했다.

삼한을 통일한 고려 태조 왕건을 받들었으며, 군사훈련을 열심히 해서 북벌 의지를 이어가는 듯했고, 대동법을 확대해서 민생 안정을 꾀하려고 했다. 백성과 신하를 보호하기 위해서 외교적으로 단호한 면도 있었다.

그러나 『현종실록』을 보면 질병에 대한 기록이 많다. 건강이 발목을 잡았다. 19세에 즉위해서 15년 3개월 어좌에 있었으나, 아버지 효종이나 아들 숙종과 달리 '예송논쟁' 외에 각인되는 업적이 떠오르지 않는 이유다. 창덕궁에서 34세에 질병으로 승하했다.

4장

# 숙종, 세 번의 환국과 왕권 강화

# 15세 왕, 거두 송시열을 내치다

숙종은 현종의 외동아들로 6세에 왕세자가 되었고, 현종이 병으로 승하하자, 1674년 8월 23일음력, 양력 9월 12일 불과 14세에 왕위에 올라서 제19대 임금이 되었다.

### ●●● 송시열에게 원상을 청하다

숙종은 비록 어린 나이에 어좌에 올랐지만 영민하다는 평가를 받았다. 수렴청정은 하지 않았고, 관례에 따라서 원상*을 두었다.

숙종은 영부사 송시열을 원상으로 두고자 했으나, 송시열은 병이 있고 선왕에게 죄를 청하는 상황이었으므로 받아들일 수 없다

* 원상(院相): 어린 왕이 임금이 될 때, 삼정승이나 조정의 원로대신들이 겸임하는 임시 벼슬로, 승정원이나 빈청에 매일 출근하고 임금을 보좌해서 정무를 담당한다. 왕이 홀로서기 할 때까지다. 세조가 처음 도입했다.

고 했다. 당시 송시열은 예송논쟁으로 비난하는 자들이 있어서 성 밖에서 스스로 죄를 청하고 있었다. 임금은 사관을 보내 성안으로 들어오라고 했으나, 송시열은 고향으로 내려갔다. 임금은 사관에게 뒤따르게 해서 다시 올라오라고 타일렀고, 현종의 묘지문을 짓도록 명했다.

이에 진주 유학 곽세건이 반대 상소를 올려 송시열을 공격했다. 그는 송시열은 예송논쟁으로 효종을 '서자庶子의 설'로 깎아내려 효종과 현종의 죄인이며, 그런 자에게 묘지문을 맡겨서는 안 된다고 주장했다.

숙종 초기, 송시열을 지지하는 서인이 곳곳에 포진해 있었다. 승정원과 사헌부는 패악한 상소를 올린 곽세건을 국문해서 죄주어야 한다고 했고, 영의정 허적 등 정승이나 도승지도 곽세건의 죄를 청했다. 예송 논쟁은 선왕도 동의해서 이미 끝난 것인데, 다시 끄집어내는 것은 정치적 의도가 있다고 보았던 것이다.

그러나 숙종은 생각이 달랐다. 일개 유생의 상소를 벌 줄 수 없다고 했다. 영의정 허적 등이 계속 압박하자, 마지못해서 곽세건을 유벌*로 처분해서 과거 시험을 치르지 못하게 하고, 비슷한 내용의 상소는 받아들이지 않은 것으로 타협했다. 하지만 사헌부와 사간원에서 중벌인 유배를 청했고, 성균관 유생 180명도 처벌을 요구했다. 홍문관도 뒤늦게 합류해서 죄를 청했다.

즉위년 10월 5일, 숙종은 소극적인 태도를 보였다.

* 유벌(儒罰): 유생 스스로가 정한 벌칙이다. 유적(儒籍)에서 삭제하거나 노란색 종이를 붙여서 표시했다.

"유벌로 죄준 것도 지나쳤다. 대신들의 강요로 마지못해 따른 것이다. 어찌 유배를 보낼 수 있겠는가."

숙종은 곽세건을 죄줄 마음이 없었다. 오히려 현종 때 송시열을 비난해서 유벌을 받은 유생 권대시, 황연 등에게 과거 시험을 치를 자격을 풀어주었고, 곽세건도 2개월 후 풀어주었다.

송시열이 현종의 묘지문 짓기를 끝내 사양하자, 외척인 도승지 김석주에게 맡겼다. 숙종은 즉위해서 송시열을 원상으로 등용해서 보필을 받고자 했으나, 송시열이 거절하고 현종의 묘지문 짓기까지 거부하자 차츰 마음이 떠나고 있었다.

숙종은 김석주를 바로 이조참판으로 임명했다. 심지어 효종과 현종 때 죄를 입어 관직에 진출하지 못한 사람들을 모두 풀어주고 인사 후보로 올리라고 했다. 효종과 현종 때는 주로 서인이 집권했다. 서인 외의 세력을 등용하고자 한 것이다.

### ●●● 정권 주도권 잡기

숙종은 14세였지만 뚜렷한 주관을 가졌고, 서인을 조정에서 몰아내고자 하는 속셈을 드러냈다. 서서히 서인에서 남인으로 인사를 교체했다. 허목을 특별히 제수해서 사헌부 대사헌, 김수홍을 사헌부 장령으로 삼았다. 이들은 예송논쟁 때 송시열과 대척점에 있었으며, 허목은 남인의 영수이고, 김수홍은 73세였다.

조선시대에 70세가 되면 관직에서 스스로 물러나는 것이 관례였으나, 김수홍은 득의양양해서 조정에 나왔다. 그는 병자호란 때 척화파의 대표주자 김상헌의 형 김상용의 종손이었다. 그럼에도 명나라 연호를 고집한 조부와 작은할아버지와 달리 청나라 연호를 주장해서 평판이 좋지 않았다. 숙종은 즉위 초기 서인을 몰아내고 그 자리에 남인으로 채워나갔다.

그 결과 14년 전의 예송논쟁이 다시 불거졌다. 송시열을 죄주느냐, 죄주지 않느냐가 초점이었다. 남인은 효종을 체이부정體而不正*이라고 해서 기년복으로 낮춘 송시열을 죄주어야 한다고 주장했고, 서인은 당시의 예법에 문제가 없다고 맞받아쳤다.

조정은 둘로 쪼개졌다. 남인과 서인은 한 치도 물러서지 않고 서로를 공격했고, 자신의 주장이 받아들여지지 않으면 사직을 청했다. 숙종은 이 틈바구니에서 남인 편을 들었다. 송시열을 옹호하는 서인을 파직시키거나 유배를 보냈다. 영의정이자 원상인 허적은 양쪽을 진정시켜서 조정을 안정시키고자 했으나, 임금은 한쪽으로 기울고 있었다.

숙종 즉위년 12월, 허적은 자신의 한계를 절감했다.

"근래에 성상께서 홀로 결정하시는 것이 합당하지 않은 것이 없습니다. 신들이 무엇을 조언할 수 있겠습니까? 원상을 물러가고자 합니다."

숙종은 나이가 어려서 미치지 못하는 것이 많으므로 원상이 도와야 한다고 했지만, 말의 무게가 없었다. 허적은 병을 핑계로 원상을 다시 사직했고, 임금은 이를 받아들였다. 숙종은 즉위해서 7개월 만에 원상을 없앴다. 이것은 다른 왕에 비해서 이례적이

---

• 체이부정(體而不正): 적처 소생이지만 둘째를 가리킨다. 효종은 인조의 뒤를 잇는 후계자이지만 정체(正體)가 될 수 없으므로 상복 기간을 3년이 아니라 1년의 기년복을 입어야 한다는 주장이다.

었다.

### ●●● 15세 왕, 서인을 내치고 남인 등용

숙종은 15세가 될 즈음 임금으로서 홀로서기를 했다. 남인으로 채워진 사헌부에서 송시열을 파직시키고 문외송출의 죄를 청하자, 임금은 긍정적인 반응을 보였다. 반면 송시열을 옹호하는 발언에 대해서는 당파에 치우친 발언이라고 큰소리로 화를 냈고, 송시열을 옹호하는 상소는 승정원에서 받아들이지 말라고 했다.

숙종 1년 1월 12일, 임금은 사헌부의 건의를 받아들여 송시열의 함경도 덕원부 유배를 결정했다.

"송시열을 멀리 유배 보내라."

함경도 유배는 유배 중에서도 가장 무거운 벌이었다. 승지 안진이 반대하자 바로 파직시켰다. 좌의정 정치화도 반대하고, 우의정 김수항도 항의의 뜻으로 사직했으나 받아들이지 않았다. 송시열의 학문적 영향력은 컸다. 이후에도 사헌부 관리, 병조판서, 송시열의 제자 100여 명, 사학의 유생들. 전주의 진사 70여 명 등이 반대했으나 소용이 없었다.

숙종이 송시열을 유배 보내 서인을 배척하고 남인을 등용한 것은 국정운영의 가늠자였다. 조정의 화합보다는 확실한 자기 세력으로 정치하겠다는 의지를 보여 주었다.

숙종은 15세로 젊었다. 앞으로 창창한 세월이 남았다. 송시열의 유배는 숙종이 국면을 전환해서 정치하는 환국換局의 전초전이기도 했다. 숙종은 경신환국, 기사환국, 갑술환국으로 한쪽을 취하고 버리는 국면 전환으로 정치했다. 이 과정에서 많은 신하가 죽거나 유배를 갔다. 당쟁의 폐해가 극명하게 드러났고, 이후 영·정조는 그 폐해를 절감하고 탕평책을 부르짖었다.

송시열은 함경도 덕원부로 유배를 갔지만, 따라간 문생들이 많았다. 북쪽의 선비들도 유배지로 와서 송시열에게 배우고자 했다. 송시열은 이들을 받아들일 수밖에 없었다. 송시열과 선비들 사이에서 자발적으로 좨주와 문생 관계˙가 형성되었다. 남인은 송시열을 제거하는 데 성공했지만, 또 다른 측면에서 커다란 불씨를 키우고 있었다.

---

• **좨주(祭酒)와 문생(門生)**: 좨주는 제사를 주관하는 덕망이 높은 사람이다. 그것을 벼슬에 붙인 것이다. 성균관의 정3품 벼슬로 태종 때 사성(司成)으로 바꾼다. 좨주에게 배우는 사람을 '문생'이라고 했다. 좨주와 문생은 스승과 제자라는 뜻이다.

# 북벌을 주장한 윤휴와 숙종

### ●●● 세 차례의 북벌 의지

북벌은 인조 때 병자호란으로 당한 치욕을 청나라 정벌로 되갚자는 의지다. 그 첫 의지는 인조가 보였다. 인조는 병자호란을 겪은 직후 와신상담의 심정으로 남한산성에 포루를 설치하고 군량을 비축하는 등 군사력을 강화하는 여러 가지 조치를 했다. 그러나 이를 눈치를 챈 청의 간섭으로 물거품이 되었다.

북벌의 두 번째는 효종이었다. 효종은 청에 인질로 끌려간 경험 때문에 청의 정세와 산천을 잘 알 수 있었고, 청에 대한 두려움을 없앴으며, 북벌에 대한 강한 의지를 가졌다. 군사훈련을 열심히 하면서 함께할 신하를 물색했고, 송시열에게 손을 내밀었고, 송시열도 호응했다. 두 사람은 북벌에 대한 뜻이 맞았으나 효종의 건강 악화로 역시 물거품이 되었다.

세 번째는 송시열이었다. 송시열은 효종의 뜻을 받들어 현종에게 북벌에 대한 의지를 시험했다. 송시열은 현종에게 북벌 의지가 있으면 조정에 나가서 정사에 참여하겠다고 했으나, 현종은 받아들이지 않았다. 현종도 처음에는 북벌의 의지가 있어서 군사 훈련을 강화했으나 건강이 받쳐주지 못했고 소극적인 자세로 바뀌었다.

병자호란 이후, 북벌 의지는 세 차례나 좌절되었다. 그런데 숙종 때 윤휴는 그 꺼진 불씨를 다시 지피려고 했다.

## ●●● 북벌의 불씨 다시 지피려 한 윤휴

윤휴가 병자호란의 치욕을 잊지 않으려고 결심한 것은 21세 때부터였다. 윤휴는 병자호란 직후 송시열로부터 인조가 삼전도에서 당한 굴욕에 대해 들었다. 송시열은 봉림대군후일 효종의 스승으로서 남한산성에 있었고, 병자호란의 자초지종을 알고 있었다. 윤휴는 통곡했다.

"지금 이후로는 과거에 응시하지 않을 것이오. 좋은 때를 만나 벼슬을 하더라도 오늘의 치욕을 잊지 않을 것이오."『윤휴의 백호전서』 부록2/행장

윤휴는 어머님의 허락을 받고 과거 시험을 보지 않았고, 스스로를 '포의布衣'라고 했다. 포의는 베로 지은 옷으로, 벼슬에 뜻이 없는 선비를 비유적으로 부르는 말이다. 이후 학문적 명성이 나서 여러 번 천거를 받았으나 조정에 나가지 않았고, 대신 많은 책

을 탐구하고 연구해서 스스로 제갈공명이라고 했다.

윤휴는 현종에게 비밀 상소를 올려 명나라의 남은 세력과 연합해서 북경으로 쳐들어가자고 주장했다. 우리의 정예로운 만 대隊의 병력으로 천하에서 알아주는 활솜씨, 화포와 조총으로 무장하면 넉넉히 진격할 수 있다고 했다. 윤휴가 처음 밝힌 북벌론이었다. 그러나 그의 상소 바로 직후 현종이 승하함으로써 물거품이 되었다.

숙종은 즉위해서 송시열의 서인을 몰아내고, 자의 왕대비의 상복을 참최 3년을 주장한 남인을 등용했다. 그리고 그 이론을 제공한 윤휴는 더욱더 가까이하고자 했으며, 성균관 사업정4품으로 등용해서 임금의 경연관으로 삼았다.

숙종은 홍문관과 정사를 논할 때 윤휴를 불렀다. 윤휴가 현종 때 비밀리에 올린 상소가 토론의 대상이었다. 중국의 여러 역사적 사실을 인용해서 북벌을 하자는 내용이었다. 윤휴는 자신을 제갈공명에게 견주어 임금의 책사가 될 수 있음을 은근히 강조했다. 숙종이 공개적으로 처음 북벌을 논의한 것이다.

윤휴는 조정에 들어와서 병거兵車 제작을 강조했다. 병거는 일종의 수레로서 가운데에 두 바퀴를 설치하고, 위에는 다섯 층의 널빤지를 설치하고, 널빤지마다 구멍 10개를 뚫어서 조총을 거치한다. 조총 끝에 쇠촉으로 된 나무 화살을 끼워서 불을 사르면 차례로 발사된다. 윤휴는 병거 3백 승乘, 수레를 세는 단위에 화차를 중간에 배치하면 적을 넉넉하게 물리칠 수 있다고 주장했다.

숙종 1년 4월 16일, 임금은 내시와 화원을 시켜서 병거를 보고 그려오도록 하고, 내시의 말과 도형을 보고 병거를 만들라고 지시했다.

"병거의 도형을 보니 위급한 경우 사용할 만하고 적을 방어하는 데는 유용할 것이다. 훈련도감과 어영청, 관서 지방에서 만들어라."

영의정 허적 등은 임금이 내시의 말을 듣고 결정한 것에 강하게 반발했다. 이에 숙종이 다시 병거 제작을 철회할 듯 보이자, 윤휴는 사직으로 압박했다. 결국 숙종은 영남과 호남의 감영에서 병거를 만들게 했다. 이에 다시 다른 신하가 병거 제작을 반대했다. 숙종은 또 철회했다. 숙종은 조정의 합의를 끌어내지 않은 채 병거 제작에 오락가락했다.

윤휴는 이때 자리의 중요성을 실감하고, 왕실과 결탁해서 병조판서가 되고자 했으나 뜻을 이루지 못하고 대신 이조판서가 되었다. 그는 이조판서로서 병거를 반대하는 자를 천거하지 않았다. 윤휴의 끈질긴 노력으로 결국에는 병거를 제작하고 궁궐로 가져와서 후원에 설치하고 하루 종일 그 성능을 시험했다.

윤휴는 병거 제작 외에 체찰부 설치와 만과萬科도 건의했다. 체찰부는 전란이나 반란 등을 수습하기 위해서 임시로 군권을 총괄한다. 만과는 정원이나 자격 등의 제한 없이 보는 과거로서, 주로 많은 무인을 선발하는 제도이다. 이는 모두 북벌을 위한 사전 포석이었다.

숙종 6년 2월, 윤휴는 임금에게 청과 싸우자고 상소를 올렸다.

"우리가 군사를 조련하고, 병거를 제작해서 대의大義를 천명해서 군사를 일으키고, 저는 전쟁터에서 죽고자 합니다."

"경의 뜻은 잘 알고 있다. 다만 우리의 약함이 청의 강함을 대적할 수 있겠는가?"

숙종은 전쟁을 감당하기에는 너무나 어렸고 경험이 없었다. 조정의 대부분도 윤휴의 북벌론에 호응하지 않아서 그의 북벌론은 힘을 받지 못했다.

윤휴는 나라에 대한 여러 가지 정책도 제시했다. 조적곡˙을 폐지하고, 상평법˙˙을 시행하며, 임금이 직접 백성을 만나서 그 고통을 듣고, 언로를 열며, 서얼도 벼슬길에 나갈 수 있도록 해야 한다고 했다. 또한 그는 어린아이와 죽은 사람에게 면포를 거두면서, 놀면서 먹는 선비는 노역을 피하는 현실을 개탄하고 호포법˙˙˙ 시행을 주장했다.

윤휴는 오가통伍家統과 지패법紙牌法도 주장했다. 오가통은 다섯 가구를 하나로 묶어 백성이 서로 돕고 부역을 균등하게 하는 제도다. 지패법은 종이로 된 호패를 사용하는 것이다.

### ●●● 사라진 네 번째 북벌론

윤휴가 제안한 정책은 혁신적이었다. 벼슬을 포기하고 산림에 은거하면서 현실적인 문제에 관심을 두고 연구했음을 알 수 있다.

---

- ˙ 조적곡: 백성에게 곡식을 빌려주고 1할의 이자를 받는 제도. '환자곡'이라고 했다.
- ˙˙ 상평법(常平法): 풍년에 물가가 떨어지면 관에서 시가보다 비싸게 미곡이나 면포 등의 물건을 사들여 저축해 두었다가, 흉년에 물가가 오르면 시가보다 싸게 방출해서 물가를 조절했다.
- ˙˙˙ 호포법(戶布法): 호(戶), 즉 가구당 군포를 거두는 제도로, 양반도 내게 했다. 군포를 면제받은 양반들의 반발이 거셌다.

그가 스스로를 제갈공명에 비유한 이유였다.

다만 윤휴는 정책 도입 때, 주변을 설득하기보다는 자신의 견해를 조금도 양보하지 않고 상대를 이기려고 들었다. 임금이 자신의 건의를 받아들이지 않으면 사직서로 압박했다. 임금도 윤휴를 "상대를 이기려고 공격하다가 거짓말을 하는 경우가 있다"라고 평가했을 정도다. 그의 혁신적인 정책은 일부만 받아들여졌다. 아무리 좋은 정책이라도 주변의 설득이 필요했다.

숙종 6년, 남인을 몰아내는 경신환국이 시작되었다. 윤휴는 남인으로서 그 칼날을 비껴갈 수 없었다. 윤휴가 5년 전인 숙종 초기에 "자성숙종의 어머니 명성왕후 김씨의 동정動靜을 주시하고 관리照管하십시오"라고 한 말이 문제가 되었다. 명성왕후가 정사에 관여하자 이를 막으려는 의미로 올린 간언이었다. 당시 숙종은 윤휴의 말이 옳다고 했으나, 5년 후에는 전혀 다르게 해석해서 '패륜적인 말'이라고 몰아붙였다.

또한 윤휴가 상소에서 "군사를 거느린 신하는 바꾸어야 한다"는 구절도 문제삼았다. 윤휴가 임금과 가까운 신하를 죽여 조정을 비게 한 뒤 불측한 마음을 실행하려는 의도라고 해석했다. 또한 체찰부 설치를 주장한 것도 같은 맥락이라고 했다. 윤휴가 반역 의도가 있다는 것이다. 숙종은 63세인 윤휴에게 사약을 내렸다.

그런데 숙종은 9년 후 다시 태도를 180도 바꾼다. 숙종 15년, 기사환국으로 서인을 몰아내고 남인을 다시 등용했다. 이에 남인이었던 윤휴를 복관하는 비망기를 내렸다.

"윤휴는 경학을 깊이 연구한 선비로서 국가를 근심하고 임금을 사랑하는 충성은 과인이 아는 바이다. 그를 죄준 것은 과인의 뜻이 아니다."

숙종은 9년 전에 윤휴를 반역 의심자로 여겨 사약을 내렸으나, 이제 그가 나라와 임금을 사랑하는 충신이라고 했다. 당시 윤휴를 죽인 것을 신하들의 탓으로 돌렸다. 임금으로서 구차한 변명이었다. 숙종은 성질이 급했고 변덕이 심했다. 그 변덕에 신하들은 죽거나 유배를 갔다. 신하가 펼친 정책도 사라졌다.

윤휴는 인조의 삼전도 굴욕을 듣고 은거하며 절차탁마하고, 그 연구한 결과로 나라를 위한 여러 정책을 내놨다. 인조가 당한 치욕을 잊지 않고 그 복수를 꿈꾸었다. 그러나 숙종의 환국 정치, 서인과 남인을 교체하는 과정에서 윤휴는 사약을 받았고 그의 정책도 빛을 잃었다. 윤휴가 주장한 4번째 북벌론도 역사의 무대에서 사라졌다.

# 경신환국, 영의정 허적의 몰락

### ●●● 숙종의 3차례 환국 정치

숙종은 45년 10개월을 재위하는 기간에 국면을 전환하는 환국을 3번 했다. 서인과 남인을 하루아침에 여당에서 야당으로, 야당에서 여당으로 번갈아 정권을 교체했다. 경신환국숙종 6년, 기사환국숙종 15년, 갑술환국숙종 20년이다. 이 과정에서 많은 신하가 느닷없이 유배를 가거나 죽임을 당했다.

여인들도 부침을 겪었다. 민유중의 딸 민씨는 인현 왕비가 되었으나, 서인庶人으로 전락했다가 다시 왕비로 복귀했다. 역관 장형의 딸 장옥정은 궁녀→숙원종4품→소의정2품→희빈정1품→왕비→희빈→자결로 생을 마무리했다. 장희빈은 궁녀에서 왕비에 오른 신데렐라였으나 이 또한 한순간에 목숨을 잃었다.

숙종 시대에 어울리는 단어는 "화무십일홍"과 "권불십년"이라고 할 수 있다. 아무리 예쁜 꽃도 열흘 이상 붉게 피어 있지 못하고, 권력이 막강해도 10년을 넘기지 못한다는 뜻이다.

### ●●● 남인의 쌍벽, 허적과 윤휴

숙종이 환국으로 정치한 첫 단추는 숙종 6년 경신년이었다. 숙종은 즉위해서 송시열 등 서인을 몰아내고 그 자리에 남인을 등용했다. 6년간 남인의 영수 영의정 허적을 중심으로 정치를 했다.

허적은 인조 때 과거에 합격해서 효종, 현종 때도 승승장구했으며, 형조·예조·병조·호조 판서를 했다. 특히 호조판서를 4번이나 하고 우의정과 좌의정을 거쳐서 영의정까지 올랐다. 비록 남인이었지만, 서인이 주류를 이룬 현종 때 오른 관직이었다. 업무 능력과 원만한 인간관계를 보여준다.

숙종은 허적을 영의정에 그대로 두고 원상까지 맡겼다. 즉위 초기, 허적의 말이 미치지 않는 곳이 없을 정도였다. 임금은 허적을 그만큼 믿고 의지했다.

허적과 쌍벽을 이룬 것은 윤휴였다. 둘 다 남인으로 서인을 공격하는 데는 발을 맞추었지만, 정책은 차이가 있었다. 허적은 윤휴가 주장한 병거 제작에는 동의했지만, 청과의 전쟁 북벌은 반대했다.

서인 송시열 처벌에 대한 생각도 달랐다. 윤휴는 송시열을 죽이고자 했으나, 허적은 생명까지 뺏을 필요는 없다고 보았다. 이러한 차이에서 남인은 청남淸南과 탁남濁南으로 나누었다. 윤휴는 스스로 '청남'이라고 했고, 허적의 진영은 선조 때부터 벼슬을 한 자가 많아서 '탁남'이라고 했다.

### ●●● 영의정 허적의 몰락

숙종 6년 3월, 허적은 생애 최고의 날을 맞이했다. 부친 허잠이 '충정忠貞'이라는 시호를 받았다. 부모에게 바치는 최고의 효도 선물이자 가문의 영광이었다. 또한 허적도 70세로서 안석과 지팡이, 일등악一等樂*을 받기로 결정되었다. 안석은 벽에 세워놓고 앉을 때 몸을 기대는 방석이다. 허적은 더 이상 누릴 수 없는 기쁨을 만끽했다.

허적은 부친이 시호를 받은 영광으로 '연시연延諡宴'을 베풀고 숙종에게도 사전에 보고했다. 조정대신들은 거의 참석했다. 잔치는 성대했고 더 이상 바랄 것이 없었다. 그런데 인생은 참 얄궂다. 최고의 기쁜 날에 위험이 함께 도사리고 있기 때문이다.

잔칫날 공교롭게도 비가 왔다. 숙종은 큰 비가 내리는 것을 보고, 내시에게 궁궐에서 사용하는 국왕 전용 천막인 용봉차일을 갖다주라 했다.

"궁중의 장막과 판때기는 이미 허적이 모두 가져갔습니다."

"궁궐의 장막을 마음대로 사용하는 것은 한명회도 못 하던 짓이다." 『연려실기술』 제34권/숙종조 고사본말

숙종은 내시의 대답에 노발대발했다. 아무리 영의정이지만 임

---

• 일등악(一等樂): 임금이 잔치를 흥겹게 하도록 내리는 것으로 악사 1명, 악공 10명, 춤추는 기생 20명으로 구성된다.

금의 물건을 허락 없이 마음대로 가져간 것을 왕권에 대한 도전으로 보았다.

숙종은 왕비의 부친이자 광성부원군 김만기, 훈련대장 유혁연, 포도대장 신여철을 궁중으로 급하게 불렀다. 김만기와 유혁연은 허적의 잔치에 있었고, 임금의 갑작스러운 부름에 일어서야 했다.

두 사람이 잔치장을 빠져나가자 누구도 그 까닭을 알 수 없어서 혼란스러워 했다. 이조참판 유명천은 사태가 심각하게 돌아간다고 보고, 허적에게 "화가 박두했습니다"라고 말하고 빨리 궁궐로 달려가서 일을 수습하라고 조언했다.

허적도 위기를 직감했다. 숙종이 지난해 말부터 자신을 박대한다는 느낌을 받았기 때문이다. 잔치를 계속 벌일 계제가 아니었다.

허적은 좌의정 민희와 함께 궁궐로 서둘러 달려갔으나, 임금은 만나주지 않았다. 임금은 이미 6년간 의지한 영의정 허적을 포함한 남인을 버릴 마음을 먹고 있었다.

### ●●● 경신환국, 남인의 몰락

숙종은 서인으로 유배를 간 전 좌의정 김수항을 풀어주고 영의정으로 임명했다. 허적은 영의정뿐만 아니라 도체찰사, 약방제조의 직도 내놔야 했다. 또한 임금은 이조판서도 서인에 가까운 정재숭으로 교체했다. 남인을 버리고 서인을 다시 등용하겠다는 신호를 보냈다.

숙종이 영의정 허적을 버리는 분위기가 감지되자, 그동안 덮어

두었거나 의심될 만한 여러 가지 사건이 수면 위로 올라왔다.

허적은 본처에서 아들이 없었고 후처에서 두 아들이 있었는데, 장남은 허견이었다. 허견은 아버지의 권력을 등에 업고 행실이 아주 나빴다. 예쁜 부녀자를 납치해서 집에 3일간 가두고 음행을 저질렀다. 뇌물을 받았고 남의 종을 빼앗는 등 간사한 짓거리가 헤아릴 수 없었다.

숙종 6년 4월 5일, 때마침 전 군기시 첨정 정원로가 4년 전부터 친분을 쌓아왔던 허견의 과거 발언을 일러바쳤다. 허견이 인조의 손자 복선군 이남을 집으로 초대해서 정담을 나누며 왕위를 맡아야 한다고 말했다는 것이다.

"임금의 춘추가 젊은데 자주 편찮으시고 세자가 없습니다. 만약 불행한 일이 벌어지면 복선군께서 어쩔 수 없이 임금의 자리에 올라야 합니다."

역모 혐의가 있다는 고발이었다. 이 말을 당시에 고변하지 못한 것은 영의정 허적이 임금의 신임이 두터웠으므로 무고죄가 두려웠기 때문이라고 변명했다.

또 다른 고변이 있었다. 병조판서 김석주는 허견이 이천에서 군사훈련을 하는데, 훗날 군사를 사적으로 동원하려는 것이라고 했다. 병조판서가 허견의 군사훈련을 눈감고 있다가 권력 끈이 떨어지자 이실직고를 한 것이다.

결국 허견은 반란 혐의로 능지처사 되었다. 조선시대에 반란은 부모와 자식, 형제, 처가 등이 연좌제 처벌을 받는다. 화살은 아버지인 허적에게 향했다. 허적은 영의정에서 해직되고 백성의 신분으로 전락해서 고향으로 돌아갔다. 재산도 몰수해서 백성을 구호하도록 진휼청으로 넘겼다.

숙종 6년 5월, 사헌부와 사간원은 허적도 법에 따라 처단하라고 청했다. 연좌제로 사형죄를 적용하라는 것이다. 임금은 허적의 목숨은 살려주려고 했으나 신하들의 압박에 결정을 내렸다.

"허적을 사사賜死하라."

허적은 생애 최고의 날을 맞이해서 잔치를 벌였으나, 45일여 만에 나락으로 떨어져서 생명도 잃었다. 허적은 아들 허견의 반란 혐의를 몰랐다는 것은 인정받았으나 연좌제의 적용을 받았다. 숙종의 정치적 판단으로 허적을 죽인 것이다.

숙종 6년, 경신년에 벌어진 허견의 역모 혐의는 남인의 몰락을 가져왔다. 바로 경신환국이다. 영의정 허적뿐만 아니라 남인 수십 명이 법이나 형틀에서 죽거나 유배를 갔다. 숙종 초기에 남인은 서인을 쫓아내고 정권을 잡았으나, 6년 만에 권력의 끈을 내놓았다.

남인이 쫓겨난 자리는 서인으로 채워졌다. 서인은 다시 잡은 권력을 그대로 유지할 것인가? 남인은 빼앗긴 권력을 다시 차지하기 위해서 암중모색할 것인가? 숙종이 국면을 전환하는 환국정치는 계속되었다.

# 조선의 초특권층 종친 '삼복'을 죽이다

### ●●● 임금의 휴척, 종친

조선은 계급 사회였다. 조선의 계급은 양반·중인·상민·천민의 순이었다.

양반은 문반과 무반의 관료를 합한 말로 지배층을 형성했다. 과거시험을 통해 고위직에 진출했고, 나라에서 토지를 하사받았으며, 세금이나 노역을 면제받기도 했다. 조선은 문치주의를 기반으로 했기 때문에 양반 중에서도 문반이 우위였다. 무과 출신이 고위직에 오르는 것은 하늘의 별 따기였다.

중인은 양반 다음의 계급으로 관직에 진출할 수 있었다. 의醫·역관譯官·산학算學·관상觀象·율律·사자寫字·도화圖畵 등으로 기술 사무직이었다.

상민은 양인良人으로 백성이다. 농업·공업·상업에 종사했고 납세와 군역 의무를 담당하는 생산계급이었다. 토지를 소유하지 않은 채 경작권만 가지고 있었다.

마지막으로 천민이다. 노비·백정·창우배우와 광대·승려·무격무당 등이었다. 노비는 국가에 소속되는 공노비와 개인이 소유하는 사노비가 있었다. 세금이나 군역은 면제되었으나 매매 대상이었고 신분이 세습되었다. 갑오개혁으로 신분제가 폐지될 때까지 천민은 가장 낮은 계급이었다.

조선은 이 네 계급 외에 초특권층이 있었다. 바로 종친이다. 임금과 왕비나 후궁의 사이에 난 자식이나 이들과 혼인으로 이루어졌다. 종친부와 의빈부를 두어 품계가 주어졌고, 과거시험을 치르지 않고 벼슬을 받았다. 토지와 집을 받았고 세습되었다. 각종 의무는 면제되었다. 요샛말로 초 금수저였다.

종친은 임금의 휴척休戚이라고 했다. 임금의 편안함과 근심을 함께한다는 의미로 임금과 한 몸처럼 가깝다. 종친의 본분에 충실해서 임금을 조용하게 뒷받침하거나 외교활동으로 나라에 이바지하기도 했다. 그러나 모든 종친이 그런 것은 아니었다. 종친의 지위를 이용해서 횡포를 부리거나, 종친 그 자체가 멍에가 되어 죽음을 맞이하기도 했다.

태종 때 원경왕후 민씨의 남자 형제 민무구와 민무질, 세종의 장인 심온은 사약을 받거나 자결했다. 이들이 왕권을 위협한다고 보았기 때문이었다. 세조의 동생 안평대군, 금성대군도 반역 혐의로 사사되었다. 세조의 총애로 27세에 영의정에 오른 귀성군 이

준도 반역 혐의로 귀양을 가서 유배지에서 쓸쓸하게 죽었다. 선조의 아들 흥안군 이제도 인조 때 일어난 이괄의 난에서 왕의 자리를 넘보다가 효수되었다. 이 외에도 여러 사례가 있다.

종친에 대한 이러한 불행한 사례가 있었음에도, 그 행동을 조심하지 않는 종친들은 계속 나타났다.

### ●●● 복창군 형제와 궁녀의 간통 사건

삼복은 인조의 셋째 인평대군의 아들들로서 복창군 이정, 복선군 이남, 복평군 이연을 가리킨다. 삼복은 현종과 숙종 때 잘나갔다. 숙종이 즉위했을 때, 삼복은 인조의 혈통 중에서 유일한 생존자였고 종친의 어른이었다.

삼복 형제는 현종 때 청나라에 대한 외교활동으로 나라에 이바지했지만, 백성에게 부린 횡포도 여럿 있었다. 궁궐로 가는 수백 석의 공물을 가로채서 백성은 더욱더 부담이 늘었고, 산골짜기에 사냥을 가서 사냥개의 먹이까지도 백성들이 마련하도록 했다. 또한 기생을 끼고 궁궐을 출입한다는 추문까지 들렸다. 송시열이 상소해서 그 실상을 알릴 정도였고, 대간은 이들의 파직을 요구했다. 그러나 현종은 솜방망이 처벌에 그쳤다. 현종에게 삼복 형제는 삼촌이 된다.

숙종 즉위 초기, 드디어 삼복 형제의 비리가 터졌다. 숙종의 외조부인 청풍 부원군 김우명이 차자를 올렸다. 그는 복평군 형제들이 궁궐을 출입하면서 궁녀와 아이를 가졌다고 주장했다. 승지 정중휘는 외부의 신하들이 알아야 할 일이 아니라고 했고, 영의정 허적은 지극히 놀라운 일로서 법대로 다스리자며 사형을 주장했다.

숙종 1년 3월 12일, 임금은 김우명의 주장을 수긍하고 전지를 내렸다.

"복창군과 복평군은 궁궐을 출입해서 궁녀와 관계를 맺고, 자식을 낳았으므로 매우 해괴하다. 궁녀와 함께 신문해서 처치하라."

의금부는 복창군과 복평군, 궁녀 김상업을 잡아 가두었다. 또 한 명의 궁녀 귀례는 숙종의 어머니 명성왕후 김씨가 자백을 받기 위해서 매질하고 있었다.

그러나 3월 13일, 숙종은 하룻밤 사이에 마음을 바꾸었다.

"남의 말을 믿고 골육의 지친을 곤경에 빠뜨렸다. 이렇게 억울하고 애매한 사람을 옥에 가둘 수 없다. 풀어주라."

삼복 형제 중 감옥에 들어가지 않은 복선군 이남과 허목 등 남인 세력이 움직였던 것이다. 이들은 윤 상궁을 활용했다. 윤 상궁은 인평대군을 모셨고, 삼복 형제를 어릴 때부터 키워서 정이 두터웠다. 숙종은 혼인 전이었으므로, 윤 상궁이 사실상 내정을 총괄해서 매우 신임했다. 복선군 이남과 남인 세력은 윤 상궁을 통해서 김우명의 차자는 애매하다고 하소연했고, 숙종은 이를 받아들였다.

숙종의 외조부 김우명과 남인은 삼복 형제의 처벌을 두고 치열하게 대결했다. 김우명의 공격에 남인이 잘 받아넘긴 듯했으나, 또 반전이 일어났다. 숙종의 어머니 명성왕후가 뒤집기를 시도했다. 김우명과 명성왕후는 부녀지간이다.

숙종은 명성왕후의 청으로 신하들을 야대청<sub>임금이 신하들과 밤에 정사를 논의하던 장소</sub>에 소집했다. 방이 한 칸, 마루가 세 칸이었다. 임금은 문을 사이에 두고 앉았고, 명성 왕후는 방 안에서 울고 있었고 그 소리가 밖에까지 들렸다. 영의정 허적을 비롯한 신하들은 어쩔 줄 몰랐다.

숙종은 자전慈殿, 임금의 어머니께서 복평군 형제의 일을 자세하게 설명하려고 나왔다고 했다. 신하들은 임금께서 안으로 들어가셔서 울음을 그치게 하시라고 청했다. 명성왕후가 울음을 그치고 입을 열었다.

"인선대비 초상 때 복창군 형제가 궁궐로 들어와서 상제를 돌보았는데, 복창군과 궁녀 상업이 망측한 일이 있었다. 선왕현종께서 무심코 궁녀의 바깥출입을 허락하셨는데, 궁녀가 상업임을 아시고 '밖에서 자식을 낳게 되면 덮어 주기 어려울 것이다'라고 하시면서 상업을 빨리 불러들이라고 하셨다."

명성왕후는 복창군 형제와 궁녀의 간통 사실을 폭로했다. 선왕현종은 그 간통을 덮어주려고 했고, 주상도 복창군 형제와 애정이 도타워서 말하려고 하지 않으므로 자신이 밝힌다고 했다. 명성왕후는 두 궁녀를 추궁해서 그녀들이 복창군 형제들로부터 강제로 핍박받았음을 증언했다고 덧붙였다. 인선대비의 초상 때 복평군 형제가 궁녀와 간통하고 자식을 낳았다는 실로 충격적인 내용이었다.

영의정 허적을 비롯한 참석자들은 법대로의 처리를 요구했고, 승지 정중휘에게 전지를 쓰게 했다.

"복창군과 복평군, 궁녀 김상업과 귀례의 증언을 듣지 않더라도 그 죄가 드러났다. 법에 따라서 처치하라."

명성왕후는 복창군 형제를 차마 죽음에 이르게 하는 것은 못하겠다고 하면서 감형해서 유배를 바랐다. 임금도 같은 뜻이었다. 신하들은 사형을 계속 주장했으나, 결국 명성왕후의 뜻에 따라서 4명 모두 유배를 갔다.

대왕대비의 초상 중에 종친과 궁녀가 간통해서 애를 낳았다면, 당연히 사형죄를 적용하여야 했으나, 비교적 가벼운 처벌이었다.

### ●●● 복창군 형제의 복귀

숙종 초기는 남인이 정권을 잡고 있었다. 남인과 복평군 형제는 교류했고 정치적 이해관계가 맞아떨어졌다. 복창군 형제의 유배는 남인에게도 정치적 타격이었다. 남인의 영수 윤휴는 숙종에게 "자전임금의 어머니의 동정을 '관속管束'해서 이와 같은 행동을 하지 말아야 합니다"라고 아뢰어서 명성왕후를 견제했다. '관속'은 나중에 '조관照管'으로 바꾸었는데, 조관에는 마음대로 행동하지 못하는 구속의 뜻이 있다.

명성왕후는 어린 나이14세에 즉위한 숙종이 삼복 형제를 비롯한 종친과 환관이나 궁녀들에게 휘둘리지 않게 하려고 삼복 형제의 간통사건을 폭로했고 유배 보내는 데까지 성공했다.

그러나 숙종은 어머니의 뜻과 달리 남인과 손잡고 정치를 펼치고 있었다. 그 사이 명성왕후의 부친 김우명이 병으로 죽었고, 명성왕후의 힘은 약화되었다. 숙종은 결국 자전의 뜻을 거슬러서 윤휴와 허목 등 남인의 요청으로 복창군 형제를 유배에서 풀어주었다.

복창군 형제는 한성으로 돌아와서 3일 동안 크게 잔치를 벌였다. 숙종은 내시를 보내서 위로하고, 복창군 형제가 집을 짓는 데 은 3천 냥을 내렸고 서용하도록죄를 지어 면관되었던 사람을 다시 벼슬자리에 등용하도록 했다. 다시 궁궐 출입도 허락했다. 복창군 형제는 유배를 통해서 전혀 반성이나 자숙하는 모습을 보여주지 않았다. 숙종도 이들에게 날개를 달아주었다.

복창군 형제는 복귀 이후 청과의 외교에 활동했고 그 역할이 점점 커졌다. 복선군 이남은 사옹원 제조, 복창군 이정은 종부시 및 이정청 제조가 되었다. 이정청은 군정의 문란을 바로 잡기 위한 임시기구이다. 복창군 형제는 종친의 신분을 넘어서 실직까지 맡아서 영향력이 늘어나고 있었다. 그러나 이들의 봄날은 오래가지 못했다.

### ●●● 서인 세력과 종친 삼복의 몰락

숙종 6년, 경신환국으로 남인은 몰락하고 서인이 정권을 잡았다. 서인은 복창군 형제의 간통 사건을 다시 수면 위로 끌어올렸다.

여기에 더해서 숙종 6년 4월, 서인은 복선군에게 반란 혐의가 있다고 덮어씌웠다. 영의정 허적의 서자 아들 허견이 복선군은 어질고 착하다며 숙종의 대안으로 왕으로 옹립하려 했고, 이들은 닭을 잡아서 피를 받아 술에 타서 함께 마시며 맹세했다는 것이다. 다른 역모 혐의로 형틀에서 고문받는 자들의 일방적인 진술이었다. 복선군이 역모했다는 구체적 증거는 없었지만 역모 혐의로 몰아갔던 것이다.

숙종은 바로 교수형을 명했다.

"복선군 이남은 종친으로서 효종과 현종 때부터 세상에 보기 드문 은혜를 입었으나, 비록 반역하였더라도 능지처사 대신 특별히 교수형에 처하라."

복선군 이남은 숙종을 어릴 때부터 돌보았다. 숙종도 왕이 되어 그 은혜를 잊지 않았고 궁중 출입을 시켜주고 실직을 주었다. 그러나 복선군이 임금의 자리를 위협하는 인물로 의심되자, 임금은 한순간도 망설임 없이 바로 죽음을 내렸다. 임금은 반역자가 받는 능지처사 대신 사지가 찢어지지 않은 교수형을 주는 것으로 생색을 냈다. 이것으로 그치지 않았다. 복선군의 형제 복창군에게도 화살을 돌려서 반역 혐의로 사사하고, 복평군 이연은 위리안치했다.

삼복 형제는 효종의 조카, 현종과 사촌형제, 숙종의 외삼촌으로서 궁궐을 출입하고 귀여움을 받았다. 3대의 왕에게 사랑받은 특별한 종친이었다. 그들이 임금에게 사랑받는 만큼, 그것을 이용해서 잇속을 챙기려는 무리도 생겼다. 그 무리의 달콤한 말은 복창군 형제의 욕망을 더욱 부채질했고, 결국 불씨로 자라서 반역 혐의를 받게 되었고 비참한 죽음을 맞이했다.

삼복 형제가 유배를 갔을 때 반성하고 돌아와서 자숙했다면, 이러한 일은 일어나지 않았을지도 모른다. 그러나 유배에서 돌아와서도 3일 동안 잔치를 벌여 건재함을 과시했고, 권력이 주는 달콤한 꿀을 계속 빨고자 했다. 결국 그것이 자신들의 무덤을 파는 꼴이었다.

조선시대뿐만 아니라 민주주의 선거에서 뽑는 대통령 제도를 가진 오늘날에도 이러한 불행한 사태는 반복되고 있다. 대통령의 친인척 비리는 여전히 현재 진행형이다.

조선시대의 종친과 오늘날 대통령의 친인척은 그 형태는 다르지만, 권력의 꿀을 빨고자 하는 습성은 비슷했다. 그런 습성에 대해서 역사는 늘 경고음을 울렸다. 그러나 권력을 가지면서 그 경고음을 무시했고 그 불행은 친인척 본인뿐만 아니라 대통령에게도 미쳐서 대통령의 권력 누수 현상이 일어나고 나라에까지 악영향을 끼친다.

삼복 형제의 죽음은 권력을 분수에 맞지 않게 탐하는 욕망에 대한 경고였다. 종친과 친·인척은 그 경고음을 듣고 조용히 가슴에 새기고 행동을 자제해야 했다. 본인뿐만 아니라 임금과 대통령, 나아가서는 나라를 살리는 길이기 때문이다.

# 장희빈, 태풍의 눈이 되다

숙종 6년, 남인이 몰락한 후 한 여인이 궁궐로 들어와서 궁중 나인內人으로 뽑혔는데 자못 얼굴이 아름다웠다. 역관 집안의 딸로서 후에 후궁의 최고 직위뿐만 아니라 왕비까지 오르는 장옥정장희빈이다. 그녀에 관한 『숙종실록』의 첫 기록을 보자 『숙종실록』 6년 11월 1일.

"날씨가 침침했다. 하얀 기운이 서쪽에서 중천으로 뻗쳐서 그 모양이 혜성과 같았고, 여러 날 동안 사라지지 않았다. 장희빈이 임금의 총애를 받기 시작한 것이 바로 이 무렵이었고, 하늘은 그 조짐을 우연히 보여준 것이 아니었다."

관상감은 이런 날씨를 이변으로 보고, 두 달 동안 혜성이 사라지고 나타나는 것을 계속 관찰했다. 사관은 이런 날씨의 이변을 당시에는 그 이유를 몰랐으나, 하늘은 장희빈이 숙종의 총애를 받아 국정에 파란을 일으키는 조짐을 미리 보여준 것이라고 기록했다. 장희빈이 국정에 미친 영향을 기상 이변으로 설명하는 상징적인 대목이다.

### ●●● 임금의 총애를 받는 장옥정

숙종은 세자 때 김만기의 딸을 세자빈으로 맞이했다. 둘 다 10세였다. 그녀는 왕비가 되었으나 20세에 병으로 승하했다. 인경왕후 김씨는 두 딸을 낳았으나 모두 일찍 죽었다. 숙종은 첫 왕비가 승하한 약 7개월 후 두 번째 왕비로 민씨인현왕후를 맞이했다.

숙종 12년, 인현왕후와 결혼한 지 5년이 지났다. 숙종은 25세, 인현왕후는 19세였으나 아직 자녀는 없었다. 이즈음 임금은 왕자 생산을 위해서 숙의종2품 김씨를 새로 뽑았으나, 정작 총애하는 여인은 2세 위의 장옥정이었다. 궁녀는 보통 5~10세 사이에 뽑혀 궁으로 들어오는데, 장옥정은 21세에 궁궐 나인으로 들어왔다. 매우 이례적이었다.

숙종 12년 윤4월, 시독관* 이이명은 임금의 경연에서 색을 조심하라고 간언했다.

"한나라 성제는 여색으로 몸을 망쳐서 타고난 목숨을 지키지 못했습니다. 여색은 늘 경계해야 합니다."

장옥정이라는 여색을 염두에 둔 발언이었다. 장옥정이 궁궐에 들어와서 숙종의 눈길을 사로잡고 있음을 알 수 있다.

---

* 시독관(侍讀官): 임금의 경연관으로 홍문관 교리가 당연직으로 맡는다.

그해 7월, 홍문관 부교리 이징명도 재변의 원인은 외척과 여알*이 극성을 부리기 때문이라며, 장옥정이라는 궁녀를 경계하라는 상소를 올렸다.

"신은 바라건대, 임금께서 왕비에게 면계勉戒하셔서 왕비의 아름다운 덕이 영원히 보전되도록 하소서. 그런데 장녀張女, 장옥정을 지칭가 궁궐로 들어온 지 반년이 채 못 되었음에도 벌써 분수에 넘치는 행동을 합니다. 국가의 화는 이러한 여알에서 나옵니다. 임금께서 장녀를 내쫓아서 맑고 밝은 정치에 잘못하지 않도록 하소서."

숙종은 이징명의 상소에 노발대발했다. 상소 중에 "왕비에게 면계하십시오"라는 말을 꼬투리 잡았다. '왕비에게 잘못한 점이 있으면 임금께서 고치고, 없다면 더욱더 힘쓰십시오'라는 뜻으로 임금에게 올린 간언이었다.

숙종은 그 말의 출처를 캐묻고, 이징명을 바로 파직하고 앞으로 서용하지 말라고 특명을 내렸다. 영의정을 비롯한 승정원, 홍문관 등이 나서서 임금을 진정시키고 이징명에 대한 징계 철회를 요구했으나, 임금은 더욱더 감정적인 말을 쏟아냈다.

"과인은 본래 배우지 않아서 아는 것이 없다. 과인이 비록 어두워도 여우와 쥐 같은 무리에게 차마 제재를 받을 수 없다. 너희들이 방자해서 군주는 약하고 신하는 강하다고 한다."

숙종은 신하들을 동물에 빗대어서 욕하고, 너희들이 강하니 마음대로 하라고 압박했다. 임금의 격한 감정은 거꾸로 장옥정에

• 여알(女謁): 임금의 총애를 받는 후궁이나 궁녀가 임금을 사사로이 뵙고 청탁하는 것이다.

대한 애정이 깊다는 것을 알 수 있다.

　몇 개월 후 궁중에 몰래 집을 짓는다는 소문이 퍼졌다. 이른 아침과 늦은 저녁에 몰래 궁중으로 목재를 실어 나르고 목수가 들어간다는 것이다. 사헌부에서 이러한 소문을 지적하고 궁궐 내 건물 짓기 중지를 요청했다.

　숙종은 그런 사실이 없다고 잡아뗐으나 거짓말이었다. 장 씨張氏, 장옥정를 위한 별당을 짓고 있었다. 성균관 대사성 김창협은 임금이 후궁을 두어 자손이 번성하는 것은 경사인데, 왜 거짓 핑계로 숨기냐고 오히려 문제삼았다.

　장옥정은 역관 집안의 딸로서 궁궐에 두 번이나 들어왔다. 첫 번째는 숙종 6년이었다. 숙종의 어머니 명성왕후 김씨는 나인 장씨를 보고 임금의 곁에 두어서는 안 된다고 판단하고 쫓아냈다.

　"왕비는 아직 그 여인을 보지 못했기 때문이다. 나인 장씨는 매우 간사하고 악독하다. 주상은 감정의 기복이 심하다. 만약 그녀가 주상의 괌을 받으면 국가에 큰 화가 미칠 것이다. 왕비는 후일에도 마땅히 나의 말을 생각해야 할 것이오."

　명성왕후의 사람 보는 눈은 정확했고, 인현왕후에게 나인 장씨를 궁궐에 들어오지 않도록 단단히 일렀다. 그러나 명성왕후가 승하하자, 인현왕후는 임금의 승은을 입은 나인을 밖에 둘 수 없다며, 숙종의 마음을 헤아려서 장씨를 궁궐로 다시 불러들였다. 인현왕후는 자식이 없었기 때문에 후궁에게 너그러웠다.

　장옥정은 두 번째 궁궐로 들어온 후 숙종의 마음을 휘어잡았다. 임금과 장난을 치면서 희롱하는 관계로 가까워졌고, 인현왕후에게도 공손하지 않았다. 인현왕후의 말도 듣지 않았고, 때로는 종아리를 때렸으나 숙종의 총애를 믿고 제멋대로였다. 후궁이 오히려 왕비를 갖고 놀려고 했다.

인현왕후는 왕의 마음을 돌리려고 다른 사대부의 딸을 들였으나, 임금의 관심은 오로지 장씨에게 쏠렸다.

숙종은 나인 장씨를 숙원으로 삼았다. 숙원은 궁녀가 임금의 승은을 입으면 후궁이 되는 첫 단계로 종4품이다. 장옥정이 임금의 승은을 입고 정식으로 후궁이 되자, 권력의 끈이 형성되기 시작했다. 숙종이 숙원 장씨를 총애하고 가까이하는 만큼 인현왕후와 거리는 멀어지고 있었다.

### ●●● 권력의 끈이 떨어진 남인과 손잡다

그동안 권력의 끈이 떨어진 남인은 이 기회를 포착하고, 숙원 장씨의 오빠 장희재에게 다가갔다. 장희재는 시장의 장사꾼이었는데, 동생 장희빈의 여알로 시험을 치르지 않고 무관으로 들어와서 포도부장을 맡고 있었다.

장희재와 서인은 악연이 있었다. 인조반정 60주년을 기념하는 잔치가 정명공주 집에서 열렸는데, 정명공주는 인조와 인목왕후의 딸이자, 광해군에게 죽임을 당한 영창대군의 누나로 80세였다. 광해군에게 핍박받은 공주의 집에서 인조반정을 축하하는 잔치를 여는 것은 상징적이었다. 조정의 관원이 모두 참석했다.

잔치의 여흥으로 관기인 숙정이 노래를 불렀는데, 어떤 손님이 그녀를 희롱했다. 숙정은 장희재의 부인이었다. 장희재는 포도부장으로서 이 사실을 알고 숙정을 불러내어 달아났다. 좌의정 민정중도 잔치에 참석했다.

"관기가 연회도 끝나기 전에 달아났으니 놀라운 일이다."

민정중은 그들을 다시 불러 장희재에게 곤장을 쳤다. 민정중은 인현왕후의 백부이자 서인이다. 장희재는 이 사실로 서인에 대한 뼈에 사무치는 원한을 품었다. 홍문관 부교리 이징명은 이 사건이 화의 빌미가 될 수 있으므로 장희재의 축출을 건의했으나 숙종은 받아들이지 않았다.

숙종은 숙원 장씨에 대한 총애가 차츰 깊어졌고, 종친이나 공신에게 내려주는 사패 노비 백 명을 내렸다. 중인 집안의 장씨는 나인으로 궁궐에 들어와서 숙원이 되고, 노비 백 명을 부릴 수 있는 부와 권력을 가지게 되었다. 오빠 장희재의 주변에도 권력의 끈이 떨어진 남인들이 몰려들기 시작했다.

숙종 12년 1월, 사간원 정언 한성우는 숙원 장씨에 대한 임금의 총애가 너무 기울자 미색에 현혹되지 말라고 상소를 올렸다.

"장씨를 숙원에 봉한 것은 임금께서 미색에 빠졌기 때문입니다. 신하와 백성에게 이보다 더 큰 근심이 있겠습니까?"

숙종은 발끈했다. 임금이 미색에 빠졌다는 것은 억측이고, 신하의 이런 말에 진심으로 개탄한다고 했다. 한성우를 바로 교체하고, 숙원 장씨에 대해서 더 이상 언급하지 말라고 했다. 인사권을 휘둘러서 신하들의 입을 막은 것이다.

대신들과 승정원과 홍문관이 한성우의 상소는 나라와 임금을 위한 간언이라고 변호했으나 소용이 없었다. 숙종의 여자 형제인

공주들도 숙원 장씨에 대한 우려를 전달했으나, 임금은 이들의 국정 참여도 금지했다. 임금은 숙원 장 씨에 대한 간언에 서서히 귀를 막았다. 그만큼 숙원 장씨의 영향력이 점점 커졌다.

조선에서 의정부 삼정승영의정·좌의정·우의정이 되는 것은 일반적으로 복상卜相에 따른다. 복상은 삼정승이 물러날 때 후임을 합의해서 추천하고 임금은 이를 존중하는 것인데, 임금의 인사권을 제한하는 제도이다.

숙종 13년, 우의정 자리가 비었다. 영의정 김수항과 좌의정 이단하는 합의해서 우의정의 복상 단자를 올렸다. 그런데 임금이 5번이나 거절했다. 복상 단자에 임금이 생각하는 이름이 없었기 때문이다.

5월, 숙종은 자신의 속내를 드러냈다.

"과인은 이조판서 조사석이 국가를 위해서 마음을 다 바치고 있음을 알고 있다. 모두 의견이 어떤가?"

영의정 김수항은 임금의 속내를 파악하고, 조사석을 우의정으로 복상했다. 조사석은 정2품에서 느닷없이 2단계가 높은 정1품이 되었다. 사관은 인망이 모자라는 조사석이 우의정에 오르자, 뒷말이 무성하다고 했다. 그중의 하나가 숙원 장씨와의 연관성이었다.

장씨의 어머니는 조사석 처가의 종이었는데, 조사석이 젊었을 때 사사로이 정을 통했고, 혼인한 후에도 조사석의 집을 오갔다. 그래서 조사석이 우의정에 오른 것은 숙원 장씨가 후원한 것이라는 말이 나왔다.

그해 9월, 지경연사 김만중은 임금의 경연에서 이 사실을 지적했다.

"조사석은 후궁 장씨와 연줄로 우의정이 되었다고 온 나라 사람들이 말합니다. 이러한 것을 유독 전하만 모르고 있습니다."

숙종은 또다시 화를 내고 김만중을 문초하라고 명을 내렸다. 김만중은 임금에게 직언을 올려서 동료들에게 칭찬받았지만, 결국 유배를 갔다. 임금이 장희빈을 끔찍이 총애했음을 알 수 있다.

조사석은 양심이 있었다. 10번 이상 사직서를 올렸고, 임금의 간절한 만류로 1년여 만에 우의정을 받아들였다. 숙원 장씨는 삼정승의 자리까지 영향력을 미치고 있었던 것이다.

또한 숙원 장씨는 동평군 이항과 결탁했다. 이항은 인조와 귀인 조씨 사이에 난 승선군의 장남으로 종친의 어른이었고, 남인과 가까웠다. 인조의 계비 장열왕후 조씨도 후원자 역할을 했다. 숙원 장씨는 임금의 총애뿐만 아니라 왕대비, 종친의 마음마저 사로잡고 있었던 것이다.

숙원 장씨는 승진도 빨랐다. 2년 만에 종4품 숙원에서 정2품 소의에 올랐다. 무려 다섯 단계를 한 번에 오르는 것이다.

### ●●● 아들 출산, 태풍의 눈

무엇보다도 장씨는 숙종의 오랜 염원이었던 아들을 낳았다. 두 왕비가 하지 못한 일을 소의 장씨가 해낸 것이다. 숙종의 첫 결혼 후 17년 만이었다. 임금은 그 기쁨으로 소의 장씨를 빈정1품으로 올려주었다. 역관 집안의 장씨 혹은 장녀가 21세에 궁궐로 들어와서 후궁이 되고, 숙원→소의를 거쳐서 후궁의 최고 직위 빈에 올라서 '희빈'이 되었다. 궁궐로 들어온 지 8년 만이었다.

장희빈은 임금의 첫아들을 낳았으니 거칠 것이 없었다. 이제까지 서인의 권력에 눌려서 숨죽이던 남인은 장희빈 주변으로 몰려들어 숨겨둔 발톱을 갈기 시작했다. 장희빈은 임금을 사랑받는 여인에서 권력을 중심으로 들어왔다. 그녀는 남인과 결탁하고 태풍의 눈이 되었다.

# 장희빈이 낳은 왕자, 기사환국의 도화선이 되다

숙종 15년, 기사년이 밝았다. 1월 10일, 임금이 삼정승과 전 정승, 6조 판서, 한성 판윤, 3사 장관사헌부·사간원·홍문관의 책임자을 특별하게 불렀다. 중대한 사항을 논의하기 위해서였다.

### ●●● 2개월 된 아들을 원자 책봉

숙종은 논의를 시작하기 전에 "세자를 정하지 못해서 민심이 안정되지 못하고 있다. 세자를 정하는 일에 관망하고 이의를 제기하면 벼슬을 바치고 물러가라"라고 미리 단서를 달았다. 협박에 가까운 발언을 전제하고, 자신이 하고 싶은 이야기를 꺼냈다.

"오늘 여러 신하에게 묻는 것은 바로 왕자의 명호名號를 정하는 일이다."

숙종과 장희빈 사이에 2개월 전 낳은 왕자의 이름과 호칭을 어떻게 할까에 대한 물음이었다. 즉, 장희빈이 낳은 왕자를 원자로 책봉해서 장차 세자로 삼겠다는 뜻을 내비쳤다. 인현왕후는 후사가 없었지만 아직 22세로 젊었다. 왕비가 후사를 둘 가능성이 있는데, 2개월 된 후궁의 아들을 원자로 책봉하겠다는 뜻이었다. 지금까지 이런 예는 없었다.

먼저 이조판서 남용익이 전하의 하문은 의외라고 전제하고, 왕비가 아직 젊어서 이런 논의는 너무 성급하며 신중하게 결정해야 한다고 반대했다. 임금이 이의를 제기하면 벼슬을 버리고 물러가라고 전제했기에, 벼슬에서 물러나겠지만 할 말은 해야 한다고 강조했다.

다른 참석자들도 남용익과 생각의 거의 같았다. 임금은 신하들이 계속 반대하자, 아예 자신의 생각을 밀어붙였다.

"세자 책봉은 5세가 되기를 기다리는 것이 마땅하다. 그러나 나라의 세력이 외롭고 위태해서 종사의 대계를 늦출 수 없다. 예조는 왕자의 명호를 정하고 시행하라."

임금이 왜 신하를 불러서 논의하려 했는지 의아해지는 일방적인 통고였다. 그럼에도 남용익이 거듭 반대하자, 임금은 남용익을 종중 추고\*를 하라고 했다. 신하의 의견을 강압적으로 막은 것이다. 남용익은 결국 이 일로 유배를 가서 죽었다. 즐기에 기록된 인물평을 보면, 그는 "온화하고 후덕하며 평소의 행동에 흠이 없

---

• 종중 추고: 벼슬아치의 죄과를 심문하여 두 가지 이상의 죄가 한꺼번에 드러났을 때, 그중에서 가장 무거운 죄로 처벌하는 것. 숙종 때 이 처벌이 가장 많았다.

었다"고 되어 있다. 숙종의 성급하고 무리한 명령으로 아까운 인재가 사라졌다.

숙종은 예조에 왕자의 명호를 '원자'로 정하게 했다. 원자는 일반적으로 왕비의 첫아들에게 주어지는 명호이고, 장차 세자가 된다. 이제 그 명호가 후궁 장희빈의 아들에게 주어졌다. 성리학의 예를 중시하는 조선에서 매우 이례적인 결정이었고, 큰 파장을 예고했다.

숙종 15년 1월 15일, 임금은 소의 장씨를 빈으로 올려주었다. 원자의 어머니가 되었기 때문이다. 장소의가 장희빈이 되었다. 사관은 장희빈이 된 상황을 이렇게 기록했다.

"장씨의 총애가 날로 성했다. 동평군 이항과 장희재가 민암, 민종도, 이의징 등과 관계를 맺고 모의를 주도해서 국가의 화가 닥치고 있다. 사람들이 모두 무서워서 떨었다."

특히 장희재는 시장의 장사꾼이었으나 여동생이 임금의 사랑을 받자, 무관으로 벼슬길에 올라서 권력의 중심에 섰다. 숙종이 장희빈을 얼마나 총애했는지를 알 수 있는 가늠자다.

### ●●● 서인의 몰락

봉조하\* 송시열은 상소를 올렸다. 송나라 철종의 예를 들며, 철종은 가왕과 기왕의 견제 세력이 있었음에도 10세까지 번왕의 지위로 있다가 선대 황제 신종이 병이 들자 비로소 태자로 책봉되었

---

• 봉조하奉朝賀): 종2품 이상의 벼슬아치가 벼슬을 스스로 사임한 후에 특별히 받는 벼슬. 죽을 때까지 녹봉을 받으면서, 다만 의식(儀式)이 있을 때만 조정에 나간다. 송시열은 숙종 9년에 봉조하를 받았다.

는데, 2개월밖에 안 된 장희빈의 아들은 아직 견제 세력도 없으므로 원자로 서두를 필요가 없다고 사실상 반대를 했다.

숙종은 상소를 읽고 화를 내고, 이미 원자로 정해진 것을 다시 논의하는 것은 부당하다고 했다. 임금은 승지들에게 송시열의 의도를 물었다. 승지들은 대체로 송시열의 상소에 부당한 말이 있어도 다른 뜻은 없다고 했다. 그러나 임금의 생각은 달랐다. 송시열은 유림의 영수로서 제자들이 일어설 수 있으므로 두려울 수도 있다고 보고, 그해 2월 송시열을 내쳤다.

"송시열은 마땅히 멀리 유배를 보내야 할 것이다. 그래도 유림의 영수이므로 은혜를 베풀어서 삭탈관직하고 성 밖으로 내쳐라."

숙종은 이것으로 그치지 않았다. 임금의 물음에 송시열을 변호한 승지 윤빈을 국문해서 죄를 정하라고 했고, 송시열의 죄를 적은 청죄 단자를 빨리 올리지 않은 도승지, 좌승지, 좌부승지, 우부승지를 모두 파직시켰다. 숙종은 원자의 명호 문제에 최측근, 승지들을 한꺼번에 내친 것이다.

영의정 김수흥도 파직시키고 유배를 보냈다. 임금과 대화에서 공경하지 않았다는 이유를 내세웠다. 김수흥은 척화파 김상헌의 손자로서 현종 때 48세에 영의정에 올랐는데, 그럼에도 누구도 승진이 빠르다고 비난하지 않을 만큼 평판이 좋았다. 숙종도 10여 년을 곁에 두고 보좌를 받았다. 그런 김수흥이 임금에게 공손하지 않았다는 것은 있을 수 없는 일이었고, 송시열과 가까운 것이 유배를 보낸 진짜 이유였다. 그는 숙종 때 두 번째 영의정에 올랐으나 유배지에서 64세로 죽었다. 또 아까운 인재가 사라졌다.

이뿐만이 아니었다. 송시열의 죄를 청하지 않은 사헌부, 사간원, 홍문관의 관리도 임금의 뜻을 헤아리는 남인으로 바꾸었다. 송시열의 상소를 빌미로 많은 관리가 탄핵당할 수 있음을 예고했다.

반대로 장희빈의 부친은 영의정, 증조부는 좌의정, 조부는 우의정으로 증직했다. 중인 집안의 역관, 장희빈의 부계는 죽어서 삼정승이 되었다. 3대를 추증한 것은 왕비의 예에서도 찾아볼 수 없는 지나친 대우였다. 임금의 이러한 조치에서 다시 한 번 장희빈을 끔찍이 총애함을 확인할 수 있었다. 이후 조정의 논의에서 백성을 위한 정책은 실종되었다. 국정을 논의하는 조정이 아니라 의금부나 형조를 확장한 것과 다름이 없었다.

남인은 10년 전 경신환국으로 당한 것을 보복했다. 수많은 서인이 잡혀와서 국문을 당하고, 형틀과 감옥에서 죽거나 자결했고 참수를 당했고 유배를 갔다. 이것이 숙종 15년에 일어난 기사환국이다.

### ●●● 기사환국으로 권력 잡은 남인

숙종은 임금으로서 중심을 잡지 못하고, 서인과 남인을 교체하면서 정책도 오락가락했다. 임금의 변덕스러운 마음은 나라 정책을 혼란에 빠뜨렸다. 숙종 15년 3월 19일, 전 이조판서 박세채는 같은 무리끼리 정치하고, 상대를 인정하지 않는 당비黨比, 당파를 경계하는 상소를 올렸다.

**박세채:** 신은 당비를 지극히 경계했습니다. 지금 많은 신하가 죄를 입고 있습니다. 그러나 이들을 용서하라는 청을 올린 신하가 없는 것은 같은 당비이기 때문입니다.

**숙종:** 상소가 자못 화평하지 못해서 과인이 참으로 깨닫지 못하겠다.

박세채는 이전부터 임금을 중심으로 해서 양쪽을 조정하고 대립을 막고자 하는 '황극탕평론'을 주장했으나 물거품이 되었다. 신하가 아무리 좋은 말을 올려도 임금이 받아들이지 않으면 공수표가 된다.

숙종 15년기사년, 장희빈의 아들을 원자 책봉 문제로 벌어진 기사환국으로 서인은 정권을 잃고 남인이 들어왔다. 남인은 미친 듯이 서인을 보복하고 조정에서 쫓아냈다. 그 빈자리를 남인으로 채우려고 하니 품계가 모자라는 관리가 수두룩했다. 예를 들어 판서는 정2품의 자리였으나 그 아래 품계로 제수했다. 행정체계가 제대로 되지 않았다.

기사환국은 서인을 죄 씌워서 죽이고 유배를 보냈다. 그 대신 같은 생각을 하는 반쪽 신하만 조정에 득실거렸다. 왕조국가에서도 견제와 균형이 필요했다. 좋은 정책은 서로의 다른 생각이 공방하고 타협해서 다듬어지기 때문이다.

남인은 다시 권력을 잡아서 온 세상을 얻은 듯했지만, 이 또한 금방 사라질 아침이슬에 불과했다.

― 남은 이야기 ―

# 기사환국으로 사라진 두 인물

### ▮▮▮ 서인이자 노론의 영수 송시열 ▮▮▮

송시열은 기사환국으로 교체된 남인의 탄핵으로 제주로 유배를 갔고, 숙종은 사약을 내렸다. 송시열은 제주에서 나치되어 육지로 돌아오다가 인현왕후가 폐위됐다는 소식을 들었다. 그는 식음을 전폐했고 정읍현에서 금부도사를 만나서 사사되었다. 숙종은 금부도사에게 송시열을 만나는 곳에서 형을 집행하라고 일러두었다.

송시열의 문하생 권상하는 스승의 사사 명령을 듣고, 스승 곁으로 달려갔다. 숙종 15년 6월, 송시열은 그의 손을 잡고 8글자를 남겼다.

"원통함을 머금고 애통함을 누른 채 부득이하게 할 때를 기다린다."●

송시열이 제자에게 마지막으로 부탁한 것은 주희, 즉 주자의 학문과 효종이 하고자 하던 북벌이었다. 송시열은 효종이 북벌을 이루지 못하고 승하하자, 그 아들과 손자인 현종과 숙종에게도 북벌 의지를 시험했으나 두 임금은 그럴 뜻이 없었다. 송시열은 자신의 문하생이라도 효종의 뜻, 북벌을 이어가기를 원했다.

조선왕조실록에서 '송시열'을 검색하면 약 3,930건의 기사가 나온다. 영의정을 지낸 황희는 약 1,400건, 신숙주는 약 2,400건, 유성룡은 약 1,470

● 함원인통 박부득이(含冤忍痛 迫不得已)

건이다. 송시열의 기사 건수가 압도적으로 많다.

송시열은 인조, 효종, 현종, 숙종까지 존재감 있는 대학자이자 정치가였다. 송시열이 조정에 참여하거나 상소를 올리거나 신하들끼리 송시열을 두고 공방을 벌이는 등 다양하게 거론되었다.

그 기록이 많은 만큼 송시열은 큰 나무였다. 큰 나무 아래 많은 제자가 모였고, 나무는 더욱더 커져서 햇빛을 폭넓게 받았고 영향력을 끼쳤다. 반면에 나무가 커지는 만큼 드리워진 그림자도 컸다.

붕당으로 서인이자 노론의 영수로서 평가는 다양했다. 그는 김장생의 문하로서 율곡 이이를 존경했고 일생의 가계家計로 삼았다. 그의 학문적 뿌리는 주희朱熹였다. 주자를 존경하고 흠모해서 주朱씨와 주朱와 발음이 같은 거미蛛까지 사랑했다고 한다. 그는 동방이학을 잇는 적전嫡傳으로서, 정조는 성인의 의미로 송자宋子로 올려주었다. 저서로『송자대전宋子大全』이 있다. 송시열은 83세로 생을 마감했다.

### ▮▮▮ 서포 김만중 ▮▮▮

서포 김만중도 기사환국의 희생양이었다. 김만중은 유능하고 강직한 관리였으며 숙종의 첫 번째 왕비 인경왕후 김씨의 작은 아버지이기도 했다. 숙종은 김만중을 대사헌, 도승지, 대제학, 예조판서, 병조판서 등으로 제수해서 매우 신임하고 중임을 맡겼다.

그러나 김만중은 장희빈과 그 어머니에 대해 간언을 올린 것이 문제가 되어 경남 남해에서도 외따로 떨어진 노도에 안치되었다. 편모슬하에서 자란 그는 유배 중이어서 어머니를 돌볼 수 없는 것을 한스러워했으며, 어머니를 그리워하며 글 읽기를 좋아하는 어머니를 위해서『사씨남정기』와『구운몽』등을 언문으로 썼다. 노도의 3년여 유배에서 태어난 작품이다. 개인적 불행이 문학사적으로 큰 업적을 남겼다. 김만중은 56세에 유배지 남해의 노도에서 죽었다.

숙종 18년 4월, 김만중의 졸기를 보면 칭찬 일색이다.

"사람됨이 청렴했고, 마음이 온화했으며, 효성과 우애가 돈독했다. 벼슬이 높았으나 가난하고 검소함은 유생과 같았다. 왕비의 친척이었지만 스스로 겸손하고, 경계해서 권세 있는 요직을 피해서 세상에서 대단하게 여겼다.

글솜씨가 기발하고, 시는 예스럽고 아담해서 조잡한 어구를 쓰지 않았다. 재주를 감추고 드러내지 않았다. 유배지에서 어머니의 죽음을 들었으나 분상할 수 없으므로 애통해서 울부짖다가 병이 되어 졸했다. 한때 슬퍼하며 상심하지 않는 사람이 없었다."

숙종의 변덕과 왕권강화를 위해서 송시열과 김만중 외에 수많은 조선의 인재가 뚜렷한 이유도 없이 죽임을 당했다. 이것으로 그치지 않았다.

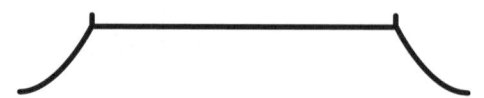

# 장희빈, 왕비에 오르다

숙종 15년 윤3월, 기사환국으로 서인이 물러가고 남인이 정권을 잡고 새로운 인재를 등용하기 위해서 과거시험을 치렀다. 대제학 민암이 시험을 주관해서 문제를 내걸었다.

"한나라의 악공이 사중가四重歌를 연주한다."

사중가는 한나라 사람들이 태자의 덕을 칭송한 노래였다. 즉, 장희빈이 낳은 아들을 칭송해서 세자로 올리자는 의미를 내포하고 있었다. 민암은 장희재와 끈끈한 관계를 맺고 있었고, 임금과 장희빈의 비위를 맞추고 인현왕후의 마음을 흔들려는 의도였다. 국가의 과거시험에 어울리는 문제가 아니었다. 사관은 민암의 출제가 '흉하고 사특하다'라고 비난했다.

### ●●● 숙종의 속내

숙종은 과거시험 20여 일 후 사헌부, 사간원, 홍문관을 만나서 인현왕후가 덕이 없다고 했다. 특히 왕비는 선왕의 꿈을 이야기하면서 귀인 김씨와 짜고 장희빈을 질투하고 화를 내고 비난했다고 했다. 다음은 숙종이 전한 인현왕후의 꿈 이야기다.

"선왕과 선왕비가 꿈에 나타났습니다. 저와 김귀인은 복과 자손이 많다고 했습니다. 반면 장희빈은 아들이 없고 복도 없다고 했습니다. 또한 장희빈은 남인들과 당이 되어서 국가에 이롭지 못할 것이라고 했습니다."

인현왕후가 실제로 이런 꿈을 꾸고 임금에게 말했는지 알 수 없지만, 숙종이 인현왕후를 질투심이 강한 여인으로 몰아가는 다분히 의도적인 발언이었다. 신하들은 난감했다. 왕조국가의 임금과 왕비는 부모와 마찬가지였다. 누구 편을 들 수 없었다. 승지 이시만이 먼저 말을 꺼냈다.

"부모의 불화에 자식의 마음이 편할 수 있겠습니까? 왕비의 잘못이 있더라도 서서히 진정시키면 될 것인데, 이처럼 드러내서 말씀하실 필요가 있습니까?"

참석자 대부분은 같은 발언을 했고, 두 분의 화평을 바랐다. 숙종은 인현왕후를 거듭해서 비난했으나 신하들이 자기 생각에 동조하지 않자 화를 냈다. 그리고 처음 말을 꺼낸 승지 이시만을 파직시켰다. 숙종은 이런 식의 결정이 많았다. 신하들의 의견을 듣겠다고 불러놓고 자신과 의견이 다르면 화를 내고 파직시켰다. 즉흥적이었고 다혈질이었다.

### ●●● 어수선하고 잔혹한 밤

4월 23일, 인현왕후의 탄생일에 드디어 일이 터졌다. 조정대신들은 당연히 모여서 탄신 축하하례를 올리려고 했는데, 임금은 축하하례를 못 하도록 하고, 대신들에게 임금의 명을 제대로 전달하지 못한 중전 내시를 잡아서 추고했다. 조정대신들은 빈청에 모여서 상소했다.

"중전 탄신일에 하례를 올리는 것은 상례입니다. 내시를 갑자기 죄주는 것은 뜻밖입니다. 중전 탄신일에 하례를 올리지 못하게 하는 것은 예가 아닙니다."

"지금 왕비는 마음씨의 고운 덕이 없고, 여곽의 패려한 행실만 있다. 장희빈을 원망하고 질투해서 임금을 능멸하고, 간악한 짓을 하는 것은 이전의 역사에서 듣지 못하였다."

숙종이 예를 든 여곽은 한나라의 여후와 곽후를 가리킨다. 여후는 한나라 고조의 황후로 후궁의 아들을 살해했고, 곽후는 효선제의 황후로 온갖 악행을 저지르고 자살했다. 인현왕후를 행실이 몹시 나쁜 여후와 곽후에 비유한 것이다.

또한 숙종은 인현왕후가 원자의 탄생을 경사스럽게 여기지 않고 오히려 노여운 기색을 띠면서 불평만 늘어놓고 모함한다고 했다.

"이런 사람이 일국의 국모로 군림할 수 있는가?"

신하 대부분은 장희빈을 지지하는 남인이었지만 어안이 벙벙했다. 왕비를 쫓아낼 생각은 하지 않았기 때문이다. 영의정 권대운은 부부 사이에 무슨 큰일이 있기에 이런 말씀하시느냐고 반문했고, 다른 대신들도 임금과 왕비의 화해를 바랐다. 그러나 숙종은 신하들의 바람대로 하지 않았다.

영의정 권대운 등 조정대신들은 임금의 마음을 돌리기 위해서 다시 청을 올렸다.

"임금께서 왕비를 쫓아내겠다는 말씀은 신하들이 차마 들을 수 없는 말씀입니다. 신들은 황공스럽고, 위축돼서 어찌할 줄을 모르겠습니다."

홍문관 교리 강선도 인현왕후가 국모가 된 지 10년이 되었으나 덕을 잃지 않았다고 했다. 형조판서 이우정도 화평하기를 바랐다. 한성부 우윤 권열도 결단코 불가한 일이라고 했고, 사헌부 헌납 이만원은 고개를 들고 언성을 높여서 반대했다.

숙종은 앞에 있는 책상을 밀치면서 성난 목소리로 꾸짖고, 간언하는 신하들에게 바로 파직의 명을 내렸다. 특히 고개를 들고 반대한 이만원은 먼 변경으로 유배의 명을 내렸다. 숙종은 신하의 의견을 인사권과 형벌권으로 억눌렀고, 이러한 조치는 연산군의 닮은꼴이었다.

현직의 신하들은 임금의 눈치를 보았고 반대해도 효과가 없었다. 전직의 관리들이 나섰다. 전 형조판서 오두인 등 86명이 상소했다.

"인현왕후께서 안팎으로 잘못했다는 것을 듣지 못했습니다. 신하와 백성은 왕비를 우러러 추대하는 마음이 간절합니다. 저희는 조정에 나가서 아뢸 수 없으므로, 서로 이끌고 와서 상소로 간절히 호소합니다."

숙종이 상소를 읽은 것은 어두운 때였다. 역시 화를 내고 승지와 내관에게 친국할 것이니 3경까지 형틀을 준비하라고 했다. 승지와 내시가 밤이 너무 늦었고 형틀을 준비하기 어렵다고 했으나 소용이 없었다. 임금은 우선 인현왕후의 오빠 민진후 형제를 잡아다가 국문하라고 명했다.

또한 전직의 상소에서 맨 위에 이름을 올린 오두인의 아들 해창위 오태주의 관작을 삭탈했다. 오태주는 현종의 셋째 딸 명안공주의 남편으로 숙종의 매부였다. 임금은 매부까지 의심하고 죄줌으로써 인현왕후를 쫓아낼 심산을 보여주었다.

이날 밤은 어수선했고 잔혹했다. 상소에 이름을 올린 사람들이 잡혀왔다. 임금의 직접적인 명으로 형틀의 모진 고문이 시작되었다. 장을 때리고 압슬형을 가하고 낙형을 시행했다. 낙형은 옷을 벗기고 넓적다리에 지지게 했다. 영의정 권대운은 차마 보지 못하고, 낙형을 온몸에 지지는 것은 법률에 어긋난다고 했다.

"어느 곳을 지져야 하는가?"

"낙형의 법규는 발바닥을 지질뿐입니다."

모진 고문을 당해도 모두가 당당했다. 인현왕후를 지키는 것이 나라를 위한 것이라는 신념이었다.

오두인은 형조판서로서 지의금부사를 겸했는데, 남인이 서인을 고문하려고 하자 그 사건을 맡으려고 하지 않았고 결국 파직되었다. 오두인은 상소의 맨 위에 이름을 올렸다.

"상소는 모든 대소 신하의 뜻을 모아서 호소했습니다. 한 사람이 주관하지 않았습니다. 신은 조정에 참여할 수 없으므로 어리석은 충정을 상소로 아뢰었습니다."

오두인 외에 상소문의 대표 집필자 박태보도 형틀의 고문을 받았으나 전하가 오히려 나라를 망친다고 반문하며 자신은 죄가 없다고 주장했다. 숙종의 공부 스승이었고, 암행어사로 평판이 좋았으며 홍문관의 촉망받는 관리였다.

오두인은 의주, 박태보는 진도로 유배의 명을 받았다. 이들이 감옥을 나와서 유배지에 오르자, 한성의 사녀들은 길을 가득 메우고 '충신의 얼굴을 보고 싶다'라고 눈물까지 흘렸다. 인현왕후 폐출에 대한 당시의 민심을 엿볼 수 있다. 오두인과 박태보는 모두 고문의 후유증으로 각각 65세와 39세에 죽었다.

이들뿐만 아니라 인현왕후의 폐출을 반대하다가 많은 인재가 죽거나 유배를 갔다. 이는 나라의 손실이었다. 인재는 다른 세대에서 빌려올 수 없기 때문이다. 숙종은 5년 후, 이 사건을 후회하고 반성해서 오두인은 영의정, 박태보는 판서로 추증했다. 그러나 인재들은 이미 땅속에 있었다.

숙종은 앞으로 인현왕비 폐출을 반대하는 상소를 올리면 반역죄로 다스리겠다고 했다. 인사권과 형벌권을 휘둘러 조정 신하의 입을 틀어막았다. 장희빈의 총애에 귀 막고 눈 가리는 꼴이었다.

### ●●● 인현왕후를 폐하다

숙종 15년 5월, 임금은 인현왕후를 폐하고 서인으로 삼았다. 숙종이 밝힌 이유는 성종 때 쫓겨난 폐비 윤씨보다 더 투기를 했고, 선왕과 선왕비의 꿈을 끌어들여서 종사종묘와 사직, 나라에 죄를 지었다는 것이다. 그러나 사관은 전혀 다르게 평가했다.

"인현왕후는 후궁장희빈을 지칭의 투기와 이간질이 있었고, 간신의 부추김으로 핍박받아 폐출의 액운을 당했다. 왕비의 행동과 말씀에 한 가지도 지적할 만한 잘못이 없었다. 신하와 백성은 왕비의 허물이 없음을 더욱더 알았다."

인현왕후는 창덕궁의 요금문을 나와서 소교素轎, 장식이 없는 가마를 타고 본가로 돌아갔다. 전·현직 관리뿐만 아니라 유생들도 길을 가득 메우고 곡하면서 가마를 뒤따랐다.

숙종은 인현 왕비를 내보낸 4일 후인 5월 6일, 장희빈을 왕비로 삼는 전지를 내렸다.

"장희빈은 좋은 집안에 태어나서 효성스럽고 공손하며 검소하다. 후궁의 덕이 드러나 나라의 국모가 될 만하다. 이에 빈을 왕비로 삼노니 예조는 모든 예절에 따라서 거행하라."

숙종은 명나라에 왕비를 교체하겠다는 사신을 보내고, 이듬해 황제의 고명이 내려왔다. 인조의 비 장열왕후의 상제를 마치고, 숙종 16년 9월 16일 왕비 책봉식을 거행했다. 장희재와 가까운 대제학 민암이 지은 글이다. 민암은 과거시험 문제로 장희빈에게 아부한 적이 있었다.

"장씨는 일찍부터 아름다운 자태를 타고나고 훌륭한 가르침을 베풀었다. 행동거지가 법도에 맞으므로 명성의 향기가 퍼졌다. 왕비의 자리가 비었으므로 왕비로서 책명冊命, 책봉하는 명령한다."

장희빈은 역관 집안의 딸로 궁궐에 들어와서 숙원에서 빈까지 올랐고, 이제 나라의 국모가 되었다. 중인 집안의 여인으로서 첫 사례였다. 왕비로 책봉 받기 약 한 달 전 둘째 왕자가 태어났으나 열흘 만에 죽었다. 장희빈은 비록 둘째 아들을 잃었으나 왕비가 되었으므로 구름 위를 걷는 기분이었을 것이다.

역사를 보면, 최고 꼭대기의 바로 아래는 보이지 않는 위험이 도사리는 경우가 많다. 구름 위를 걸을 때 오히려 권력을 내려놓고 더욱더 겸손하게 자세를 낮추어야 했다. 장희빈에게 그런 기대를 하는 것은 연목구어에 불과했다.

장희빈이 누리는 권력과 행복도 오래가지 않았다. 구름 위의 높은 곳에서 떨어지는 만큼 그 상처도 깊었다.

# 갑술환국,
# 인현왕후에게 손을 내밀다

숙종 15년 5월, 임금은 인현왕후의 신분을 서인庶人으로 폐하고 내쫓았다. 인현왕후는 옛집으로 돌아왔다. 부친 민유중은 이미 돌아가셨고 전 좌의정이었던 바로 위 큰아버지 민정중은 인현왕후 폐출과 함께 탄핵받아 유배를 갔다. 민씨 집안의 기둥들은 모두 제 역할을 할 수 없으므로 인현왕후는 어려운 처지였다.

숙종은 신하들의 건의에도 불구하고 먹을거리와 입을 거리를 마련해 주지 않았다. 시녀도 붙여주지 않았다. 오히려 서인이 된 민씨에게 별궁의 거처나 생활대책을 건의하는 신하들에게 중벌로 다스리겠다고 했다.

인현왕후는 세상의 한파를 홀로 맞닥뜨려야 했다. 인현왕후의 삶은 기록이 없어서 구체적으로 알 수 없으나, 상황으로 봐서 매우 곤궁하고 고단한 삶이었음을 추측할 수 있다. 이러한 사이 5년여의 세월이 흘렀다.

인생은 때로는 본인의 의도와 다르게 흘러간다. 어떤 욕심이 지나칠 때 더욱더 그런 것 같다. 좌의정 민암의 예가 여기에 해당할 수 있다.

### ●●● 남인의 영수 민암의 고변

민암은 인현왕후 폐출 이후 최고의 실세였다. 민암은 새롭게 국모가 된 장희빈의 오빠 장희재와 돈독한 사이였다. 민암은 남인의 영수로서 더 이상 부러워할 것이 없는 지위와 권력을 가졌다. 그런데 한 발 더 욕심을 내고 싶었을까?

민암은 좌의정으로서 금영禁營, 궁궐 호위 제조까지 겸하고 있었는데, 금영의 군관 최산해와 그의 매부 함이완을 통해서 들은 내용을 아뢰었다. 전 승지 한구의 아들 한중혁 등 주로 서인의 자녀들이 모여서 당을 이루어 돈을 내고 활쏘기도 하면서 계략을 꿈꾸고 있다는 것이다. 반역을 암시했다.

숙종은 이들을 잡아와서 엄한 형벌을 사용해서라도 진상을 밝히라고 했다. 잡혀온 자 대부분은 서로 아는 지인으로서 돈거래는 있었지만, 조직적인 모의는 하지 않았다고 반역을 부인했다.

또 유학 김인, 서리 박귀근 등의 다른 고변이 있었다. 그들은 장희재가 숙원 최씨영조의 어머니로 숙종의 사랑을 받고 있었다를 독살하려고 했고, 신천 군수 윤희가 반역을 도모하는데 좌의정 민암과 병조판서 목창명, 호조판서 오시복 등과 연결되었다는 것이다.

민암은 서인의 자제들을 반역죄로 몰아 남아 있는 서인을 제거하고자 했다. 그러나 그의 의도와 달리 반대편에서도 그를 반역혐의로 고발했다. 남인과 서인, 양쪽에서 서로를 죽이고자 반역혐의로 몰아서 칼을 겨누었다. 숙종은 어느 손을 잡을까?

### ●●● 남인의 몰락과 서인의 등용

국문하는 관리는 주로 남인이었다. 숙종 20년 3월, 특히 영의정 권대운은 서인 쪽의 유학 김인을 흉악한 자라고 깎아내렸다.

"김인은 윤희와 함께 나라를 원망하는 서인을 고발하려고 했는데, 오히려 윤희를 고발하고 있습니다. 그의 말이 모순됩니다. 끝까지 추궁해야 합니다."

권대운은 장희재가 숙원 최씨를 독살하려고 했다는 것도 인정에 맞지 않다고 했다. 영의정으로서 공평무사하게 진실을 밝히려는 노력보다 자신의 편 남인은 옹호하고 상대편 서인은 공격했다.

그러나 숙종은 권대운 등 조정대신들과 생각이 달랐다. 민암에게 고발당한 한중혁과 김인 등의 말에 더 무게를 두고 있었다. 또한 임금은 좌의정 민암이 함이완을 따로 만나서 사전에 말을 맞춘 정황을 의심하고, 금부 당상이 서인을 죽이려고 옥사를 확대한 것도 문제 삼았다.

숙종 20년 4월, 임금은 기사환국 이후 국사를 같이한 남인과 민암에게 의심의 눈길을 보냈다.

"예전에 추고받은 자남인가 이제는 도리어 국문하고, 예전에 죄를 정하던 자서인가 이제는 오히려 극형을 받게 되었다. 임금을 우롱하고 참된 신하를 죽이는 상황이 통탄스럽다. 국문에 참여한 대신 이하는 모두 관작官爵, 관직과 작위을 삭탈하고 문외 송출하라. 특히 좌의정 민암과 금부 당상은 외딴섬에 안치하라."

숙종은 남인을 내치고, 서인을 다시 등용할 것임을 암시했다. 민암은 함이완의 고변을 통해서 서인의 싹을 자르고자 했으나 오히려 되치기를 당했다. 상황이 그가 설계한 반대 방향으로 흘러가고 있었다. 일주일 전만 해도 상상할 수 없는 나락으로 떨어진 것이다. 숙종 20년갑술년에 벌어진 '갑술환국'이다.

숙종의 갑작스러운 태도 변화로 하룻밤 사이에 조정의 핵심 관리 수십 명의 관작을 삭탈당했다. 특히 승지와 삼사홍문관·사헌부·사간원 모두를 파직시켰다. 민암의 움직임을 모두 알았을 것이라는 이유였다. 승지와 삼사를 한꺼번에 파직한 것은 연산군과 광해군 때도 없던 일이었다. 숙종은 옹고집도 셌지만 변덕도 너무나 심했다.

남인과 서인의 고변으로 의금부 감옥은 죄인(?)들이 넘쳤다. 서로의 고발이 치열했음을 알 수 있다. 이후 남인이 고발한 서인들은 대부분 풀어주었다.

숙종이 서인을 등용할 것임이 명확해졌다. 민암도 제주도로 유배 가서 결국 사약을 받았다. 그의 줄기는 나쁜 평판만 기록되어 있다.

"민암은 야비하고 간사했고, 장희재와 결탁해서 인현왕후를 폐출하도록 했으므로, 이전의 역사에서 들을 수 없는 무거운 죄를 저질렀다. 사람들은 그를 공개 처형하지 못한 것에 분노했다."

세 번째의 환국이었다. 서인과 남인 모두 몇 년씩 번갈아 가면서 이유 없이 죽거나 유배를 갔다. 나와 생각이 다른 상대편을 죽이고자 했으나, 그것이 오히려 부메랑이 되어 자신의 생명을 잃었다. 생각이 다른 상대를 인정하고 토론하고 양보하고 타협하지 않은 결과였다.

### ●●● 장희빈의 날개를 꺾다

숙종 20년, 갑술환국으로 남인은 몰락했다. 이러한 국면 전환은 인재가 조정을 떠나는 나라의 큰 손실이었다. 숙종 20년 윤5월, 갑술환국으로 영의정에 복귀한 남구만은 그 폐단을 지적했다.

"과거시험을 자주 본 것도 당저當宁, 현재의 임금와 같은 적이 없고, 문재文才가 끊어진 것도 오늘과 같은 적이 없습니다. 의금부의 처벌 문안을 작성하는 데도 여간 어려움을 겪지 않으므로 개탄스럽습니다."

남구만은 살아서 돌아왔지만, 그동안 서인 혹은 남인으로 죽은 자는 부지기수였다. 숙종은 기사환국으로 유배를 갔거나 죽은 서인을 복관했다. 송시열도 복관시키고 과거를 후회했다.

"송시열은 효종의 특별한 대우를 받았으므로 어찌 차마 다른 뜻모반을 가졌겠는가? 과인의 지난날 사사 명령이 마땅하지 못해서 저승에서 원망을 품지 않겠는가? 스스로 꾸짖고 후회한다."

또한 당시 송시열을 죄주라고 청한 사람을 찾아내서 벌주라고 했다. 송시열을 사사한 것은 자기 뜻이 아니라 신하의 탓이라고 돌렸다. 숙종은 늘 이런 식이었다. 임금으로서 최종 결정을 내렸으나 그 책임은 회피하려고 했다.

숙종 20년 4월, 임금은 민씨<sub>인현왕후</sub>를 불러들이라는 명도 내렸다.

"예전부터 폐출한 왕후를 선처하고 위엄과 은혜를 베풀어 너그럽게 용서하는 도리가 있었다. 예조는 인현왕후를 별궁에 두어서 병사가 지키고 먹을거리를 마련해 주라."

숙종은 인현왕후에게 다시 손을 내밀었다. 왕비에 오른 장희빈을 끌어내리겠다는 의미였다. 궁궐에 두 명의 왕비가 존재할 수 없기 때문이다.

장희빈의 지지 세력인 남인은 사라졌다. 그녀의 날개도 꺾였다. 인현왕후의 지지 세력인 서인은 유배에서 돌아왔고 등용되었다. 인현왕후는 숙종의 내민 손을 잡을까?

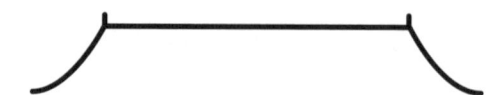

# 숙종의 손편지와 인현왕후

5년 전인 숙종 15년, 임금은 인현왕후의 단점을 열거하면서 쫓아냈다. 인현왕후를 지지한 서인도 풍비박산이 났다. 많은 신하가 형틀이나 유배지에서 죽거나 세월을 낚아야 했다.

그리고 5년 후인 숙종 20년, 임금은 이번에는 남인을 쫓아내고 서인을 불러들였다. 장희빈을 내치고 인현왕후를 복귀시키고자 했다. 장희빈은 세자의 생모로서 국모인데 쫓아내려는 것이다.

### ●●● 인현왕후를 다시 불러들이다

숙종은 인현왕후를 복귀시키기 위해 예조에 명을 내리고 공식 절차를 밟게 했다. 숙종 20년 4월, 임금은 내시를 인현왕후에게 보냈다. 그런데 바깥문이 잠겨 있었다. 내시가 문을 열어달라고 열쇠를 청했으나, 인현왕후는 여염집이 나지막해서 바깥에서 안을 볼 수 있으므로 혹시 사람의 출입이 염려되어 문을 봉쇄했고, 임금의 명이 있더라도 따를 수 없다고 했다. 내시가 두세 번 다시 문을 열어 달라고 청했으나 인현왕후는 요지부동이었다.

내시는 궁궐로 가서 임금에게 그 사정을 아뢰었다. 그리고 "집을 호위하겠다. 외부인의 출입은 염려하지 않아도 좋다"라는 임금의 명령을 받아왔다. 인현왕후도 계속 거절할 수 없어서 열쇠를 주었다. 내시가 문을 열고 마당에 들어가니 풀이 우거져 인적이 끊어진 폐허 같았다. 내시뿐만 아니라 같이 간 군졸들도 그 광경을 보고 저절로 눈물이 흐를 정도였다.

내시는 군사들에게 집을 지키게 하고, 임금의 허락을 받아서 백성들을 동원해서 마당의 풀을 뽑았다. 내시는 인현왕후에게 필요한 생활 물품을 올렸다.

"이것은 미천한 신분이 받을 수 없다. 어찌 죄인이 국가의 물건을 받을 수 있겠는가?"

인현왕후는 여전히 자신을 죄인으로 칭하고, 나라의 물건을 받을 수 없다고 거절했다. 내시는 이러한 사정을 임금에게 아뢰었다.

### ●●● 인현왕후의 외면

숙종은 그동안의 심정 변화에 대한 소회를 손수 글을 써서 보냈다. 숙종과 인현왕후의 편지는 며칠간 교환되었는데, 모두 『숙종실록』 20년 4월 12일 수록되어 있다.

간신에게 농락당해서 (그대를) 잘못 처분하였다. 그대의 억울한 심정을 깊이 알았고 세월이 갈수록 답답했다. (그대가) 꿈속에서 내 옷을 부여잡고 비 오듯이 눈물 흘리기도 했고, 과인 역시 눈을 뜨고 안절부절못했다. 옛 인연을 다시 이으려고 자나 깨나 잊지 않았으나, 국가의 처사라서 쉽게 결정하지 못하고 머뭇머뭇해서 햇수로 6년*이 지났다. 이제 간신을 내치고 옛 신하를 다시 거두어 쓰고, 그대를 별궁으로 옮길 수 있게 되었다. 어찌 다시 만날 기약이 없겠는가?

　숙종은 5년 전의 처분을 신하의 탓으로 돌리고, 개인적인 감정이 없음을 밝히고 옛 인연을 다시 이어가고 싶다고 했다. 5년 전 매정한 말로 인현왕후를 내쳤던 싸늘한 모습과는 딴판의 글이었다.
　인현왕후는 마루에 탁자를 설치하고 꿇어앉아서 편지를 읽었다. 지아비였지만 임금이기 때문이다. 복잡한 감정이 밀려왔을 것이다. 답서를 썼다.

　첩의 죄는 죽어야 마땅한데 성은이 나왔습니다. 이 죄명으로 죽지 않고, 사람 사는 세상에서 낯을 들고 사는 것이 한스러웠습니다. 천만뜻밖에 어찰이 내려져서 감히 감당할 수 없는 말씀을 읽고 감격의 눈물만 흘릴 뿐입니다. 첩을 별궁으로 옮기라는 명은 받들 수 없으므로 아뢸 바를 모르겠습니다.

* 원문은 6년으로 돼 있으나 실제는 5년

인현왕후는 스스로를 첩과 죄인으로 낮추었다. 임금에 대한 원망을 '한스러웠다'로 돌리고, 임금의 명을 따를 수 없음을 내비쳤다. 숙종은 상궁과 시녀를 통해서 왕비의 의복을 보냈으나, 인현왕후는 이 또한 입을 수 없다고 했다. 인현왕후의 감정이 얼마나 꽁꽁 얼어붙는지를 알 수 있다. 숙종은 다시 편지를 썼다.

> 어제 보내준 답서를 읽으니 만나서 이야기하는 것과 다름이 없었소. 기쁨이 넘쳐서 열 번이나 읽고 또 읽으면서 눈물이 흐르는 것을 주체할 수 없었소. 경복당으로 거처를 옮기고 필요한 물품을 내리는 것은 그동안의 후회에 대한 자그마한 정성이오. 조정대신들도 나와 뜻을 같이하오. 너무 지나치게 사양하지 말고 보내준 의복도 편히 입고 옥교玉轎, 가마를 타고 오시오. 내일 다시 만날 것을 기약하면서 이만 줄이오. 다시 한 번 보내준 물품을 모두 받고 답서를 바라오.

숙종은 인현왕후를 쫓아낼 때 "올바른 덕은 없고 오히려 시정잡배의 패려한 행실만 남아 있다", "투기하는 마음으로 임금을 능멸하는 간악한 짓을 한다"라고 악담을 퍼부었는데, 이제 그러한 말은 사라졌다. 인현왕후의 답서를 "열 번이나 읽고 눈물을 흘렸다", "후회"라는 구절에서는 숙종의 급격한 심경 변화와 지아비로서 다감한 모습을 보여주었다. 인현왕후도 답서를 썼다.

> 필요한 물품과 감당할 수 없는 옷까지 내리셔서 황공스러워

어찌할 바를 모르겠습니다. 또한 어찰을 내리셔서 간절한 말씀을 전하시니 천은이 망극해서 땅에 엎드려 흐느낍니다. 임금의 성의를 사양하는 것은 더욱더 큰 죄입니다. 그러나 옥교와 의복의 의장 절목은 너무나 분수에 넘쳐서 감당하기 어려워 끝내 받들기가 어렵습니다. 성상께서 굽어 살피시어 모두 도로 거두어 주십시오. 그렇게 하시면 죄 많은 폐서인이 하늘 같은 성덕을 입어 조금이라도 마음을 편하게 할 수 있습니다.

인현왕후는 임금의 태도 변화에 북받치는 감정을 억누르면서도 "옥교와 의복을 받들 수 없다"라고 해서 임금의 명을 선뜻 따르지 않음을 내비쳤다. 임금의 진짜 속내를 파악하고 싶었을지도 모른다. 인현왕후는 숙종의 변덕을 잘 알기 때문이다.

숙종은 세 번째 편지를 보냈다.

그대의 손 편지를 잇달아 보니 얼굴을 보는 듯해서 너무 기쁘고 가슴이 후련하오. 밤은 깊은데 번민이 떠나지 않는구려. 너무 사양하지 말고 좋은 날에 들어오기를 바라오. 또 회답을 주오.

인현왕후는 바로 답서를 올렸다.

오늘 또 어찰을 받으니 황공스럽고 조심스러울 뿐입니다. 임금이 명령을 두세 번 간절하게 내리시는데, 그 뜻을 어기는 것은 더욱더 큰 죄를 짓는 것임으로 저의 개인 사정을 마냥 고

집할 수는 없습니다. 이번에 내리는 은혜는 너무나 감당하기가 어려워 더욱더 황공스럽게 감격해서 어찌할 바를 모르겠습니다.

인현왕후는 마침내 5년 동안 꽁꽁 얼어붙었던 마음의 빗장을 열었다. 숙종이 보낸 세 번의 손 편지로 그 진심을 어느 정도 확인하고 마음을 녹였을 것이다.

### ●●● 인현왕후의 복귀, 또 하나의 비극 잉태

숙종 20년 4월 12일, 인현왕후는 평소에 입은 명주옷 위에 임금이 내린 웃옷을 입고 옥교를 타고 경복당으로 갔다. 인현왕후가 궁궐로 향하는 길은 인산인해였다. 사대부에서 종들까지 배웅을 나와서 기뻐서 날뛰기도 하고 환희의 눈물을 흘렸다. 궁궐로 가는 길이 막혀서 "비켜라"라고 외쳐도 밀려오는 인파를 막을 수 없었다.

백성뿐만 아니라 성균관 학생, 유생 및 전 관리까지 모두가 길 옆으로 비켜서서 궁궐로 향하는 인현왕후를 따뜻한 마음으로 맞이했다.

또한 눈물바다가 된 곳이 있었다. 인현왕후가 5년 동안 거처한 곳이다. 백성들은 왕후에서 폐서인으로 전락한 5년의 삶이 너무나 초라한 것을 보고 눈물을 감출 수 없었다. 이곳은 몇 날 동안 백성들의 방문지였다.

숙종은 경복당에서 인현왕후를 기다렸다. 인현왕후의 옥교가 이르렀다. 궁녀가 발을 걷었다. 인현왕후가 내려 엎드려서 사죄하려는데 임금이 붙들어 일으켜서 안으로 들어갔다. 임금이 왕비의 자리에 오르도록 권했으나 인현왕후는 자리에 오르지 않고 다시 죄를 빌었다. 임금은 인현왕후를 달랬다.

"모든 것은 과인이 경솔했던 허물이오. 과인이 번번이 충언을 살피지 못한 것이 후회스럽소. 그대가 어찌 빌 만한 죄가 있는 것이오? 그대는 더 이상 겸양을 하지 않아도 좋소."

그러나 인현왕후는 다시 한번 스스로 물러나는 말을 아뢰었고, 임금은 왕후를 다독이어야 했다.

"과인은 이미 그대의 억울한 심정을 다 알았고, 과인의 뉘우침을 밝히지 않았소. 오늘 이렇게 다시 만난 것은 다 이치에 합당하오. 그런 말을 하지 않기를 바라오."

숙종은 거듭 왕후를 달래고 타일렀다. 그리고 세자에게 인사를 올리게 했다. 세자는 장희빈이 낳았으나, 인현왕후의 아들로 올려져 있다. 조정 신하의 문안 단자도 만들었다. 왕비의 책봉식은 하지 않았으나 왕비로 대우한 것이다.

장희빈은 이날까지 엄연히 국모로서 궁궐의 안주인이었으나 별당으로 물러가게 했다. 왕비의 전각, 내전은 인현왕후를 위해서 비워 두었다.

숙종은 같이 대내로 들어가자고 했으나 인현왕후는 굳이 사양하고 엎드려서 일어나지 않았다. 임금은 어쩔 수 없이 혼자 들어가고, 그 대신 상궁에게 단단히 일렀다.

"중전을 모시고 침전으로 들어오지 못하면, 중죄가 있을 것이다."

궁녀들은 왕후를 좌우에서 시위하고 부축해서 양심합으로 모셔가서 침실을 마련했다. 양심합은 왕비의 전각, 대조전의 남쪽 행랑이었다. 인현왕후는 복귀 첫날, 왕비전으로 들어가지 않았다. 10여 년 살았던 궁궐이었지만 적응 시간이 필요했다. 사관은 지난 잘못을 뉘우친 숙종에 대해서 개인적인 의견을 덧붙였다.

"성인聖人을 제외한 모든 사람은 허물이 있다. 그러나 허물을 고치면 그 허물이 없는 것과 같다. 임금이 인현왕후를 쫓아낸 것은 큰 허물이었다. 그 허물을 뉘우쳐서 고쳤기 때문에 하늘의 이치와 인심이 따를 수 있었다."

숙종은 손 편지를 세 번이나 보내서 후회와 반성의 뜻을 전했고, 인현왕후는 얼음 같은 차가운 마음을 서서히 녹였다. 그리고 궁궐로 돌아와서 왕비로 복귀했다. 그 반대는 장희빈의 추락을 의미했다. 인현왕후와 장희빈, 무게가 나란히 같은 저울이 아니었다. 한쪽이 올라가면 다른 쪽은 기울었다.

장희빈은 별궁으로 물러나서 조용히 지낼 것인가? 그녀는 뒤집기를 시도할 것인가? 궁궐의 불씨는 여전히 남아 있었다. 하나의 평화는 또 다른 비극을 잉태했다.

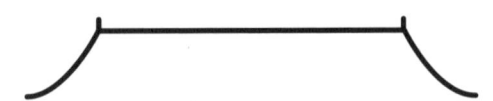

# 장희빈은 어떻게 죽었나?

장희빈은 영화와 TV의 단골 소재였다. 영화는 3편, 드라마는 6편이나 제작되었다. 장희빈 역으로 영화는 김지미·남정임·윤여정이고, 드라마는 이미숙·전인화·정선경·김혜수·이소연·김태희 등이 맡았다. 당대 최고의 여배우들이다.

장희빈이 이처럼 영화나 드라마로 많이 제작된 것은 극적인 요소가 많기 때문이다. 장희빈은 궁녀로 들어와서 후궁이 되고, 후궁의 최고 직위, 빈까지 올랐으며, 한 번 더 신분이 상승해서 왕비까지 오른다. 역관 집안의 궁녀가 왕비가 되는 유일한 사례다. 그러나 반전이 일어났다. 왕비에서 다시 빈으로 추락해서 자진했다.

장희빈과 대비되는 인물이 있었다. 숙종의 두 번째 왕비 인현왕후였다. 인현왕후는 사대부 출신으로 왕비에 올랐으나 서인으로 쫓겨났고, 다시 왕비에 오른다.

조선처럼 왕조국가는 대를 이을 아들이 있느냐, 없느냐가 매우 중요했다. 인현왕후는 왕비로서 자식이 없었고, 장희빈은 후궁으로서 임금의 첫아들을 낳았다. 인현왕후는 덕이 있는 착한 역이었지만 어깨가 움츠러들고, 장희빈은 욕망이 가득한 악한 역이었지만 고개를 들 무기아들를 갖추었다.

인현왕후와 장희빈은 시소였다. 한쪽이 올라가면 반대편은 내려갔다. 그 이면에는 서인과 남인의 정치적 세력이 있었고, 두 세력은 치열하게 싸웠다.

인현왕후와 장희빈의 엎치락뒤치락, 서인과 남인의 정치적 세력 싸움, 그 중간에 오락가락 행보를 보인 숙종, 이러한 내용들이 대중의 흥미를 끄는 극적인 요소로 작용했을 것이다.

### ●●● 인현왕후의 죽음

숙종 20년 4월, 인현왕후는 다시 궁궐로 들어왔으나 건강이 좋지 않아 시름시름 앓았다. 『숙종실록』은 인현왕후의 병과 관련해서 '편치 못한 증후, 환후가 위중, 다리 통증, 메스껍고 토하는 기분, 명치가 꽉 막히는 증세' 등으로 기록하고 있다.

숙종은 24시간 간호하는 의약청도 설치했다. 약방의 총책임자 남구만이 대기하고, 인현왕후의 오빠 병조참판 민진후가 돌보았으며, 세자후일 경종도 궁을 떠나지 않고 약탕 시중을 들었다. 세자는 장희빈이 낳았으나 법적인 어머니는 인현왕후다.

정기의 과거시험인 식년시와 별과 시험도 1년을 연기했다. 때로는 약방의 치료 효과가 있어서 내의원의 품계까지 올려주었으나, 인현왕후는 복위 7년 후 결국 일어서지 못했다. 인현왕후는 숙종 27년 창경궁 경춘전에서 34세의 나이로 승하했다.

인현왕후의 승하를 몰래 지켜보면서 속으로 쾌재를 부르는 이가 있었다. 바로 장희빈이다. 그녀는 인현왕후 복위로 다시 후궁으로 추락하자 재기를 노렸다.

장희빈은 무녀와 궁녀를 사주해서 인현왕후를 저주하고 죽이기 위해서 굿도 하고 궁궐의 전각에 흉물을 묻었다. 마침내 소원대로 되었기에 왕비의 빈자리에 다시 오르는 달콤한 꿈을 꾸었을 것이다.

### ●●● 장희빈의 몰락

그러나 장희빈의 뜻대로 세상이 흘러가지 않았다. 인현왕후의 죽음은 오히려 장희빈의 목숨을 재촉했다. 인현왕후 승하 한 달 후 장희빈은 죽는다. 시계를 조금 과거로 돌려보자.

인현왕후가 쫓겨난 5년 만에 궁궐로 돌아왔으나 문제가 불거졌다. 나라에 왕비가 두 명이다. 숙종 20년 4월 12일, 임금은 '비망기'를 내려서 장희빈을 왕비에서 강등시켰다.

"장씨張氏, 장희빈을 지칭의 왕비 인장을 거두어 빈으로 강등시키고, 세자의 아침저녁 문안 인사는 폐하지 않도록 하라."

숙종은 장희빈을 왕비에서 쫓아내고 인현왕후의 복위를 종묘에 알렸다. 종묘에 알리는 것은 관련 절차가 마무리되었고 바꿀 수 없음을 의미했다.

그러나 임금의 비망기와 종묘에 고했음에도 불구하고, 세자를 낳고 5년간 국모를 한 장희빈의 대우를 다른 후궁과 달리해야 한다는 상소가 이어졌다. 신하들의 이러한 상소는 왕의 결정에 대한 신뢰성을 떨어뜨렸고, 장희빈에게 희망을 품게 했다.

인현왕후는 복위 후 병조참판이자 오빠 민진후에게 눈물을 줄줄 흘리면서 하소연했을 정도였다.

"궁중의 사람들이 모두 장희빈에게 기울어졌고, 심지어 장희빈의 시녀들이 나의 침전 창구멍을 뚫고 안을 엿보아도 꾸짖는 사람이 없어서 한심했지만 어쩔 수 없었다"

"누가 감히 이러한 사실을 주상에게 알리겠는가? 괴롭다."

후궁의 시녀들은 중전의 뜰에 허가 없이 들어갈 수 없다. 그럼에도 장희빈의 시녀들은 거리낌 없이 드나들었다. 국왕이 신하들과 의견을 사전에 충분하게 조율하지 않고 비망기로 독단의 결정을 내린 폐해였다.

숙종 27년 9월 25일, 임금은 인현왕후가 승하한 한 달여 후 또 비망기를 내렸다. 한나라 무제가 구익 부인을 죽인 예를 들었다. 구익 부인은 장희빈처럼 후궁으로서 아들을 낳았고 그 아들이 후계를 이었다. 무제는 "어린 임금에게 젊은 어미가 있으면 폐단이 있을 것이다"라고 해서 구익 부인을 죽였다. 숙종은 구익 부인의 예처럼 젊은 어미의 폐단을 막기 위해서 장희빈을 죽이겠다는 의도였다.

"희빈의 죄가 이미 밝게 드러났다. 만약 조처하지 않으면 후일이 염려된다. 이것은 국가와 세자를 위한 것이다. 장 씨장희빈을 지칭는 자진하라."

숙종의 비망기는 이 또한 신하들과 충분히 논의하지 않은 결정이었다. 심지어 승정원의 승지조차 알리지 않았다. 임금을 바로 곁에서 모시는 시종 신하들은 반발했다.

"죄가 밝게 드러났다고 했습니다만, 우리는 장씨의 죄를 알지 못합니다."

"조정에서는 알지 못하고 한밤중에 처분하였다고 역사에 기록된다면, 이것은 성군이 하는 일입니까?"

임금이 신하들과 충분하게 논의하지 않은 채 5년 간의 국모이자 세자의 생모를 죽이는 것에 반발했다. 세자를 불안하게 한다는 것이 이유였다.

숙종은 장희빈의 죄를 상세하게 설명했다. 장희빈은 인현왕후에게 한 번도 문안인사를 하지 않았고, '민씨' 혹은 '민가'라고 했으며, 심지어 '요사스러운 사람'이라고 했다는 것이다. 이러한 것을 그대로 방치하면 비상한 변이 있을 수 있다고 설명했다. 그러나 신하들은 이러한 말만으로 장희빈을 죽일 수 없다고 반박했다.

숙종은 신하들의 반발이 거세자 한발 물러섰고, 그 대신 장희빈이 궁궐에 신당神堂을 설치한 것을 문제 삼아 국청을 설치했다.

국문의 내용을 종합하면, 장희빈은 궁궐 내 취선당에 신당을 차리고 장희재의 첩·무녀·상궁·시녀들과 함께 "민 중전을 잡아서 그물 속에 넣겠다", "내가 민 중전을 화살로 쏘아서 이미 우물 속으로 던져 넣었다"라는 저주와 "장 중전장희빈이 곧 복위할 것이다" 등의 축원을 올렸다고 했다. 왕비의 침전으로 사용한 통명전과 대조전의 침실에는 죽은 새·쥐·붕어 등 흉악하고 더러운 물건들을 묻었고, 인현왕후를 빨리 죽이고 장희빈을 왕비로 복위하기 위한 술책을 했다는 것이다.

신하들은 국문을 통해서 장희빈의 죄를 비로소 알게 되었다. 숙종은 장희빈을 처벌할 수 있는 명분을 확보했다.

숙종 27년 10월 8일, 임금은 장희빈의 죄를 구체적으로 명시해서 자진하라는 명을 내렸다.

"희빈 장씨는 왕비를 질투하고 원망해서 몰래 꾀를 써서 해치려 했고, 신당을 궁궐 안팎에 설치해서 저주했으며, 흉악하고 더러운 물건을 대조전과 통명전에 묻은 죄가 다 드러났다. 모두 분개한다. 자진하라스스로 목숨을 끊어라."

왕의 명에 대해서 반대가 있었으나 임금의 뜻이 확고했고, 그 죄가 드러났으므로 어떻게 자진할 것인가에 대한 방법론으로 옮겨졌다. 숙종은 '사약' 외에 다른 방법이 없다고 했다.

### ●●● 장희빈은 사약으로 죽은 게 아니다

이조판서 이여가 먼저 운을 뗐다. 그는 전한前漢 때의 문신 가의가 한 "고귀한 대신에게는 형벌을 주지 않는다"라는 말을 인용해서 유사의 형벌을 시행할 수 없다고 했다. 다른 신하들도 마찬가지였다.

"세자를 낳아서 기른 사람에게 유사의 형벌을 쓸 수 없습니다."

신하들이 반대한 유사의 형벌은 무엇인가? 유사攸司는 해당 관청을 의미한다. 즉, 국가의 조직, 형조와 의금부가 시행하는 법으로 거열형·참형·교수형·사약·장형 등이다.

신하들이 유사의 형벌을 반대한 이유가 있었다. 장희빈처럼 궁녀 숙의로서 성종의 왕비가 되어 쫓겨난 폐비 윤씨연산군 생모는 임금의 명으로 사약으로 죽는다. 연산군은 조선왕조실록과 『승정원일기』를 조사해서 어머니에게 사약을 내리는 데 관여한 부서나 신하 대부분을 죽였으며, 이미 죽은 자는 부관참시까지 했다.

장희빈은 어쨌든 미래 권력, 세자의 생모이다. 세자는 왕이 되는 0순위다. 세자가 왕이 되어 오늘날의 일을 어떻게 처리할지 아무도 알 수 없다. 누가 용의 역린을 건드리고 고양이 목에 방울을 달겠는가? 신하들은 이런 이유로 장희빈을 왕의 명으로 신하들이 실행해서 죽이는 방법, 즉 유사의 형벌을 반대한 것이다.

숙종은 자진하라는 것은 유사의 형벌만이 아니라고 한발 물러섰다. 그 대신 자진하라는 임금의 뜻을 조보에 싣도록 했다. 조보는 임금과 신하가 논한 국정의 주요 내용을 전국에 알리는 오늘날의 신문에 해당한다. 장희빈에게 자진 명령을 내렸다는 것을 조보에 실어 전국에 알리겠다는 의도였다.

조보에 실은 이틀 후인 숙종 27년 10월 10일, 임금은 장희빈의 죽음을 예조에 알렸다.

"장씨장희빈을 지칭가 이미 자진하였으니, 예조는 장례의 제수용품을 참작해서 거행하라."

숙종이 이틀 동안 무엇을 어떻게 했는지는 기록에 없다. 다만 장희빈이 자진했다는 사실을 알렸을 뿐이다.

예조는 임금의 명으로 장씨가 자진했다는 것을 다른 신하에게 알리고 장례 절차를 준비했다. 병조는 장희빈의 시신을 창덕궁 선인문으로 나가겠다고 보고했다. 임금이 다니는 어로를 피하는 방안이었다.

『숙종실록』을 종합하면 장희빈은 저주의 술책으로 인현왕후를 죽이고자 했고, 그러한 행위가 밝혀짐에 따라서 숙종의 명으로 궁궐에서 자진했다. 그 방법은 알 수 없다. 다만, 영화나 TV 드라마에서 극적으로 표현한 사약으로 죽은 것은 아니었다.

### ●●● 정국의 소용돌이를 일으키는 임금

숙종 27년 10월 7일, 임금은 장희빈을 겪으면서 후궁은 왕비의 자리에 오를 수 없도록 법전에 싣도록 했다.

"이제부터 나라의 법전을 명백하게 정해서 빈어嬪御, 후궁가 후비后妃, 왕비의 자리에 오를 수가 없게 하라."

숙종의 너무 늦은 깨달음이었다.

숙종을 독재자라고 말할 수 없지만, 감정기복이 심했고 즉흥적이었다. 심지어 변덕쟁이라고까지 할 수 있다. 숙종의 이러한 성격은 스스로 정국의 소용돌이를 일으켰다. 그 결과 국론 분열과 많은 국가의 인재가 제 뜻을 펼치지 못하고 억울하게 땅속으로 들어갔다. 국가적 손실이었다.

숙종은 세 번의 환국경신환국, 기사환국, 갑술환국을 통해서 왕권을 강화했다고 평가된다. 그러나 숙종의 왕권강화가 백성의 삶에 어떤 긍정적 영향을 미쳤는지는 좀더 따져봐야 한다.

# 세 번의 시도, 북한산성을 쌓다

태조 이성계는 조선을 건국해서 수도를 한양태조 4년 한성으로 변경으로 옮겼고, 이곳이 확장되어 오늘날의 대한민국의 수도 서울이 되었다. 그 터를 정할 때는 북한산과 한강의 배산임수도 한몫을 했다.

세계의 주요 도시 중에서 대중교통을 이용해서 산을 오를 수 있는 곳은 거의 없는데, 서울 시민은 대중교통을 이용해서 북한산을 오를 수 있다. 북한산은 단위 면적당 가장 많은 탐방객이 찾는 국립공원으로 기네스북에도 올랐다.

조선시대 북한산은 '삼각산' 혹은 '화악華嶽'이라고 했다. 3개의 봉우리가 있고 산이 높고 높음을 상징했다. 국도國都의 '주진主鎭'이었고, 가뭄이 들면 기우제를 첫 번째로 지내는 장소였다.『세종오례』에 기우제 의식을 상세하게 기록해서 그 절차를 따르도록 했으며, 비를 내려서 농사를 풍요롭게 하려는 간절한 마음을 담았다.

세종대왕은 북한산 봉우리에 세 칸의 집을 지어서 해가 뜨고 지는 것을 관찰했다. 백성의 생활과 농사를 위한 세심한 배려였다.

북한산은 풍수지리에도 중요한 위치였다. 북한산 보현봉의 내맥이 어디로 흘러가는지에 대한 논쟁이 붙었다. 그 흘러내리는 곳이 명당이었기 때문이다. 경복궁과 창덕궁 서쪽이라는 주장으로 나누어졌고, 세종은 집현전과 영의정 황희를 단장으로 한 현장검증단을 꾸려서 연구와 현장답사를 통해서 검증했다. 여러 검증 과정을 거쳐서 보현봉의 내맥은 백악산을 거쳐서 경복궁으로 흘러 내려왔고, 경복궁은 명당이라고 결론을 내렸다. 이처럼 북한산은 서울의 북쪽을 감싸면서 조선시대부터 중요한 역할을 했다.

### ●●● 첫 번째 논의와 좌절

숙종은 국토방위의 전략적 관점으로 북한산을 활용하고자 했다. 숙종 초기, 청나라가 명나라의 잔존 세력을 공격하기 위해서 조선에 병력을 요구하는 분위기가 있었다. 만일 청이 실제로 우리의 병력을 요구하면 조선은 진퇴양난이었다. 임진왜란 때 도움을 받은 명을 공격할 수 없고, 그렇다고 바로 코앞의 호랑이 청나라의 요구를 무시할 수도 없었다. 신하들은 외교적 노력으로 시간을 벌거나 명나라와의 의리를 저버릴 수 없다는 강경론으로 나누어졌다.

숙종이 즉위한 지 겨우 3개월째인 즉위년 11월, 강경론에 속한 승지 정유악이 말했다.

"예부터 국가가 일어나려면 위기를 극복해야 합니다. 청의 위협이 있는 오늘날은 우선 자강지책을 궁리하고 대책을 세우는 것이 급선무가 아니겠습니까?"

영의정 허적도 자강지책으로 성의 수축을 강조했고, 북한산에 성을 쌓자는 논의가 예전부터 있었다고 했다. 이에 전 훈련대장 유혁연은 북한산에 성을 쌓자고 구체적으로 제안했다.

"만일 사변이 일어나면 임금이 머물만한 곳이 없습니다. 북한산은 산세가 험하고 견고하고 사면이 막혔습니다. 비록 창졸간에 사변이 일어나더라도 한성도성과 가까워서 군사와 물자, 백성과 양식 등을 옮기는 데 편리합니다. 속히 북한산에 성을 수축해야 합니다."

북한산에 성을 쌓는 것에 대한 숙종의 첫 번째 결정이었다. 그러나 임금의 명령으로 바로 행동으로 옮길 사안이 아니었다. 병자호란 조약에 '신·구 성을 수리하거나 신축하는 것을 허락하지 않는다'라는 조약이 있었다. 청나라의 허락을 받는 등 외교 관계를 고려해야 했다.

게다가 북한산에는 이미 중흥산성이 있었는데 둘레가 9,517척이었다. 고려 우왕 때 왜적을 방어하고자 중흥산성을 수리했으나 그동안 방치되었다. 임진왜란으로 산성의 중요성이 부각되어 선조와 광해군 때 다시 산성을 쌓자는 논의가 있었으나, 실천하지 못했다.

숙종 1년 10월, 임금은 왕의 명으로 그 터를 둘러본 영의정 허적, 국구임금의 장인 김만기 등에게 물었다.

"남한산성과 북한성중흥산성은 어느 것이 나은가?"

"성안이 평탄하고 넓은 것은 남한산성이 낫고, 적이 포위할 수 없음은 북한성이 낫습니다."

숙종은 즉위 초기 청의 전쟁에 대한 두려움이 있었다. 도성의 북쪽에 성을 쌓자는 의지가 강했다. 일부 신하는 북벌하자는 강경론도 있었다. 그럼에도 임금의 즉위 초기에 큰 역사를 일으킬 수 없고, 백성의 삶이 너무 고단해서 북한산성을 쌓지는 못했다. 그 대신 송도개성의 천마산에 산성을 쌓았는데 이것이 대흥산성*이다.

이로써 송도의 백성은 의지할 산성이 생겼으나, 한성의 백성은 한양도성 외에 의지할 산성을 갖추지 못했다. 북한산에 산성을 쌓자는 첫 번째 논의는 논의로만 그쳤다.

### ●●● 두 번째 논의와 좌절

조선의 도읍지에 임금과 백성을 보호하고 방어하는 곳은 크게 세 곳이었다. 바로 한양도성, 남한산성과 강화도였다.

병자호란으로 그 단점이 드러났다. 한양도성은 너무 넓었고, 남한산성은 한양도성과 연계성이 부족했으며, 강화도는 지리적

---

* 대흥산성은 영의정 겸 체찰사 허적과 훈련대장 유혁연이 주관해서 군사 5천여 명을 동원해서 50일 동안 1,531첩(堞)을 쌓았다. 숙종은 소를 잡고 술을 내려서 군사를 격려하고 유혁연에게는 내구마 한 필을 내렸다.

으로 멀었다. 병자호란 때 세 곳의 방어 기능은 사실상 무산되었다. 북한산에 산성을 쌓자는 첫 번째 논의가 실패로 끝난 후 29년이 흘렀다. 새로운 산성을 쌓자는 논의가 다시 불붙었다.

숙종 29년 3월, 이조판서 김구와 우의정 신완이 북한산성에 대한 논쟁을 지폈다. 김구는 북한산을 둘러보고 천지만엽이 둘러싸여서 안전하고, 또한 깎아지른 곳이 많아서 성을 쌓을 공역을 줄일 수 있다고 설명했다. 우의정 신완은 애초부터 북한산에 산성을 쌓자는 주장을 펼쳤다고 했다.

"북한산은 지세가 높아서 도성을 내려다보고 있고, 사람에게 비유하면 목을 조르고 등을 누르는 형세입니다. 한양도성을 수축해서 어버이로 삼고 북한산성을 아들의 성으로 삼아서 힘을 합치면 진실로 좋을 것입니다. 반대로 북한산성을 쌓지 않으면 한양도성이 아무리 튼튼하더라도 결코 홀로 지킬 수 없습니다."

우의정 신완은 북한산성을 쌓아서 한성도성과 호응해서 이중의 방어막을 구축하자고 했다. 숙종도 남한산성과 강화도만으로 한성 방어가 충분하지 않고, 한양도성은 넓어서 지키기가 어렵다고 판단해서 북한산성 쌓는 데 동의하고, 군사에게 산성을 쌓을 채비를 갖추도록 명했다.

그러나 반대가 만만치 않았다. 남한산성과 강화도의 방어막이 있는데 굳이 산성을 다시 쌓는 것은 국가의 힘이 분산되고, 나중에는 두 곳을 버릴 우려가 있다고 했다.

또한 북한산성은 주위가 30여 리로 남한산성의 3배에 달해서 역사할 곳이 넓고 커서 재물이 많이 들어가므로 현재의 형편으로는 힘들다고 했다. 산성 쌓기에 들어가는 쌀을 오히려 흉년에 굶주리는 백성을 구호하는 데 사용해야 한다는 주장이었다. 또 다른 걸림돌은 청나라로, 병자호란 때 맺은 성의 수리나 신축 금지 조약 위반의 책임이 따를 수 있다.

숙종 29년 4월, 임금은 확고한 자세를 보였다.

"과인이 책임지겠다. 과인은 두렵지 않다. 두렵지 않다."

숙종의 말소리와 얼굴빛은 엄숙했으며 북한산성 쌓기에 강한 결의를 보였다. 임금의 이러한 결연한 의지에도 불구하고 행사직* 이인엽은 풍수설을 내세워서 반대했다.

"북한산성의 동쪽 기슭은 한성의 내룡來龍, 즉 용이 내려오는 산맥입니다. 이곳에 성터를 조성하기 위해서 산을 파고 돌을 깨뜨리는 것은 지맥을 파손하는 것입니다."

숙종은 풍수설에 마음이 흔들렸다. 태조 대왕도 나라를 정할 때 풍수가에게 물었던 점을 상기하면서 관상감에서 논의하도록 했다. 조선시대 관상감은 날씨뿐만 아니라 천문과 지리, 점술도 담당했다. 관상감은 석 달 후 "산성 쌓는 것은 내룡來龍의 맥을 파서 깨뜨리는 해가 있습니다"라고 보고했다.

숙종은 북한산성 쌓기에 진심이었으나 관상감의 보고로 중지했다. 풍수가의 판단이 임금의 의지와 대신들의 논의를 눌러서 나라의 정책을 결정했다. 나라의 정책을 풍수가 흔드는 잘못된 예였고, 두 번째 무산이었다.

- 행사직(行司直): 사직은 정5품의 무관직이다. 관직 앞의 '행'은 품계보다 실직이 낮은 경우 붙인다. 이인엽은 자신의 품계보다 낮은 정5품직을 맡은 것이다.

### ●●● 북한산성, 세 번의 집념 끝에 쌓다

북한산에 산성을 쌓자는 논의가 두 번이나 무산되었음에도, 불씨가 완전히 꺼진 것은 아니었다. 이후에도 북한산에 산성을 쌓자는 상소가 간간이 있었다.

숙종 36년 10월, 임금은 훈련대장 이기하에게 북한산 터를 둘러보라고 명했다. 이기하는 북한산에 산성을 쌓는 장점을 보고했다.

"북한산은 인수봉·백운대·만경대 등 여러 봉우리가 우뚝 솟아 있기에, 한 사람이 관문을 지키면 만 명의 군사라도 막을 수 있는 지형입니다. 옛 성터가 있고 석재가 많으며 우물도 곳곳에 있고 나무도 우거졌습니다. 한양도성과 가까운 곳에 이런 매우 험난한 요새지를 그냥 두고 있으니 너무나 애석합니다."

우의정 김창집 등이 다시 북한산을 둘러보고, 두 달 후인 12월에 도본圖本을 바치고 설명했다. 산성을 쌓을 구체적 장소도 측량했다.

"북한산성의 둘레는 대략 30여 리이지만, 실제로 성을 쌓을 곳은 14리에 지나지 않습니다. 또한 높게 쌓을 필요도 없습니다."

숙종은 마침내 결단을 내렸다. 한양도성은 넓어서 방어가 어렵고, 남한산성은 한강을 건너기가 어려우며, 강화도는 해적이 침입하거나 얼음이 녹는 시기 때문에 의지할 수 없다는 판단이었다. 오직 북한산만이 지극히 가까운 까닭으로 백성과 함께 들어가서 방어하고자 했다.

숙종은 병조판서 민진후를 북한산성의 구관당상으로 임명하고, 무신이자 총융사 김중기가 돕도록 했다. 사헌부와 사간원에서도 더 이상 반대하지 않았다. 숙종은 3번의 집념 끝에 드디어 북한산성을 쌓는 데 신하들의 동의를 끌어냈다.

북한산성은 숙종 37년 4월 초3일부터 공사를 시작해서 그해 10월 19일 완공했다. 전체 길이는 7,620보로서 21리 60보였다. 약 6개월에 걸쳐서 쌀 16,381석과 전錢 34,799냥, 그밖에 무명베, 4승포, 정철正鐵과 신철新鐵, 숯, 생칡, 소모자小帽子가 사용되었다.

또한 북한산성을 관리하는 부서인 경리청을 두고 책임자 도제조는 영의정이 겸임했다. 그 아래 제조는 삼군문, 즉 훈련도감·금위영·어영청의 대장이 겸임했다. 북한산성의 관리에 힘을 실어주었다.

이후 탕춘대성과 중성重城을 쌓고, 임금이 거처할 북한산성 행궁을 지었다. 북한산성은 한양도성과 더불어 한성 방어의 쌍벽을 이루게 되었다. 북한산성을 쌓은 데 청의 간섭은 없었다.

이듬해인 숙종 38년 4월, 임금이 북한산성에 갔다. 경복궁 서쪽 뜰을 거쳐서 산성의 서문으로 들어갔다. 북한산성의 수문을 차례로 관람했다. 소석가현小釋迦峴에 올라 성의 안팎을 두루 보고자 했으나, 길이 험하고 닦아지지 않았기 때문에 시단봉柴丹峰까지 올랐다. 임금은 서문이 가장 낮으므로 중성을 쌓으라고 명하고 소감을 남겼다.

"이제 북한산성을 보니 과연 험준하다. 비록 조그만 흠이 있다 하나 세상에 어찌 십분 꼭 좋은 땅이 있겠는가. 군량미 등은 앞으로 차츰 조치하라."

　북한산의 능선을 따라서 이어진 북한산성, 숙종이 38년간 3번의 집념으로 쌓았고, 조선 백성의 땀방울이 맺혀 있다. 북한산성은 실제로 전쟁의 방어 기능을 수행하지는 않았으나, 나라와 백성을 지키겠다는 그 정신은 담겨 있다.

　1900년 전후로 찍은 북한산성 행궁의 전경이 다행히도 남아 있다. 그 사진을 근거로 해서 북한산성 행궁은 복원할 수 있다. 앞으로 북한산성 행궁이 복원되면, 이미 복원된 북한산성과 더불어서 완전체로 이루어질 것이다.

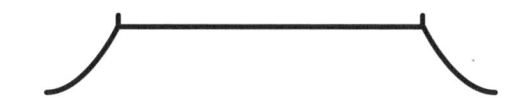

# 숙종과 울릉도를 지킨 안용복

안용복은 어부였다. 그러나 범상치 않은 어부였다. 울릉도에 2번 고기잡이를 하러 갔고, 그것이 그의 인생과 나라의 정책을 바꾸는 계기가 되었다. 국토도 지켜냈다. 그럼에도 숙종의 조정은 안용복을 보호하지 않았고 오히려 유배를 보냈다. 안용복과 숙종, 울릉도, 그 사건을 자세하게 보자.

### ●●● 대마도 왜인에게 잡힌 안용복

숙종 19년, 안용복과 박어둔 등 울산의 고기잡이 40여 명이 울릉도에 고기잡이를 위해서 배를 댔다가, 대마도 왜인들에게 잡혀서 끌려갔다.

숙종 20년 2월, 대마도는 조선 어부들이 그들의 국경을 침범했다며 처벌을 요구하는 서신을 보냈다.

"조선의 어민 40여 명이 죽도에 들어와서 고기잡이를 하므로, 증거를 삼기 위해서 2명을 잡아 가두고 에도 막부에 보고했습니다. 그러나 에도 막부가 2명을 풀어주라고 해서 고향으로 돌려보냈습니다. 앞으로 죽도에 배를 출입 못 하게 해서 두 나라의 우의에 틈이 발생하지 않도록 하십시오."

숙종의 조정은 이때만 해도 대마도가 주장하는 죽도가 울릉도라는 것을 인식하지 못했다. 조정은 죽도는 조선의 국경 밖이라고 생각하고, 대마도에 호응하는 답서를 보냈다.

"조선은 나라 밖에서 고기 잡는 것을 금지해서 단속합니다. 비록 우리나라의 울릉도일지라도 너무 멀리 있어서 그곳에서 고기잡이를 못 하게 합니다. 하물며 그 밖의 섬이겠습니까? 귀국의 서신으로 알려준 범인들에게는 형률에 따라서 죄를 물을 것이며, 앞으로도 연해 등에서 고기잡이는 엄하게 단속할 것이오."

대마도의 사신 귤진중은 조선의 답서에서 "우리나라의 울릉도"라는 단어를 삭제할 것을 여러 번 요구했다그는 죽도와 울릉도가 같은 섬의 이름임을 알고 있었다. 조정은 그의 속내를 파악하지 못했으나 요구를 들어주지 않았다. "우리나라의 울릉도"라는 표현을 없애야 할 이유가 없었기 때문이다.

그런데 영의정 남구만이 몇 개월 후 이수광의 『지봉유설』을 읽다가 "왜놈들이 의죽도를 점거했는데, 의죽도는 곧 울릉도이다"라는 문구를 발견했다. 남구만은 대마도가 주장하는 죽도가 울릉도를 말하는 것임을 알고, 임금에게 보고했다.

조정은 뒤늦게 과거 대마도에 보낸 문서가 잘못되었음을 알고 돌려달라고 했으나, 대마도는 받아주지 않았다. 숙종의 조정은 왜 이렇게 착각했을까?

### ●●● 숙종의 조정이 죽도를 착각한 이유

울릉도는 '우산국', '무릉도'로 불렸다. 『삼국사기』와 『삼국유사』는 우산국이라고 했고, 『세종지리지』는 우산, 무릉 또는 울릉도라고 했다.

조선에서 첫 기록은 태종 때 나온다. 태종 3년, 강릉도의 무릉도 거민을 육지로 나오라고 명령했다. 이후 호조참판 박습이 강원도 관찰사로 있을 때 들은 이야기를 전했다.

"무릉도의 둘레는 7식210리이고, 곁에는 소도小島, 독도를 말하는 것으로 추정가 있고, 전지가 50여 결이며, 한 사람이 겨우 통행하고, 이지용이 15가구를 거느리고 들어가서 살았다고 합니다." 『태종실록』 16년 9월 2일

박습은 삼척 사람 김인우가 울릉도를 잘 안다고 천거했다. 태종은 김인우를 무릉 등지의 안무사로 삼아 병선 2척과 무기 등을 주어서 파견했다. 김인우는 무릉도를 살피고 돌아와서 우산도의 토산물인 대죽·물소·가죽·생모시·목화씨·검박목 등을 바쳤고 거주민 3명도 데려왔다. 그곳에는 15가구 86명이 살고 있는 것도 파악했다.

태종은 신하들과 우산도·무릉도 주민의 쇄출刷出, 샅샅이 찾아서 내보냄 문제를 논의했다. 그곳 백성들은 요역을 피해서 살고 있기 때

문에 형평성이 맞지 않았기 때문이다. 대부분의 신하는 주민들을 쇄출하지 말고, 곡식 씨앗과 농기계를 주어 생업을 안정시키고 토산물을 바치게 하는 것이 좋겠다고 했다. 그러나 공조판서 황희는 반대했고, 태종은 황희의 손을 들어주었다.

"우산도·무릉도 주민은 요역을 피해서 편안하게 살아왔다. 그들에게 토산물을 바치게 하면 싫어할 것이므로, 그곳에 살게 할 수 없다." 『태종실록』 17년 2월 8일

조선은 이때부터 울릉도에 사람이 거주하지 않는 공도정책을 실시했다. 백성이 울릉도에 들어가서 살면 잡아왔다. 그들은 노역을 피하고 세금을 내지 않기 때문이었다.

그러나 대마도 사람들이 울릉도에 살고자 한 것을 허락한 것은 아니었다. 이보다 10년 전 대마도 수호 종정무가 평도전을 보내서 토산물을 바치고, 여러 부락을 거느리고 울릉도에 살고자 청했다. 태종은 일본과의 외교관계 등을 고려해서 허락하지 않았다.

태종의 공도정책 이후에도 조선 백성은 울릉도에 몰래 들어가서 살았다. 토지가 비옥하다는 소문이 있었고, 노역이나 세금을 피할 수 있었기 때문이다. 조정은 안무사를 파견해서 백성을 쇄출했다.

대마도는 태종 이후에도 울릉도에 들어가서 살고 싶다는 공문을 보냈다. 조선이 거부하자, 그들은 울릉도에 몰래 와서 고기잡이를 하고 있었다. 조선이 울릉도를 몇백 년 동안 비워두자, 대마도는 울릉도를 '죽도'라고 부르고 점차 자신의 영역으로 여겼다.

태종이 공도정책을 펼친 약 270년 후, 안용복은 울릉도에 고기

잡이를 하러 갔다가 대마도에 붙잡혀 갔다. 조정은 그들이 우리 국경 너머의 죽도실제로는 울릉도를 침범한 것으로 보고 죄를 물어 유배를 보냈다. 숙종의 조정이 울릉도와 죽도를 명확하게 구분하지 못한 결과였다. 이것이 제1차 안용복 사건이다.

### ●●● 왜와 담판을 벌인 안용복

안용복의 개인기록은 우리에게는 없고, 일본의 역사가 오카지마 마사요시의 『죽도고竹島考』에 실려 있다. 안용복이 대마도에 잡혀 갔을 때 신문 기록을 근거로 했을 것이다.

안용복은 부산의 외거 노비였다. 그가 잡혔을 때 호패 기록은 36세였고, 얼굴은 검으면서 검버섯이 돋았고 흉터는 없었다고 한다. 키는 4척 1촌123cm으로 기록되어 있는데, 실제로 작은 키였거나 기록 오류로 추정된다.

안용복이 살았던 부산의 동구 좌천동은 일본과 무역을 할 수 있는 '두모포 왜관'이 있었다. 안용복은 비록 노비였지만, 일본 관리와 담판을 벌인 것을 보면 일본어를 배웠을 것으로 추정한다.

대마도는 안용복을 붙잡은 것을 에도 막부에 보고했다. 그러나 에도 막부는 울릉도는 영구히 조선에 속한다는 공문을 보내고 사례금도 주면서 풀어주라고 했다. 안용복은 후일 조정의 신문에서 에도 막부의 공문은 대마도가 폐기했다고 주장했다.

우리의 기록에는 안용복이 왜인에게 어떤 진술을 했고 어떤 담판을 벌였는지에 대한 것이 없지만, 에도 막부가 "울릉도는 영구히 조선에 속한다"라는 공문을 주었다는 주장으로 미루어 보면,

안용복은 울릉도가 조선 땅이라는 것에 대해 상당히 근거 있는 논리를 펼친 것으로 보인다.

### ●●● 숙종의 바뀐 울릉도 정책

숙종은 안용복 사건을 계기로 울릉도에 대한 공도정책을 바꾸어야 한다는 것을 깨달았다. 숙종 20년 2월, 승지 김귀만은 강원도 도사일 때 바닷가 백성에게 울릉도가 어느 것이냐 물어서 바라보니 세 봉우리가 뚜렷이 보였다고 경험을 얘기했다. 영암 월출산에서 제주도를 바라본 것보다 오히려 가까웠다고 했다.

"울릉도에 군사기지를 설치하고 뜻밖의 변고에 대비해야 합니다. 지난번에 고기 잡는 사람안용복 등을 귀양 보낸 것은 지나쳤습니다."

숙종은 김귀만의 주장이 일리가 있다고 보고, 울릉도가 우리 땅임을 명확히 하고자 했으며 백성을 모집해서 거주하는 것까지 고려했다. 장한상을 삼척 첨사로 삼아 울릉도에 보내 현지 사정을 살피게 했다. 장한상은 왜인이 왔다갔다 한 자취는 있었지만 거주하지는 않았고, 울릉도는 땅이 좁고 큰 나무가 많고 뱃길이 험하며, 토산품을 알기 위해서 보리도 심었다고 보고했다. 아울러 울릉도에 대한 산천을 그려 올렸다. 그런데 이 기록은 『여지승람』의 기록과 다른 것이 많았다. 사관은 장한상이 진짜 울릉도로 간 것인지 의심이 들 정도였다고 평했다.

이준명도 삼척 첨사로 임명했으나 울릉도 순찰을 싫어해서 맡으려고 하지 않았다. 영의정 남구만은 그의 징계를 요구했다. 숙종의 의지와 달리 관리들은 백성인 안용복보다 오히려 국토에 대한 인식이 옅었던 것이다.

### ●●● 울릉도를 지킨 안용복

안용복은 유배에서 풀려난 지 3년 후인 숙종 22년 8월, 풍부한 해산물을 채취하기 위해 다시 울릉도로 갔다. 함께 간 일행도 다양했다. 흥해의 유일부, 영해의 유봉석, 평산포의 이인성, 낙안의 김성길, 순천의 스님 뇌헌, 승담, 연습, 영률, 단책과 연안의 김순립 등이 함께했다. 울릉도에는 왜선들이 많이 있었고 일행들은 두려워했다. 안용복은 앞장서서 큰 소리로 외쳤다.

"울릉도는 본래 우리 땅이다. 왜인이 어찌해서 국경을 넘어왔는가? 너희들을 모두 포박해야겠다."

"우리들은 송도에 사는데 우연히 고기잡이하러 왔다. 이제 본거지로 돌아갈 것이다."

안용복은 분함을 이기지 못하고 그들의 본거지 백기주(洲)까지 쫓아갔다. 그는 스스로 관리행세를 했다. 무신 복장인 푸른 철릭을 입고 검은 포립을 쓰고 가죽신을 신고 교자를 탔다. 백기주 도주에게 자신을 '울릉자산양도감세장'이라고 칭했다. 도주와 마주앉았다.

"어찌해서 여기에 오셨습니까?"

"내가 예전에 울릉도는 조선 땅이라는 에도 막부의 서신을 명백하게 받았습니다. 그 공문을 대마도주가 빼앗아 위조하고 왜의 사신이 법을 위반했습니다. 내가 에도 막부의 관백에게 상소해서 사신의 죄를 알리려고 합니다."

　도주는 허락했고, 안용복은 이인성에게 공문을 작성하도록 했다. 그러나 도주의 부친이 그 공문을 관백에게 올리면 아들이 죽게 될 것이라고 간청했다. 안용복은 관백에게 공문을 올리지 않았으나 울릉도를 침범한 왜인 15명을 적발해서 처벌했다. 안용복은 관리들이 하지 못한 일을 하고 고국으로 돌아왔다. 그런데 상보다는 벌이 기다리고 있었다.

### ●●● 숙종의 홀대

숙종 22년 10월, 강원 감사 심평은 안용복을 죄주라는 장계를 올렸고, 비변사는 체포해서 한성의 감옥에 가두고 신문했다.

　조정은 이즈음 갑술환국으로 남인이 몰락하고, 서인노론·소론으로 나누어짐이 재집권한 시기였다. 조정은 안용복이 나라의 허락 없이 다른 나라에서 일을 저질렀다고 죄를 논했다. 영의정 유상운, 좌의정 윤지선과 우의정 서문중은 모두 안용복을 죽여야 한다는 강경한 태도를 보였다. 삼정승은 정치적으로 모두 소론이었다. 그 외 대부분의 신하도 동조했다. 국토보전보다 왜와 대마도의 외교 관계를 더 중시했다.

　반면 안용복을 옹호한 신하는 영부사 남구만 등 소수였다.

　"안용복이 법을 어긴 것은 죽일 수 있습니다. 그러나 왜인이 울릉도를 '죽도'라고 거짓으로 칭하고, 에도 막부의 명이라고 핑계 대며 우리의 어부를 울릉도 출입을 금지하려고 한 농간이 안용복의 노력으로 드러났습니다. 이것은 매우 잘된 일입니다."

지사 신여철도 안용복은 국가가 하지 못한 일을 개인이 능히 했으므로, 공이 죄를 덮을 만하므로 사형죄를 적용할 수 없다고 했다. 남구만과 신여철도 소론이었으나 국토문제는 달리 본 것이다.

이후 대마도는 도주가 바뀌었고, 새로운 도주는 조선과 원만한 관계를 유지하고자 했다. 그는 울릉도를 죽도라고 한 것, 울릉도에서 고기잡이를 한 것은 전 도주의 책임이었다고 돌리고, 울릉도에 왜인의 왕래를 금지하겠다는 문서를 보냈다. 안용복이 2번이나 울릉도에 가서 왜인에게 잡히거나 쫓아내고 외교적 담판을 벌인 것이 계기가 됐다.

숙종은 결과적으로 외교와 국토를 지키는 두 마리 토끼를 잡았다. 그럼에도 안용복의 죄를 물어서 또다시 유배 보냈다.

안용복은 한낱 어부에 불과했지만 국토의식을 갖고, 울릉도에 불법 침입해서 고기잡이하는 대마도 왜인을 쫓아냈다. 에도 막부에게서 "울릉도는 영구히 조선에 속한다"라는 공문까지 받았다고 주장했다. 국토의 소중함을 다시 한번 일깨웠다.

조선 후기의 실학자 이익은 안용복을 이렇게 평가했다.

"안용복은 영웅호걸이다. 그는 미천한 군졸로서 만 번 죽음을 무릅쓰고 국가를 위해 강한 적을 물리치고 간사한 마음을 꺾어 여러 대에 걸친 분쟁을 그치게 하고, 한 고을의 토지를 회복했다. 이것은 부개자와 진탕*이 한 일보다 더 어려운 일이어서 영특한

---

• 부개자와 진탕: 둘 다 한나라의 무신으로 외국에 사신으로 가서 그 나라를 복종시켰다.

자만이 할 수 있는 일이었다.

그럼에도 조정은 상을 내리지 않고 오히려 벌을 내리고 귀양을 보냈으니 참으로 애통한 일이다. 국가가 위급한 때 안용복 같은 자를 발탁하고 장수를 시켜서 그 뜻을 펼치게 했다면, 그 이룩한 바가 어찌 이에 그쳤겠는가?"『성호사설』제3권/천지문

조선의 22대 정조도 안용복을 높이 평가했다. 정조는 나라의 습속을 우려하며, 세속에 얽매이지 않고 용기 있게 행동하면 무리를 지어 비난한다고 하면서 안용복의 예를 들었다.

"안용복은 호걸스러운 인물이다. 그러나 당시의 조정은 모두가 안용복을 죽이려고 했다. 남구만의 변호가 없었다면 거의 죽음을 면하지 못했을 것이다. 풍속을 숭상하는 것이 이렇게 협소하고 인정이 쌀쌀하니 설사 안용복 같은 호걸스러운 인재가 있더라도 세상이 어떻게 용납하겠는가?"『홍재전서』제173권/일득록 13

안용복의 용기 있는 행동은 국토를 지켜냈다. 그럼에도 숙종의 조정에서 탁상공론을 하는 신하들은 왕의 곁에서 안용복을 죽이라거나 유배 보내라거나 하며 생살여탈권을 쥐고 흔들었고 호가호위했다. 안용복이 어디로 유배 갔는지, 이후의 삶은 어떠했는지에 대한 기록이 전혀 없다. 다만 유배 가서 쓸쓸하게 죽었을 것이라고 추론할 뿐이다.

숙종 때에 평가받지 못한 안용복, 현대는 국토를 지켜낸 그의 노력과 정신을 올바르게 대우하고 평가해서 계속 이어가야 할 것이다.

# 백두산을 둘러싼 영토 싸움

백두산은 한반도에서 가장 높은 산2,744m이고 민족의 영산이다. 풍수학적으로는 조종산祖宗山이다. 백두산에서 뻗어 내려오는 정기가 대동맥이 되어 한반도를 구성하는 산으로 그 맥이 흐르기 때문이다.

조선은 고려시대부터 산천에 제사를 지내는 풍습을 이어받았고 백두산도 이에 포함되었다. 나라의 위기나 가뭄 등 자연재해가 닥치면 백두산을 포함해서 여러 산천에 제사를 올려서 그 영험으로 위기를 극복하고자 했다.

조선왕조실록에 백두산이 등장하는 것은 태종 때부터인데, '백두산白頭山' 혹은 '백산白山'으로 기록되어 있다. 그러나 조선이 백두산을 온전히 소유하지는 못했다. 명나라는 백두산 일부를 자신들의 영역이라고 주장했다.

태종 17년 4월 15일, 함길도 도순무사는 명의 내관 장동아 등이 황제의 명으로 군사 1천 명을 거느리고 백두산의 절에 단청을 칠하는 일로 요동을 떠났다고 보고했다. 명의 목패와 문서도 함께 보냈다.

"명나라 흠차 내관 장신은 요동 관군 천 명을 거느리고 백두산에 가서 국가의 일백두산의 절에 단청하는 일을 보살피라. 그곳 부근의 조선 땅에 사는 고려나 여진 백성들이 사냥하는 등의 생업에 방해가 되지 않도록 주의를 하라."

명은 백두산의 절에 단청을 칠하기 위해서 군사 천 명을 파견하지만, 그 주변의 고려나 여진 백성들의 삶에 악영향을 끼치지 않도록 주의하라는 내용이었다. 당시 백두산에는 명, 고려, 여진이 혼재하고 있었음을 알 수 있다.

조선의 제4대 세종도 『지리지地理志』를 근거로 해서 백두산 앞의 옛 성터가 고려 땅이라고 여기고 경계를 삼고자 했다. 백두산 서남 간의 평원에 박씨를 포함한 조선 백성 약 40호가 산다는 증언도 있었다. 세종은 의정부 사인 조서강을 보내 그 땅을 찾아보게 했다.

성종 때 평양 사람 김자모는 여진족에게 사로잡혔다가 탈출했다. 그 과정에서 백두산에 사는 여진족의 집에 살기도 했다. 이처럼 백두산은 명나라와 조선, 여진족이 뚜렷한 경계를 긋지 않고 각각 흩어져 살았다.

### ●●● 청의 백두산 조사를 저지하다

조선 건국 후 약 300년이 지난 숙종 때, 명은 청으로 왕조가 바뀌었고 강희제가 재위했다. 강희제는 청의 네 번째 황제로 재위 61년 동안 역대 어느 황제보다 땅을 넓혔다. 그는 백두산이 그들 조상의 발상지로 여기고, 백두산에 깊은 관심을 보였다.

숙종 17년 11월, 청나라에 간 사신이 청 황제의 뜻을 선래장계*로 보내왔다.

"청나라 사신 5명을 조선에 보내 우리 땅 의주를 거쳐서 백두산에 가서 산천의 지형을 그리려고 합니다. 길을 잘 아는 조선인이 안내를 바라고, 이것은 장차 간행될 『일통지─統志』에 넣을 것입니다."

숙종은 깜짝 놀랐다. 『일통지』는 원나라 때부터 간행된 중국의 종합 지지이다. 이것은 청의 사신이 우리 땅으로 와서 백두산을 조사하고 그들의 지도책에 넣겠다는 뜻이었다. 임금은 서둘러 사신들을 맞이할 절목을 만들게 하고, 우리 변경 산천의 형세를 그려 올리도록 했다. 그들이 오는 길목에 따라서 대책을 세워야 하기 때문이다.

사신은 5명이지만 그 일행은 수백 명이 될 수 있고, 사람이 타고 짐을 운반할 말과 소도 있어야 한다. 백두산까지 길이 없는 곳도 있기에 백성을 동원해서 나무를 베고 길도 닦아야 한다. 청나라 사신을 맞이하는 것은 백성들에게도 고달픈 일이지만, 자칫 잘못하면 우리 땅을 고스란히 내주는 꼴이 될 수도 있었다.

● 선래장계(先來狀啓): 외국에 간 사신이 본국으로 돌아오기 전, 그 나라의 사정을 미리 알리는 것

숙종은 접반사를 임명해서 사신들을 맞이할 준비를 했다. 청은 우리의 역관을 통해 그들이 갈 노정기를 보냈다. 그러나 조정은 어쨌든 청의 사신이 우리 땅을 통해 백두산 가는 것을 막아야 했다. 조정은 도로의 험준함을 구실로 내세웠고, 길이 없어 새롭게 나무를 베고 길을 닦아야 하는 어려움도 설명했다. 결국 그 설명은 통했다.

청은 조정의 설명에 따라서 사신을 보내지 않겠다는 문서를 보냈다. 숙종은 얼마나 기뻤던지 그 문서를 가지고 온 선래 군관과 역관에게 특별히 자급을 올려주도록 했다.

이렇게 우리 땅을 거쳐서 백두산에 오르고자 한 청나라의 첫번째 계획은 중지되었다.

### ●●● 남구만의 국토의식과 「성경도」

영중추부사 남구만은 청나라 5명의 사신이 우리 땅으로 와서 백두산 지도를 만들겠다는 의도를 역이용해서 청의 지도를 만들고자 했다. 그는 청에 가는 사신에게 요청해서 청의 지도 「성경지盛京誌」를 구했다. '성경'은 옛날의 심양으로 청이 처음으로 요동을 통일하고 도읍으로 정한 곳이다. 남구만은 이 「성경지」를 바탕으로 연구해서 「성경도盛京圖」라는 지도를 만들었다.

숙종 23년 5월, 남구만은 「성경도」를 임금에게 올렸다. 요동의 산천, 주현州縣, 역참과 노정 등을 표시했고 청의 역대 연혁과 관청도 기재했다. 남구만은 이 지도를 만들면서 두만강 북쪽의 땅에 조선 이전의 역사와 흔적을 표시했다. 태조 이성계의 고조부와 고조모의 옛 능인 덕릉과 안릉이 있는 곳, 기자조선, 부여, 해동의 강국이었던 고구려, 삼한의 하나인 진한 등을 기록했다. 그는 지도를 통해서 나라의 흥망을 알고 교훈을 삼도록 했다.

"「성경도」에는 나라가 번성하고 쇠퇴하는 시기와 나라의 망하고 분열된 자취를 담았습니다. 이 지도를 통해서 나라를 빼앗기거나 분열된 것이 얼마나 억울하고, 두려운 것임을 느끼는 도구로 활용되기를 바랍니다."

남구만은 「성경도」에 우리 북방의 한계를 압록강과 두만강으로 표시했다. 백두산 꼭대기에서 내려오는 물이 압록강과 두만강의 발원지가 되어 동서로 나누어 바다로 흘러가는 것을 근거로 삼았다.

남구만은 북방을 순행하면서 알동을 바라보고 여진의 땅이 된 것을 한탄하면서 시를 남겼다. 알동은 우리의 최북단 경흥부 동북쪽 30리 지점이고, 태조의 고조부인 목조가 살았고, 목조의 능이 있었다.

"왕업의 자취와 옛터가 이역 땅이 되었으니

동해의 바닷물을 기울여서 누린내를 씻고 싶구나." 남구만의 『약천집』 제1권/시

남구만은 두 강의 북쪽, 우리의 옛 영토였고 청이 버려둔 땅을 그리워하면서 그곳에 백성을 이주해서 농사를 짓게 하자고 주장했다. 그곳은 인삼이 많이 났다. 조선과 청의 백성에게 인삼은 모두 주요한 수입원이었고, 조선 백성은 국경을 넘어서 종종 인삼을 몰래 캐러 갔다. 그러다가 발각되면 벌을 받았다. 남구만은 백

성을 죄주느니, 그곳을 우리 영토로 편입해서 백성이 농사를 지으면 죄줄 일도 없다고 주장했다.

### ●●● 인삼 살인 사건

숙종 36년, 결국 인삼으로 인해서 큰 사건이 일어났다. 조선 백성 여러 명이 국경 너머로 인삼을 캐러 가서 청나라의 5명을 살해하고 인삼을 약탈했다. 청인 한 명은 달아났는데, 그는 조선인의 살인범과 약탈자 이름을 정확하게 제시했다. 청인과 조선인들이 평소 교류가 있었음을 암시한다.

청인 20여 명은 조선의 북문으로 달려와서 9일 동안 시위하면서 범인 인도를 요구했고, 순라장 김여강을 납치해서 인질로 삼았다.

군수 이후열은 청인에게 뇌물을 주고 사건을 무마하고자 했고, 관찰사에게는 보고하지 않았다. 그러나 결국 인삼 살인 사건은 퍼져나갔고, 관찰사도 알게 되어 조정에 보고했다.

숙종은 매우 놀랐다. 조정은 사건의 실체를 정확하게 파악하고 범인을 체포해서 청의 조정에 문서로 알렸다. 청이 이 사실을 알고 거꾸로 문책이 내려오기 전에 우리 손으로 사건을 무마하고자 하는 뜻도 있었다. 그러나 청은 우리에게 살인 사건 처리를 위임하지 않고, 청의 차관을 보내 사건의 진상을 규명할 것을 요구했다. 청 황제는 이것으로 그치지 않았다. 숙종 37년 3월, 청의 차관을 보내 요구했다.

"청의 차관은 인삼 살인 사건을 조사하고 보고한 후에 백두산에 가도록 하라."

　인삼 살해 사건이 백두산 조사라는 엉뚱한 방향으로 흘러갔다. 조선은 1차로 백두산 조사를 저지했지만 계속 저지할 수 있을까?

　남구만의 주장대로 버려진 요동 땅을 개척해서 인삼을 심고 재배했다면, 이런 사건이 벌어지지 않았을지도 모른다. 그러나 조정은 그곳까지 방어할 여력이 없다고 반대했고, 남구만의 주장은 좌절되었다.

　남구만은 독도를 지킨 안용복을 죽이자는 조정의 논의에 반대하기도 했다. 그는 국토를 지키거나 넓히자는 의식이 강했고 「성경도」에 그 의지를 그대로 담았다. 남구만의 노력과 주장에도 불구하고 버려진 요동 땅을 우리 땅으로 만들려는 시도조차 하지 않은 것은 뼈아픈 역사였다.

### ●●● 백두산정계비, 숙종 시대의 오점

조선은 인삼 살인 사건이 백두산 조사로 번진 것에 더욱더 놀랐다. 청은 백두산 가는 길을 논의하고자 했다.

　숙종 37년 4월, 조정은 어쨌든 청의 관리가 우리 땅을 통해서 백두산에 가는 것은 막아야 했다..

**우의정 김창집**: 백두산을 가기 위해서 설한령에서 삼수까지 가는 지름길이 있더라도 결코 가르쳐 줘서는 안 됩니다.

**숙종**: 과거에도 설한령의 길을 가르쳐 주지 않은 것은 그 뜻한 바가 있었다. 단연코 허락할 수 없다.

숙종과 조정은 단합된 의지로 청의 의도를 저지하고자 했으나 한계가 있었다. 백두산으로 가고자 하는 청의 1차 시도는 험준한 길을 내세워서 막았으나, 강희제의 의지가 더욱더 강했고 힘의 기울기는 이미 청에 있었다.

숙종 38년 2월, 청은 오라 총관 목극등을 백두산을 실사하는 차사로 파견했다. 백두산을 자세하게 조사해서 경계를 정하는 것이 목적이었다. 목극등은 이미 지난해에도 수로로 백두산 가는 길을 조사했으나 험난하다는 것을 알았기에 이번에는 육로를 택했다. 그는 우리의 국경, 의주로 넘어왔다.

조정은 청의 사신 맞이에 대해 갑론을박을 했으나, 임금은 결국 사신을 맞이하기로 했다. 외교는 허공으로 외치는 주장보다 무력의 힘이 뒷받침되어야 했고, 조선은 병자호란 이후 청의 눈치를 살펴야 했다.

"접반사와 평안도 관찰사는 청의 사신이 우리 땅을 거쳐서 길을 떠날 때 접대하라."

조선은 한성부 우윤 박권을 접반사로 임명했다. 박권과 평안도 관찰사 이선부는 2개월여 후인 숙종 38년 5월, 목극등을 백두산 아래의 혜산진에서 만났다. 목극등은 백두산 길을 안내할 자가 준비되었는가를 물었고, 박권은 험한 길을 핑계 댔으나 이미 소용이 없었다. 다른 질문도 했다.

**목극등**: 그대는 장백산백두산에서 두 나라의 경계를 아는가?
**박권**: 비록 직접 눈으로 보지 못했지만, 백두산 산마루에 큰 못

이 있고, 서쪽으로 흘러 압록강이 되고, 동쪽으로 흘러 두만강이 됩니다. 큰 못의 남쪽이 조선의 경계입니다.

목극등은 "그 말을 증명할 문서가 있는가?"라고 물었고, 박권은 나라를 세운 이래로 전해왔기 때문에 문서가 필요하지 않았다고 대답했다. 목극등은 박권이 백두산 천지의 남쪽은 조선 땅이라는 주장에 특별히 이의를 제기하지 않았다.

목극등과 조선의 관리는 함께 백두산을 올랐다. 그러나 목극등은 백두산을 오르는 도중 박권과 이선부를 제외했다.

"내가 보니 조선의 재상은 반드시 가마를 탑니다. 나이도 많고 험한 길을 걸어서 갈 수 있겠소? 산에 오르는 도중에 넘어지면 반드시 큰일을 그르치게 될 것이오." 『만기요람』 홍세태 백두산기

당시 박권은 54세, 이선부는 66세였다. 목극등의 요청으로 접반사 박권과 함경도 관찰사 이선부는 백두산에 오르지 않았고, 대신 하급 군관 이의복 등 6명이 동행했다. 하급 관리들은 목극등과 의견이 달라도 적극적으로 주장할 수 없다. 이에 목극등의 판단에 따라서 백두산정계비가 세워졌다.

『숙종실록』은 백두산정계비의 위치에 대한 기록이 없다. 그 후 여러 자료에 의해 백두산정계비가 세워진 곳은 백두산 병사봉과 대연지봉의 중간지점인 해발 2,150m로, 백두산 천지에서 남동쪽으로 약 4km 지점이다. 백두산정계비의 내용은 다음과 같다.

오라 총관 목극등이 황지를 받들어 변방의 경계를 조사하고,

이곳에 이르러 살펴보니 서쪽은 압록강이고 동쪽은 토문강이므로, 분수령 위에 돌에 새겨서 명기한다. 강희 51년 5월 15일

목극등은 백두산정계비에 자신의 이름을 포함한 청의 관리와 조선의 하급 관리 6명의 이름을 넣었다. 목극등은 조선의 접반사와 관찰사의 이름을 넣어야 한다고 했으나, 박권은 현장에 가지 않고서 비석에다 이름을 새기는 것은 성실하지 못하다고 해서 거절했다.

박권은 백두산에서 내려온 목극등을 만나서 자신이 생각하는 두만강의 위치가 다르게 표시된 것을 알고 사신에게 말했다.

"임강현 근처에 한 물이 흘러와서 대홍단수에 모이고, 이것은 백두산에서 내려오는 동쪽의 물로서 진짜 두만강입니다. 총관께서 찾으신 수원水源은 대홍단수의 상류입니다." 『숙종실록』 38년 6월 3일

박권은 현장에 가지 않고서 버스가 이미 떠난 뒤에 손을 드는 격이었다. 업혀서라도 백두산에 오르겠다고 강력하게 주장해서 현장을 확인해야 했다.

목극등은 지도를 꺼내 우리의 관리와 자세하게 조사했다고 하면서 다른 수원水源을 찾지 못했고, 백두산정계비는 이미 청 황제에게 보고했다고 했다. 만일 자신이 수원을 잘못 찾았다면 조선 국왕이 청 황제에게 다시 요청해서 조사할 수 있다고 했다.

숙종은 박권에게 국토의 경계를 정하는 것은 매우 중요하므로 우리의 주장을 강력하게 펼치고, 만일 현장에서 대처하기 어려우면 바로 보고하라고 지시한 바 있다.

하지만 박권은 현장을 확인하는 중요한 사함임에도 임금에게 보고하지 않고 자의적 판단으로 백두산에 오르지 않았다. 접반사 박권과 관찰사 이선부가 국토의 경계를 정하는 중요한 순간에 백두산의 현장에 가지 않은 것은 큰 잘못이었다.

사헌부는 박권과 이선부의 징계를 요구했다. 그러나 숙종은 결국 사헌부의 요구를 받아들이지 않았고 박권 등을 처벌하지 않았다. 조선의 고위 관리가 현장조사단에서 빠지고, 백두산정계비가 세워진 것은 숙종 시대의 큰 오점이었다.

조정은 그 후 백두산정계비의 위치가 잘못되었음을 논했고, 청에 외교문서를 다시 보내 재조사를 하자는 주장도 있었다. 그러나 목극등이 징계받을 것을 우려했고, 목극등보다 더 강한 자가 파견되어 우리 국토가 축소될 수 있다는 우려로 중지되었다.

### ●●● 국토의식이 없었던 관리들

영조 때 영의정까지 오르는 홍치중은 당시 북평사로 파견되어 나라의 경계를 정하는 것을 조사했다. 그도 목극등이 파악한 두만강의 수원水源이 잘못되었다는 것을 알았다. 그래서 푯말이라도 바로 세우고자 했다.

"이미 강의 수원을 잘못 잡은 것은 우리 마음대로 바꿀 수 없습니다. 그러나 하류의 푯말은 바르게 세워야 합니다. 백두산정계비에서 공사를 시작해서 위에서 아래로 내려가되, 돌이 있는 곳은 돈대를 만들고 나무가 있는 곳은 목책을 세워야 합니다."

홍치중은 거산 찰방 허양과 나난 만호 박도상에게 푯말을 새롭게 세워야 한다고 지시하고 조정으로 돌아왔다. 그러나 허양 등은 조정의 명을 기다리지 않고 그들 멋대로 목책을 세웠다. 일부 중·하급 관리까지 국토의식이 없는 기가 찰 노릇이었다. 허양 등은 잡혀왔으나 이마저도 사면령으로 풀려났다.

숙종 때 청의 강희제의 명에 따라서 목극등이 세운 백두산정계비, 조선의 책임 있는 관리는 현장에 가지 않았고, 조정은 뒤늦게 잘못된 장소에 세운 것을 알았다. 그럼에도 그 장소를 바꾸려는 노력을 하지 않았다.

또한 백두산정계비에서 압록강과 두만강으로 이어지는 경계에 푯말이라도 제대로 세우고자 했으나, 중·하급 관리가 자의적으로 푯말을 세웠고, 그것을 바로잡지 않았다. 숙종 때 이와 관련해서 그 누구도 처벌받지 않았다.

평사 김선은 「경성 원수대 비각기」에 백두산정계비가 잘못된 장소에 세워진 것을 통탄했다.

"백두산의 동쪽 산록을 찾아서 분수령이라고 이름을 붙이고 목극등이 마음대로 결정하여 돌에 새겼다. 아, 우리나라의 중신 박권과 이선부은 늙고 겁이 나서 스스로를 움츠리며 하급 관리에게 맡겨 두었다. 그들은 역할을 하지 않았고 수수방관해서 한마디도 주장을 펼치지 않았다. 그리하여 우리 동방 천년의 선춘령* 옛 경계를 앉아서 잃고 말았으니, 지사들은 공분을 금할 길이 없다." 『북여요선』

상/ 백두산정계비 고찰

윤관은 고려 예종 때 군사 17만 명을 거느리고 동여진을 정벌

* 선춘령: 고려의 윤관이 여진족을 몰아내고 동북 9성을 개척해서 고려정계비를 세웠다는 고개

해서 몰아내고 함주에서 공험진까지 9성을 쌓아서 경계를 정하고, 공험진의 선춘령에 비석을 세운 바 있다. 평사 김선은 윤관이 세운 비석을 기준으로 국경선을 다투지 않은 것은 결과적으로 수백 리의 땅을 넘겨준 것이라고 지적하고 한탄한 것이다.

백두산정계비에 나오는 토문강도 서로가 다르게 해석한다. 청은 두만강이라고 했고, 조선은 두만강의 북쪽에 있는 쑹화강이라고 했다. 박권과 이선부가 현장에 가서 목극등과 명확하게 지리적으로 고찰해서 결론을 내렸다면, 이런 해석 차이가 나오지 않았을지도 모른다.

숙종은 국토를 지키고자 한 의지는 강했다. 그러나 백두산에 대한 실상을 제대로 파악하지 않고 뚜렷하게 대처하지 못했다. 그 결과 백두산정계비는 우리의 의지와 지리적 고찰이 반영되지 않은 채 어정쩡하게 세워졌다. 백두산정계비는 영 개운치 않은 뒷맛이었다.

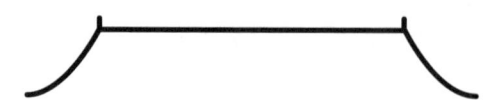

# 숙종의 역사 바로 세우기

### ●●● 단종과 사육신 복위

숙종은 국방을 튼튼하게 하도록 노력했다. 한양도성을 수리하고 북한산성을 쌓았으며 군사훈련도 소홀하지 않았다. 훈련 장소는 주로 노량진이었다. 노량진에서 융복을 입고 말을 타고 직접 군사를 지휘하기도 했다. 노량진은 모래사장이 넓었고, 다른 왕들도 여기서 군사훈련을 했다.

임진왜란 이후 훈련방법은 가짜 왜군을 편성해서 전진과 후퇴를 반복했고 신무기도 등장했다. 5층으로 된 화차였다. 한 층에 화총 10매를 설치해서 한꺼번에 50매를 쏘았다. 평지에서 전투하는 최고의 무기였다. 숙종은 군기시와 훈련도감에 명해서 화차를 더 만들게 했다.

그런데 훈련장소인 노량진 바로 옆에 사육신의 무덤이 있었다. 임금은 사육신의 절의에 감동했다. 숙종 5년 9월, 영의정 허적이 군사훈련을 마친 후 아뢰었다.

"성삼문 등 사육신이 죽은 뒤 어떤 의사가 이 강의 남쪽 언덕에 시신을 거두어 묻고 돌을 세워서 표시했습니다. 그 무덤은 지금은 모두 허물어졌습니다. 특별히 봉분을 올려 쌓으면 성덕이 빛날 것입니다."

이에 임금은 사육신 묘의 존재를 알게 되었고 허적의 건의를 받아들여서 봉분을 쌓도록 했다. 그뿐만 아니라 숙종 7년 7월에는 노산군(제6대 단종)의 신분 변화에 대해서도 먼저 말을 꺼냈다.

"왕비에서 탄생한 자식은 모두 대군大君, 공주公主라고 한다. 노산군도 당연히 대군으로 일컬어야 한다. 이것을 대신들은 의논하라."

대신들은 모두 찬성했다. 노산군에서 노산대군으로 한 등급 올렸다. 노산군으로 강봉한 지 224년 만이었다. 노산군의 신분에 대해서 처음으로 금기사항이 깨졌다.

숙종 17년 12월, 임금은 선비들이 알음알음 뜻을 모아 사육신의 묘에 사당을 지었다는 것을 알고, 사당의 편액을 내리고 '민절愍節'이라고 했고 비망기를 내렸다.

"나라에서 우선 힘쓸 것은 절의를 널리 권장하는 것보다 큰 것이 없고, 신하는 절의에 죽는 것보다 큰 것이 없다. 사육신은 '당대의 난신이나 후세의 충신이다'라고 세조께서 말씀하셨다. 그 분부에 깊은 뜻이 있을 것이다. 편액을 내린 것은 세조의 뜻을 잇는 것이다."

그동안 사육신과 노산군의 복위가 금기시된 것은 세조 처분의 정당성 문제 때문이었는데, 숙종은 그 금기사항을 오히려 세조의 뜻을 잇는 것이라는 논리를 개발했다. 세조가 "사육신은 당대의 난신이나 후세의 충신이다"라고 말한 것을 근거로 활용했다.

숙종은 사육신의 관작을 복구하고, 고신告身, 관리의 임명장을 만들어 후손에게 주고, 자손이 없는 사람은 서원에 안치해서 후세에 전하도록 했다. 그러나 노산대군의 복위는 논의되지 않았다.

숙종 24년 9월, 전 현감 신규의 상소에서 노산대군의 복위 논의가 시작되었다. 신규는 노산대군의 복위를 역설했다.

"사육신은 그 절의를 아름답게 여겨서 복위했습니다. 그러나 노산대군은 사육신의 임금으로서 병자년의 모의도 알지 못했고 덕을 잃지도 않았으며 편안히 죽지도 못했는데, 임금의 예로 제사를 올리지 않은 것은 전하의 부족한 처사가 아닙니까? 이제 노산대군을 왕으로 복위해서 수호군을 두고 의장물을 갖춘다면 천심이 기뻐할 것이고 인정이 흡족할 것입니다."

숙종은 공감했지만 노산대군의 복위를 쉽게 결정할 수 없었다. 노산대군이 왕으로 복위하면 세조의 처분이 부당했음을 인정하는 것이고, 종묘의 신주도 세조의 앞자리에 모셔야 했기 때문이다. 조정이 찬성과 반대로 둘로 쪼개질 수 있다.

숙종은 조정에 널리 의견을 모으라고 했고, 조정대신뿐만 아니라 당상관과 당하관까지 491명이 의견을 냈다. 폭넓은 의견 수렴이었다. 조종조에서 시행하지 못한 것을 경솔하게 논의할 수 없다는 의견이 우세했다.

숙종 24년 10월, 임금은 비망기로 뜻을 전했다.

"세조는 노산대군으로부터 선위로 왕위를 물려받아서 상왕으로 삼아서 문안인사도 했다. 그러니 세조가 노산대군에게 마지막에 내린 처분사약을 내린 것은 세조의 본뜻이 아니다. 그것은 사육신에게서 말미암은 것이다. 사육신은 이미 복위되었다. 그들의 임금도 복위해야 한다. 이 일을 시행하지 않으면 또 어느 때에 시행하겠는가? 예조는 복위에 대한 성대한 의식을 시행하라."

숙종은 정승에서 당하관까지 충분하게 의견을 모은 후 반대가 많았지만, 임금으로서 결정했다. 복위 반대자들도 임금의 결정에는 따를 수 있음을 내비쳤기 때문에 이후의 절차는 순조롭게 진행됐다.

노산대군의 시호를 '순정 안장 경순 돈효'로 추상하고, 묘호를 '단종端宗'으로 했다. 단端은 예를 지키고 의를 실천하는 의미였다. 능호는 '장릉莊陵'으로 했다. 노산군으로 강봉한 뒤 단종으로 복위하는 데 241년이 걸렸다.

또 남은 것이 있었다. 단종 때의 기록은 표지에 『노산군일기』라고 쓰여 있었는데, 내용은 고칠 수 없지만 표지는 '단종대왕실록'으로 하고 그러한 사유를 부록으로 만들기로 했다. 숙종은 찬집청을 만들었고, 대제학 송상기가 주관해서 4개월에 걸쳐서 부록을 완성했다. 중종 때 노산군의 묘에 제사 지낸 것을 시작해서 숙종 때의 복위까지의 내용을 실었다. 그래서 단종 때의 기록을 '노산군일기'라고 하지 않고 『단종실록』이라고 한다.

숙종은 사육신과 단종을 복위한 후 그 심정을 해창위 오태주 현종의 셋째 딸 명안공주의 남편, 숙종의 매부에게 "지금 이후로는 거의 남은 한이 없다"라고 편지를 보내고 그 심정을 시로써 표현했다.

"단종이 복위하는 날에 세조의 덕은 더욱 빛나고

나의 평생소원 이루었으니 그 기쁨은 영원하리라." 『연려실기술』제4권/단종조 고사본말

숙종은 노산군에서 단종으로 복위하고, 이와 동시에 노산군 부인도 정순왕후로 복위하고 능호는 '사릉思陵'으로 정했다. 임금은 사릉을 왕비의 제도에 따라서 새롭게 갖추고 임금으로서 처음 배알했다. 또한 단종과 정순왕후의 신주를 종묘에 모셔서 나라에서 올리는 제사를 받도록 했다.

숙종이 사육신과 단종을 복위한 진심을 엿볼 수 있었다. 사육신과 단종의 복위는 세조가 처분한 역적을 충신으로 바로잡는 역사 바로 세우기였다. 숙종의 과감한 결단이 그 역할을 했다.

### ●●● 소현세자빈 강씨의 위호 회복

인조가 역모 혐의를 씌워 소현세자빈 강씨를 죽였으나, 그녀의 반역 혐의는 허점투성이였고, 조금만 관심을 기울이면 근거가 부족하다는 것을 누구나 알 수 있었다. 그러나 모두가 쉬쉬했다. 인조가 강압적 태도로 일관했고, 강씨를 '역강逆姜, 역모한 강씨'이라고 했다.

인조가 죽고 효종이 즉위하자, 홍문관 부교리 민정중이 소현세자빈 죽음에 대한 의혹을 풀어달라고 상소를 올렸다. 효종은 민

정중이 아직 젊어 '역강의 사건'을 잘 모르므로 문제삼지 않겠지만, 앞으로 이 사건을 언급하면 반역자 취급을 하겠다고 했다. 신하들은 겁먹고 입을 꾹 다물 수밖에 없었다. 효종 때도 소현세자빈 강씨를 언급하는 것은 금기사항이었다.

효종 5년, 전국적으로 가뭄이 극심했다. 농업국가 조선에서 가뭄은 국가의 중대 사항이었다. 임금은 가뭄 극복을 위한 모든 대책을 세워야 했다. 그중 하나가 '구언求言'이다. 나라를 위한 대책 말을 구하는 것으로 누구나 올릴 수 있었다.

황해 감사 김홍욱은 장문의 가뭄대책을 올렸다. 그중에 소현세자빈 죽음의 억울함을 나열하고, 이 억울함을 풀어 음기를 사라지게 해야 비가 내릴 거라는 내용도 있었다. 효종은 상소문을 읽고 노발대발했고, 금부도사를 황해도로 보내서 당장 김홍욱을 잡아오게 했다.

효종은 창덕궁 인정문 앞에 형틀을 갖추고 친국했다. 임금은 화를 내며 형신을 가하라고 재촉했다. 영의정 김육 등은 구언 상소로 올린 내용을 역모 혐의로 몰아 형신을 가하는 것은 임금의 덕에 손상이 된다고 했고, 형 집행자들도 곤장 때리기를 주저주저했다. 김홍욱이 올린 상소의 형식과 내용에 수긍이 갔기 때문이다. 그러나 효종은 이런 자를 죄주지 않으면 임금 노릇을 할 수 없다고 화를 내며 펄펄 뛰었다. 임금의 강경한 주문에 결국 곤장을 때렸다. 김홍욱은 억울한 심사를 부르짖었다.

"상소를 올린 자를 죽이고도 망하지 않는 나라가 있었습니까? 내가 죽거든 내 눈을 빼내어 도성 문에 걸어두면 국가가 망해가는 것을 보겠습니다."

효종은 계속 친국을 했다. 그런데 사헌부 관리들은 곤장 때리기를 망설였고, 능천 부원군 구인후는 김홍욱을 변호했다. 그러자 효종은 구인후를 바로 파면했다. 이에 삼정승은 자신들도 김홍욱을 변호하는 말을 했다면서 삭탈관직을 청했다. 구언 상소를 역모 혐의로 모는 것은 지나친 처사였고, 항의 표시였다. 김홍욱은 결국 곤장을 맞다가 형틀에서 죽었다. 소현세자빈 강씨의 사건에 대한 임금과 신하 간의 극명한 시각차를 엿볼 수 있다.

이것은 현종과 숙종 때도 마찬가지였다. 신하들은 소현세자빈 강씨에 대해서 언급할 수 없었다.

숙종은 책 읽기와 글쓰기를 좋아했다. 어제시御製詩, 임금이 직접 지은 시도 많이 남아 있다. 숙종이 어느 날 인조 때 활동한 이명한의 문집을 읽었는데, 강석기의 글이 소개되어 있었다. 임금은 강석기가 매우 현명한 재상이라는 것을 알고 감동했다. 그런데 강석기는 소현세자빈 강씨의 아버지였다. 임금은 소현세자빈 강씨의 역모 사건에 대해 늘 측은하게 여겼다며, 소현세자의 손자 임창군 이혼의 집안이 번창한 것은 그 조상이 착하게 살아왔음을 증명한다고 했다.

숙종 44년 3월, 임금은 소현세자에 대한 소회를 밝혔다.

"경덕궁의 높은 곳에서 소현세자의 사당을 바라보면서 그 신도神道가 홀로 외로울 것을 생각하니, 과인의 마음이 매우 서글펐다."

임금이 그동안의 금기사항을 깬 것이다. 소현세자빈 강씨가 죽고 72년이 지난 때였다. 약방 도제조 이이명은 임금에게 이런 뜻을 널리 알려야 된다며 시 짓기를 청했다. 임금은 「소현세자의 사당을 바라보면서」라는 제목으로 시를 지어 내렸다.

혼령 모신 사당을 돌아보니 더욱더 처연하구나.
덧없이 흘러간 세월이 어느덧 70년이라.
궁주소현세자빈 강씨를 지칭함를 어찌하여 아울러 받들지 못하는고?
세상 사람들은 누구도 알지 못하나, 내 마음은 연민이 가득하네.

숙종의 뜻에 따라서 삼정승과 원로대신, 2품 이상의 관리, 홍문관, 사헌부, 사간원 등 주요 관리들이 모여서 소현세자빈 강씨의 신원 회복에 관해서 의견을 냈다.

"소현세자빈 사건은 70여 년 동안 나라 사람들이 불쌍히 여겼습니다. 지금까지 감히 말씀드릴 수 없었던 것은 금기사항이 너무 지엄했기 때문입니다. 이제 임금께서 신원 회복하는 은전을 베풀고자 하시니 우러러 감탄해 마지않습니다."

그런데 더 중요하게 해결할 문제가 남았다. 선왕들조부와 증조부인 효종과 인조의 처분이 잘못되었다는 것을 뒤집어야 했다. 이것은 쉬운 일이 아니었다.

숙종은 '미의앙인微意仰認, 은미한 뜻을 우러러 알고 있다'이라는 네 단어를 찾아냈다. 즉, 선왕들도 겉으로 드러내지는 않았으나 강씨의 억울함에 대한 은미한희미한 뜻이 있었고, 강씨 위호 회복은 선왕들의 그 은미한 뜻을 받들어 실천하는 것이라고 논리를 개발한 것이다.

　숙종 44년 4월, 임금이 소현세자빈 강씨의 시호를 '민회愍懷'로 정했다. 강씨가 세자빈의 지위를 잃고 죽은 것을 슬퍼하고 가슴 아파했다는 의미였다. 강씨는 72년 만에 '역강逆姜'에서 '민회빈'으로 위호를 복위했다. 반역 혐의를 벗은 것이다. 민회빈의 신위를 소현세자의 사당으로 옮겨서 같이 모셨다.

　숙종은 소현세자와 세자빈의 신주가 따로 떨어져 있는 것을 합하고자 하는 바람을 이루었다. 신하들은 소현세자빈이 억울한 누명을 썼다는 것을 알면서도 말하지 못한 죄책감을 벗어날 수 있었다.

　조선의 왕은 같은 핏줄로 대를 잇는 왕조국가다. 후대의 왕이 역모 처분을 내린 선왕의 결정을 바로잡는 것은 어려운 결정이었다. 숙종이 단종과 민회빈의 역모 혐의 처분을 바로 잡은 것은 잘한 결정이었다. 숙종이 단종과 사육신을 복원하고 역사 바로 세우기를 한 것에 박수를 보낸다.

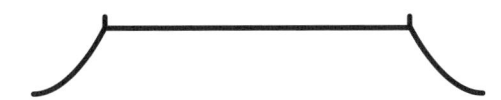

# 세자에게 대리청정을 맡기다

조선 왕의 평균 수명은 48세였다. 단종17세은 강제적으로 생명을 단축했으므로 제외했다. 예종20세, 헌종23세, 성종38세, 인종31세, 명종34세 등 20, 30대에 승하한 왕도 많다. 조선 최고 어의의 치료와 질 좋은 음식도 임금의 장수를 보장하지 않았다.

그나마 왕이 되기 전 고려 장군으로 왜구 소탕을 위해서 전 국토를 누비고 57세에 왕이 된 태조 이성계74세, 태종에게 왕위를 일찍 물려주고 유유자적한 삶을 산 정종63세, 소식小食으로 잘 알려진 영조83세가 평균 수명을 끌어올렸다.

### ●●● 수면 위에 오른 대리청정

평균 수명을 넘긴 숙종60세도 건강하게 산 것은 아니었다. 숙종은 화증, 다리 떨림, 눈병이 심했다. 즉위 43년째에는 승정원에 아주 긴급한 것 외에는 문서를 올리지 말도록 했다. 눈병으로 글자를 읽을 수 없었기 때문이다.

숙종 43년 7월 17일, 임금이 창덕궁 희정당에 영의정을 비롯한 주요 대신들을 불렀다. 영의정 김창집이 임금의 병환을 여쭈었다.

"왼쪽은 안질이 심해 물체를 전혀 볼 수 없고, 오른쪽은 물체를 보아도 희미해서 구별할 수 없다. 작은 글자는 백지를 보는 것과 같고 큰 글자라도 분명하게 읽을 수 없다. 국사를 처리할 수는 있지만, 이러한 일을 대신들과 논의하고자 한다."

행 판중추부사 이유는 임금이 세자의 대리청정을 논의할 것으로 짐작했으나, 먼저 말을 꺼낼 수 없었다, 신하가 먼저 '대리청정'을 입에 올리면 역모 혐의를 뒤집어쓸 수 있기 때문이다. 임금에게 논의하고자 하는 내용을 상세하게 설명해달라고 청했다.

숙종은 현재의 건강 상태로 계속 업무를 보면 시각 장애인이 되고 죽음을 재촉하는 것이라고 스스로 진단했지만, 자신의 병이 심각해도 대리청정은 맡기지 않겠다고 했다. 마치 세자에게 어떤 문제가 있는 것처럼 애매모호한 답변이었다.

세자경종는 3세에 세자로 책봉되어 27년간 세자 수업을 받았으며 나이도 29세로 장성했다. 그동안 학문도 착실하게 닦고 총명했으며 신하들로부터도 좋은 평가를 받았다. 장희빈에서 태어났으나 인현왕후를 어머니 이상으로 극진하게 모셨고, 숙종의 병에 직접 시탕侍湯, 약을 직접 다리는 일을 5년 동안 했고 효에 조금도 소홀함이 없었다. 세자 경종이 대리청정해도 아무런 문제점이 없었다.

신하들은 숙종에게 거듭해서 세자의 대리청정을 청했다.

"왕세자께서 정사 참여를 결단하시면 정성을 다해서 보좌하겠습니다. 이렇게 하면 어찌 국사가 제대로 다스려지지 않을 이치가 있겠습니까?"

세자의 대리청정에 반대하는 신하가 단 한 명이 없을 정도로 모두가 세자의 자질을 이구동성으로 칭찬했다. 그런데도 숙종은 이상한 논리를 폈다.

"과인도 세자의 대리청정을 정말 생각했다. 만약 세자에게 대리청정을 맡겼다면 안질이 악화하기 전에 어찌 행하려 하지 않았겠는가? 그러나 지금은 어렵다."

숙종은 건강이 더욱더 악화하므로 대리청정을 맡길 수 없다는 것이다. 왕의 건강 악화로 대리청정을 맡기는 보통의 예와는 전혀 다른 논리였다. 이로부터 12년 전으로 거슬러 올라가 보자.

숙종 31년, 왕위를 느닷없이 세자에게 넘기겠다는 선위禪位를 발표했다. 그때 내세운 이유는 깊어지는 화증火症, 성을 잘 내는 병이었다. 화증이 나면 밤잠을 잘 자지 못했고 수라 때를 놓치기 일쑤였으며 어지럼증도 생겼다. 30년간의 고질병이라고 했다.

이때 숙종은 44세로 왕성하게 활동할 시기였고, 세자는 17세로 아직 약관이 되지 않았다. 임금은 화증을 내세웠지만, 생명을 위협할 정도이거나 정무를 보지 못할 정도의 병은 아니었다. 임금과 세자의 나이를 고려해도 선위할 명분과 객관적 조건이 갖추어지지 않았다.

이에 삼정승뿐만 아니라 대신과 중·하급 관리, 심지어 성균관 유생까지 나서서 모두 선위를 반대했다. 왕세자는 선위를 받을 수 없다고 3번이나 상소를 올렸다. 임금은 선위할 명분이 없었지만, 바로 철회하지 않고 6일이나 끌었고, 온 조정이 거듭 만류해서 겨우 선위의 명령을 철회했다. 결국 병으로 임금의 자리를 스스로 물러나고자 했으나 신하들의 반대에 부딪혔던 것이다.

### ●●● 신하들이 대리청정을 요구한 이유

이번에는 숙종의 심각한 안질, 숙종56세과 세자29세의 나이 등을 고려하면 대리청정할 객관적 조건이 갖추어졌다. 그리고 신하 모두가 세자의 대리청정을 바랐다. 그런데도 숙종은 뚜렷한 이유를 내세우지 않고 대리청정을 맡길 수 없다는 것이다. 숙종의 꿍꿍이를 도저히 파악할 수 없는 모순된 논리였다.

조선에서 대리청정 소동은 여러 차례 있었다. 임금은 왕권 강화를 목적으로 세자에게 권한을 넘겨주겠다는 대리청정을 짐짓 내세웠고, 신하들은 그 속내를 눈치채고 적극적으로 반대했다. 임금은 자신의 목적이 달성되었다고 판단하면 슬며시 대리청정을 철회했다.

그러나 이번에는 달랐다. 대리청정의 객관적인 상황이 조성되었음에도 임금은 하지 않으려고 했고, 신하들은 세자의 대리청정을 적극적으로 찬성했다. 신하들은 그동안 임금이 보여준 변덕스러운 정치를 빨리 벗어나고 싶은 속내도 있었을 것이다. 반면 세자 경종은 어질고 착했다. 신하들은 숙종보다 세자를 상대하는 편이 정사 처리에 더욱더 편리한 존재로 여겼을 것이다.

신하들은 거듭해서 세자의 대리청정을 요구했다. 조선에서 신하들이 적극적으로 대리청정을 요구한 유일한 사례다.

숙종은 결국 허락했다. 의정부는 재빨리 이 사실을 전국 팔도에 알려야 한다고 청했고, 임금은 이를 받아들였다. 혹여 임금의 심경 변화로 대리청정을 거둘 여지를 없앤 것이다.

### ●●● 3년간의 대리청정

좌의정 이이명을 중심으로 해서 왕세자의 대리청정 절목을 만들었다. 세자의 거처인 창덕궁 시민당을 정사 처리를 하는 곳으로 정해서 조참과 상참을 하도록 했다. 인사권·형벌권·군사권은 임금에게 그대로 두고, 그 외 정무는 세자가 처리하도록 했다. 세종이 문종에게 대리청정을 맡긴 사례를 참고했다.

세자는 청나라 사신맞이, 백성의 세금이나 노역 문제, 지역 읍성이나 산성의 수축, 백성의 구휼 등을 처리했다. 가뭄 대책으로 궁궐의 반찬 가짓수를 줄이고 금주령도 내렸다. 또한 정치는 농사를 중요시해야 한다는 글도 내렸다. 아무리 왕조국가이고, 임금이 아프다고 해서 국가와 백성의 삶은 한시라도 쉴 수 없었기 때문이다.

세자는 대리청정 기간에 개인적인 불행도 겪었다. 세자빈 심씨가 질병으로 갑작스럽게 죽었다. 세자 경종은 8세, 세자빈 심씨는 10세에 혼인해서 21년을 같이 살았으나 자식은 없었다. 세자는 상례를 주관했고 1년 동안 상복을 입어야 했다.

생모 장희빈의 묘소도 옮겼다. 장희빈의 묘가 불길하다는 풍수가의 주장이 있었고, 다른 풍수가 13명이 묘소를 다시 살펴보니, 다수가 그 주장에 동조했기 때문이다. 인장리경기도 광주시에서 진해촌경기도 광주시으로 천장했다. 장희빈의 묘는 1969년에 다시 옮겨 현재 서오릉경기도 고양시에 있다. 장희빈은 죽어서도 편하지 않았다.

숙종의 병은 회복 기미가 보이지 않았고 오히려 점점 악화했다. 형벌권을 행사하지 않으므로 한성과 지역에 심리하지 않은 죄인이 늘어났다. 어떤 사람은 옥에 7, 8년 갇혀 있었고 1백여 형문을 받았으나 미결수 상태도 있었다.

숙종은 세자에게 형벌권도 넘겼다. 세자는 죄인을 직접 심문해서 유배할 죄인 30명을 풀어주었고, 지역에서도 판결을 빨리하도록 해서 100여 명을 석방했다. 이들의 원망이 가뭄의 원인이 된다고 여겨졌기 때문이다.

세자 경종은 숙종의 불같은 성격과 달리 내성적이었다. 태도가 신중했고 말이 거의 없었다. 신하들의 의견 개진에도 간단한 대답뿐이었고, 서연에서도 질문을 거의 하지 않았다. 또 다른 측면에서 세자가 무엇을 생각하는지를 알 수 없었다.

숙종 45년 10월, 스승 송성명이 세자에게 글을 올렸다.

"세자께서는 대리청정을 한 이후에도 예전처럼 말씀이 없습니다. 군주의 명은 말씀한 연후에 선포해야 하고, 법 제정이나 결재도 말씀을 내린 후에 결단하는 것입니다. 도대체 말씀하시지 않으시면 어떻게 정사를 다스릴 수 있겠습니까?"

세자는 스승의 말이 매우 간절해서 가상히 여긴다고 대답했으나 그 태도를 쉽게 바꾸지는 않았다.

조선에서 세자가 되면 반드시 해야 할 일이 세 가지 있었다. 바로 문안, 시선, 서연이었다.

문안과 시선은 아침저녁으로 왕과 왕비에게 문안인사를 올리고 수라상을 직접 돌보는 것이며, 서연은 장차 임금이 되기 위한 학문을 닦는 것으로 미래를 위한 준비였다.

세자는 여기에 더해서 시탕과 상약嘗藥, 약을 직접 맛봄, 정무를 처리해야 했다. 조선에서 임금의 병환에 시탕과 상약은 궁녀에게 맡기지 않고 세자가 직접 했다. 시탕은 매우 정성을 쏟아야 하고 시간이 걸리는 일이었다. 정무를 처리하기 위해서는 각종 상소문을 직접 읽어야 했고, 대신들과 머리를 맞대어서 결정을 내려야 했다. 소대召對도 가끔 했다. 소대는 왕이 신하를 수시로 불러서 정사를 논의하는 것이다. 대리청정하는 세자는 1인 6~7역을 소화해야 했다. 어느 하나 소홀히 할 수 없었기 때문에 여간 고된 일이 아니었다.

세자는 3년간 대리청정을 했는데, 조선의 최장 기간30년 세자이기도 했다. 문종도 5년간 대리청정을 했고, 경종 다음으로 오랜 기간29년 8개월 세자로 있었다. 두 왕은 공교롭게도 모두 세자 기간은 오래였으나, 왕의 재위 기간은 짧았고 일찍 승하했다.

숙종은 경종에게 대리청정을 맡긴 이후 3년여 병마에 시달리다가 승하했다. 숙종은 세자 경종의 대리청정으로 임금의 자리를 마무리했다.

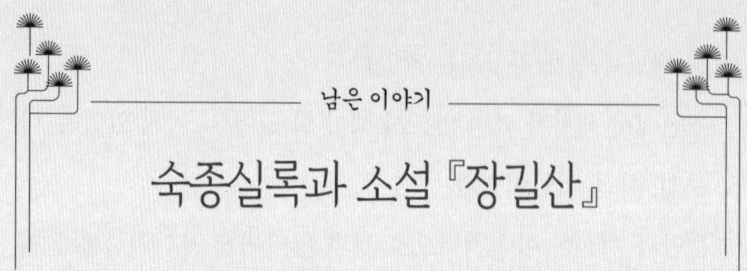

## 숙종실록과 소설 『장길산』

소설 『장길산』은 소설가 황석영이 한 일간지에서 1974년부터 10년간 연재한 후 10권의 대하소설로 출판되었다. 장길산과 광대들이 새로운 희망을 찾는 장대한 물줄기를 뿜어내고 있다.

### ■■■ 실록에 등장하는 장길산 ■■■

장길산은 『숙종실록』에 등장하는 실제 인물이다. 그는 도둑이었고 관에서 체포하고자 했으나 실패했다. 장길산에 대해서 기록이 많은 것은 아니다. 『숙종실록』에 딱 2건이 나온다. 그 처음은 숙종 18년1692년 12월이다.

"임금이 대신들과 비변사의 여러 재상을 인견했다. 이때 도둑의 괴수 장길산이 양덕 땅에 숨어 있으므로, 포도청에서 장교를 보내어 잡도록 했었는데 관군이 놓쳤다. 대신이 그 고을 현감을 죄주어 다른 고을들을 경계하도록 청하니, 임금이 옳게 여겼다."

장길산은 도둑의 괴수로서 양덕에 숨은 것을 포도청이 체포하려 했으나 실패했다. 이로부터 5년 후인 숙종 23년 1월, 스님 운부가 장길산과 결탁해서 정씨와 최씨를 왕으로 세운다는 고변이 있었고, 장길산은 나라의 걱정거리이므로 다시 체포하라는 명을 내렸다.

"극적劇賊, 지독한 도적 장길산은 날래고 사납기가 견줄 데가 없다. 그 무리가 팔도를 활개치고 다닌 지가 벌써 10년이 지나도록 잡지 못하고 있다. 지난번 군사를 징발해서 양덕에서 체포하려고 포위했지만 끝내 잡지 못하였다. 도둑의 음흉함을 알 만하다. 여러 도에 은밀하고 단단히 일러서 도둑이 있는 곳을 상세하게 정탐하게 하고, 별도로 군사를 징발해서 체포하여 뒷날의 근심을 없애고, 보고하라."

장길산에 대한 조선왕조실록의 기록은 이 두 건뿐이다.

### ▣▣▣ 개인기록에 나오는 장길산 ▣▣▣

소설 『장길산』에서 장길산은 광대로 나오는데, 그것은 개인기록에 있다.

"숙종 때에 교활한 도둑 장길산이 해서海西, 황해도 지역에서 날뛰었다. 장길산은 원래 광대 출신으로 곤두박질을 잘하고 용맹이 뛰어났으므로 드디어 괴수가 되었다."『성호사설』 제14권 인사문/이익

위의 기록을 종합하면 장길산은 광대로서 도적이었다. 또한 스님 운부는 장길산 세력과 결탁해서 왕을 쫓아내고 나라를 평정하겠다고 했다. 조정은 그를 체포하려 했으나 놓쳤다. 더군다나 장길산이 팔도를 10년이나 휘젓고 다녔고, 별도의 군사를 징발해서라도 체포하려 했으나 실패했다. 관군이 무능했거나 장길산이 잘 도망했고, 그 과정에서 백성들의 도움이 있었을 것이다.

명종 때 임꺽정도 도적으로 내몰렸으나 오랫동안 체포하지 못했다. 백싱은 임꺽징을 도적보다는 오히려 의적으로 여겼고 그를 몰래 도왔다. 백성은 삶이 피폐할수록 도적으로 내몰렸고, 그럴 때 도적과 의적은 한 끗 차이였다.

조정은 장길산을 체포하려고 노력했으나 실패했기 때문에 그의 인적사

항을 파악하지 못했다. 그의 생몰이나 구체적 활동, 인물의 성격에 대해서는 알 수 없다.

　소설가 황석영은 『숙종실록』 2건과 개인기록을 근거로 해서 10권의 장편 대하소설 『장길산』을 썼다. 작가의 상상력과 그 내면의 깊이가 예사롭지 않음을 알 수 있다. 그 소설로 인해서 장길산의 이름이 오늘날 되살아났다. 이것은 작가의 능력이지만, 『숙종실록』이 그 씨앗을 제공한 것도 부인할 수 없다. 이처럼 조선왕조실록은 왕에 대한 칭송뿐만 아니라 왕에 대한 비판, 백성의 삶 등이 가감 없이 기록되어 1997년 유네스코 세계기록유산으로 등재되었다.

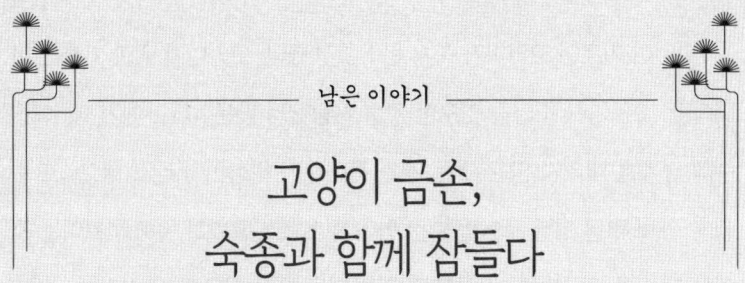

## 고양이 금손, 숙종과 함께 잠들다

조선시대의 창고는 돌과 흙을 이용해서 담을 쌓았고 벼 등 곡식을 저장했다. 이 돌담이나 흙담을 뚫고 곡식을 훔쳐 먹기 위해 몰래 들어오는 침입자가 있었으니 바로 쥐였다. 조선시대 쥐를 퇴치하는 좋은 방법은 고양이를 기르는 것이었다. "고양이 앞에 쥐"라는 속담처럼 쥐는 고양이의 밥이었다.

조선의 궁궐에도 창고와 음식이 있었으므로 쥐가 서식했고, 이와 동시에 들고양이도 살고 있었다. 이런 들고양이를 궁궐 안으로 데리고 들어와서 기른 왕이 있었는데 바로 숙종이었다.

### ■■■ 고양이를 잃은 숙종의 추모 시 ■■■

숙종은 어느 날 후원에서 고양이 한 마리가 굶주려 거의 죽게 된 것을 발견하고 불쌍히 여겨서 궁궐로 데리고 와서 기르게 했다. 임금은 그 고양이를 매우 사랑했다. 그 고양이는 노란색 털로 몸집이 컸는데, 임금이 이름을 '금덕'으로 지었다. 금덕은 음식이 나오면 머리를 숙이고 꼬리를 감춘 채 침상 아래에 엎드려서 기다렸고, 숙종이 음식을 주면 비로소 먹기 시작했다고 한다.

고양이는 숙종의 사랑을 듬뿍 받았으며, 숙종은 금덕이가 죽자 「죽은 고양이를 묻다」라는 추모글을 남겼다.

"과인이 기르던 고양이가 죽자 묻어주게 했다. 고양이가 귀한 가축은 아니지만, 고양이가 주인을 연모한 것을 사랑했기 때문이다.『예기』에 '해진 수레 덮개를 버리지 않은 것은 개를 묻어주기 위함이다'라고 했고, 그 주석에 '개와 말은 모두 주인을 도운 힘이 있으므로 특별히 은혜를 보이는 것이다'라고 했다. 고양이가 비록 주인을 도운 힘이 없을지라도 가축으로 주인을 그리워하였으니, 고양이를 베에 싸서 묻어주는 것은 지나친 것이 아니다."『열성어제』제16권/숙종대왕

### ▲▲▲ 금손을 숙종의 명릉 옆에 묻은 이유 ▲▲▲

금덕이 낳은 새끼 금손金孫도 숙종의 사랑을 받으면서 잘 자랐다. 그런데 숙종이 승하하기 전, 금손은 갑자기 크게 울면서 밖으로 뛰어나가서 모두 이상하게 여겼다. 금손은 그때부터 먹이를 먹지 않았다. 좋아하는 물고기나 고기를 주어도 마찬가지였다. 금손은 수십 일이 지나서 죽었다. 숙종의 세 번째 왕비 인원왕후는 숙종의 명릉 곁에 금손을 비단으로 감싸서 같이 묻어주었다.

### ▲▲▲ 암행어사를 고양이에 비유한 이유 ▲▲▲

조선시대에 쥐와 고양이는 관리에 비유했다. 쥐는 백성의 삶을 돌보지 않고 자신의 이익만을 챙기는 비리 관리, 고양이는 이런 비리 관리를 감찰하는 관리, 즉 암행어사에 비유했다.

"고양이를 기르는 집에는 쥐가 함부로 다니지 않는 것처럼, 암행어사가 모든 비리 관리를 적발하지는 못하더라도 지역의 순행 그 자체로 이익을 탐하는 관리를 막을 수 있을 것이다."『세조실록』1년 11월 7일

조선시대에 고양이 역할을 하는 사헌부, 암행어사 등을 잘 운용한 시대는 임금과 신하 간의 소통이 잘되어 정치가 어느 정도 안정적으로 펼쳐졌다. 그러나 이와 반대로 연산군처럼 사헌부 등 고양이 역할이 거의 작동하지 않는 시대는 정치도 어지러웠다.

민주주의 제도에서 감시자는 감사원, 검찰, 경찰 등이 일선에서 법을 집행함으로써 그 역할을 한다. 여기에 언론은 당사자, 전문가, 국민 등의 여러 의견을 가감 없이 전달해서 여론을 형성하고 감시자 역할에 힘을 보탠다. 무엇보다도 감시자의 마지막 보루는 역시 국민이다. 국민은 투표로 대표자를 선택할 수 있고 바꿀 수도 있기 때문이다. 국민의 마음을 한꺼번에 모두 볼 수는 없지만, 어쨌든 민심은 존재하고 그 마음은 투표로 나타난다.

정치가 올바르게 작동하는 것이 가장 중요하지만, 조선시대뿐만 아니라 현대에서도 제 역할을 하는 감시자는 필요하다. 숙종이 감시자의 상징으로서 고양이를 기른 것인지는 알 수 없지만, 숙종과 함께 잠든 금손을 떠올리면서 감시자의 역할과 그 중요성을 다시 한번 생각해 본다.

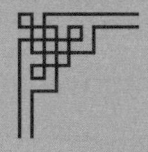  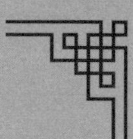

5장

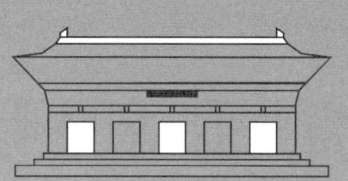

# 경종, 최장 기간의 세자, 짧았던 재위 기간

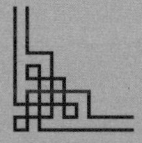 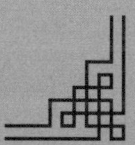

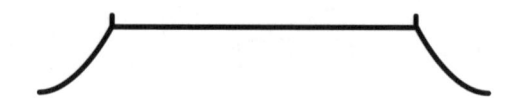

# 왕의 장례 절차 어떻게 했나?

인간은 평생 살면서 4가지 의례를 행한다. 바로 관혼상제冠婚喪祭다. 즉, 어른이 되는 관례, 부부가 되는 혼례, 사람이 죽었을 때 치르는 상례, 돌아가신 조상에 제사를 올리는 제례이다.

반면 조선의 국가의례는 5가지가 있었다. 바로 길례·가례·빈례·군례·흉례이다. 길례吉禮는 나라의 주요 의식을 종묘와 사직, 명산대천에 올리는 제사 의례로 대사大祀·중사中祀·소사小祀로 나눈다. 가례嘉禮는 세자 책봉이나 왕실의 혼인, 잔치에 관한 의례이고, 빈례賓禮는 나라의 사신 접대에 관한 의례이다. 군례軍禮는 군사의 출정이나 훈련 등에 관한 의례이고, 흉례凶禮는 국장에 관한 의례이다.

세종은 집현전에 명을 내려서 나라의 기본적인 뼈대와 틀을 구성하는 의례를 만들게 해서 『세종오례』로 정리했다. 성종 때 이를 보완해서 『국조오례의』를 편찬했고, 영조 때 그동안 변화된 의례를 다시 보완해서 『속오례의』로 찬수했다.

조선은 이러한 예禮의 바탕 위에서 국가를 운영했고 그 절차는 너무나도 엄격했다. 예의 형식이나 절차에 대한 해석 차이로 편이 나누어지고, 상대를 죽음으로 몰아넣기까지 했다.

숙종은 45년 10개월 재위했는데, 이는 영조51년 7개월 다음의 최장기간 재위였다. 숙종의 승하 전후를 통해서 왕의 장례의식에 관해서 살펴보자.•

### ●●● 숙종이 승하하기 전

왕의 건강이나 질병은 평소 내의원의 진찰을 받는다. 내의원은 '약방'이라고도 불렀다. 그러다가 왕의 병이 심각하면 시약청侍藥廳이 설치되어 24시간 돌보는 체제로 바뀐다.

시약청은 제13대 명종 때부터 등장하는데, 왕과 왕비, 세자와 왕대비 등이 위급한 질병에 걸렸다고 판단하면 설치되었다. 내의원이 평소 왕실의 건강을 돌보고 질병을 치료하는 기구라면, 시약청은 내의원을 확대·보완하는 임시기구로서 질병이 나을 때까지 유지한다.

숙종은 2번 시약청을 설치했다. 첫 번째는 숙종 9년으로, 두창 일종의 천연두을 앓아서 돌기가 부풀어 올랐고 곪은 기운이 있었다.

• 숙종의 장례 절차는 기본적으로 『국조오례의』에 따르지만, 숙종의 유언과 상황에 따라서 실제로 적용하는 데는 약간의 차이는 있었다. 『숙종실록』과 『국조오례의』를 근간으로 했다.

약 열흘간 치료해서 살갗에 붙은 딱지가 떨어졌고 환후가 회복되었다. 시약청에 참여한 신하들에게 으레 주는 상 외에 전민田民, 밭과 천민을 내려주었다.

시약청의 도제조, 의관, 한림사관, 주서승정원일기 기록자뿐만 아니라 임시로 참여한 대신과 두 국구임금의 장인, 그리고 내시까지 폭넓은 대상이었다. 사헌부는 상이 너무나 지나치다고 비판했으나, 숙종은 받아들이지 않았다. 숙종은 23세에 걸린 두창에 매우 놀랐고 그 치료에 고마워했음을 알 수 있다.

숙종의 두 번째 시약청은 승하하기 40일 전이었다. 복부 팽창이 심했고 일종의 고질병이었다.

시약청을 설치했지만, 임금의 의식이 아직은 남아 있으므로 최소한의 국사는 시행했다. 세자 경종이 걸린 홍진紅疹, 홍역이 나아서 그것을 축하하기 위한 경과慶科와 무과시험을 치르기로 한 것을 중지했다. 임금의 병환에 아무리 나라의 경사라도 중지할 수밖에 없었다. 또한 육조이조·호조·예조·병조·형조·공조와 삼사三司, 사헌부·사간원·홍문관의 결원을 보충할 때는 후보자에게 붓으로 점을 찍는 낙점 대신 구두 명령으로서 임명했다. 최소한의 업무 처리를 한 것이다.

시약청에서 매일 임금의 환후를 살펴서 약을 달이고 침을 놓았으나 효과를 그리 발휘하지 못했다. 배는 더욱 불룩하게 튀어나오고 먹는 미음의 양도 차츰 줄었고 혼수 상태에 빠지기도 했다. 임금의 말씀이 희미해져서 내시가 베갯머리에 가까이 갔으나, 이마저도 분명하게 알아들을 수 없었다. 횡격막이 줄어들고 목구멍도 막혀서 호흡이 거칠어졌다. 어깨를 들썩이면서 숨을 쉴 지경이었다. 임종이 임박했다.

이럴 때 왕비, 세자와 조정은 초긴장하고 임금을 살릴 수 있는 가냘픈 희망의 끈을 붙잡는다. 의금부와 형조, 지역의 감옥에 갇힌 죄수 중에서 살인 등 중범죄자를 제외하고는 모두 풀어준다. 또한 종묘와 사직, 삼각산북한산, 백악산, 한강 등 전국의 명산대천에 관리를 보내서 제사를 올린다. 감옥의 음기를 없애고 화평한 기운과 신령의 도움으로 임금의 병을 낫게 하자는 의도이다.

그러나 이러한 조치는 아무런 효과를 발휘하지 못했고, 숙종은 바로 승하했다. 다른 왕들의 승하 직전의 모습도 이와 비슷했다.

### ●●● 숙종 승하 당일과 이후의 절차

숙종 46년 6월 8일, 시약청에서 밤새워 임금을 간호했다. 그 곁에는 중전과 세자와 연잉군후일 영조, 임금의 말씀을 전하는 환관과 궁녀, 조선왕조실록을 기록하는 사관도 같이 머물렀다. 조정 대신, 승정원, 삼사의 신하들은 문밖에서 시립했다. 전현직의 여러 대신과 영의정 김창집이 방 안의 어탑 아래로 나아가 큰 소리로 외쳤다.

"전현직의 대신이 들어왔습니다."

"소신 창집이 들어왔습니다."

그러나 임금에게 그 목소리는 전달되지 않았다. 손가락은 이미 푸른색으로 변했고 맥이 거의 끊어졌다. 호흡과 가래 끓은 소리가 점차 가늘어지다가 승하했다. 진정辰正 2각二刻이었다. 오전 8

시 15분에서 30분 사이다.

임금이 승하할 때 가장 먼저 취해야 할 조치가 '속광'이다. 속광은 임금이 승하할 무렵에 햇솜을 코 밑에 대어 호흡 여부, 즉 임종을 확인하는 것이다.

숙종 때는 누가 속광을 해야 할지를 허둥지둥했다. 신하들은 『오례의』와 『등록』을 열람해서 전례를 찾기도 했고, 승지 한중희가 『승정원일기』에 예조판서가 속광을 한 예를 보여주면서 예조판서 이관명에게 속광 하도록 청했다. 그러나 이관명은 거절했다.

"당시 장선징은 예조판서였지만 임금의 인척이었기 때문에 속광을 했다. 그러나 나는 불가하다."

신하 사이에 의논이 분분해서 우의정 이건명이 임금의 인척이 해야 한다고 중지를 모으고, 효종의 유일한 외손인 청평위 심명보를 찾게 했다. 그는 대궐 밖에 있었다.

임금이 승하한 시간이 꽤 흘러가고 있었다. 이러한 혼란 속에서 내시가 속광을 했다. 예와 절차에 얽매인 조정과 경험 있는 내시의 상반된 모습을 볼 수 있다. 『국조오례의』는 내시가 속광 하게 되어 있다.

그다음은 '복復'의 절차다. 내시가 임금이 평소 입는 웃옷숙종의 경우는 두 명의 내시가 강사포와 곤룡포을 왼쪽으로 메고 지붕으로 올라가서 지붕 한가운데를 밟고, 왼손으로 옷깃을 잡고 오른손으로 옷허리를 잡고 북향해서 3번 부른다.

"상위복上位復, 상위복, 상위복."

그리고 옷을 아래로 던지면 다른 내시가 이를 함으로 받아서 임금의 시신 위에 덮는다. 상위上位는 임금을 뜻하고, 복復은 돌아온다는 뜻이다. 북쪽의 방위는 죽음을 의미하기 때문에 임금의 생명이나 혼이 북으로 가지 말고, 다시 대궐로 돌아오라는 뜻이다.

이제 본격적인 장례 절차가 시작된다. 세자가 먼저 관과 사포를 벗고 머리를 풀어서 거애擧哀한다. 거애는 임금이나 왕비, 세자 등이 곡하는 의식을 말한다.

신하 한 명은 '상대점上大漸, 임금이 승하했다는 의미'이라는 글씨를 크게 써서 궁궐 밖에 흩어져 있는 신하들에게 보여준다. 신하들은 이것을 보고 임금이 승하했음을 알고 곡을 시작한다. 숙종이 승하한 날은 비가 퍼부을 정도로 많이 내렸다. 신하들은 비를 그대로 맞아야 했다. 아직 장막을 설치할 여유가 없었기 때문이다.

병조와 훈련원은 궁궐 경비를 강화하고 밤에는 동라를 치면서 야간순찰을 철저히 한다. 궁궐에 잡인 출입을 금하는 것이다. 세자가 왕위에 오를 때까지 계속한다.

임금의 관을 두는 빈전을 정해서 빈소를 설치했다. 숙종은 경희궁에서 승하했는데, 생전에 경희궁 자정전이 좁아서 빈소를 만들 수 없으니 반드시 창덕궁 선정전으로 옮겨서 빈전을 설치하라는 유언을 남겼다.

그러나 창덕궁 선정전은 정사를 돌보는 중심 전각이기에 논란이 있었고, 세자가 빈전을 경희궁 자정전으로 결정했다. 숙종의 유언 대신 산 사람인 세자가 결정권을 갖고 있었다. 숙종은 아무리 46년간 임금을 했지만, 승하한 후에는 현재의 일을 관장할 수 없었다.

　세 개의 임시 기구가 설치된다. 국장 전반의 물품과 장례 절차를 관장하는 국장도감, 시신을 보관하고 운영하는 빈전도감, 능과 정자각을 정하고 조성하는 산릉도감이다. 이 세 기구를 총괄하는 직책은 총호사로 좌의정이나 우의정이 맡는다. 영의정은 원상이 되어 세자의 정무를 보좌하기 때문이다.

　왕의 승하에서 산릉을 정하고 조성해서 매장하는 데까지 약 5~6개월이 걸리기 때문에 세 기구도 그 기간만큼 유지된다. 이것은 왕의 시신도 궁궐에 5~6개월 있다는 의미다. 시신 부패를 막기 위해서 얼음을 사용했다. 동빙고·서빙고의 얼음 창고가 있었고, 궁궐에도 빙고氷庫가 있었다.

### ●●● 복제와 상복 입는 기간

국상에서 가장 까다롭고 문제가 되는 것은 복제와 상복을 입는 기간이다. 『국조오례의』에 기본원칙이 상세하게 나와 있지만, 실제 적용은 조금씩 달랐다. 신하들의 해석 차이와 상황 변화가 주요 이유였다.

　왕세자는 참최 3년이다. 참최는 거친 베로 삼베옷을 짓고 아랫단을 꿰매지 않는데, 이것을 3년 동안 입는다. 왕비, 왕세자빈, 친자와 상궁은 참최 3년으로 왕세자와 비슷하다. 신하도 이와 비슷하고 3년이다.

　종친과 문무백관의 처는 재최 1년이다. 재최는 조금 굵은 생베로 삼베옷을 짓고 아래를 조금 접어서 꿰맨다. 1년 동안 상복을 입는다. 지역의 관리, 수릉관, 별감, 군사 등도 상세하게 기록되어 있다. 직책이나 역할에 따라서 다르지만 대체로 3년이고, 베의 굵기는 차이가 있다.

목욕과 염습, 반함의 절차도 있다. 목욕은 병풍을 치고 외부인이 볼 수 없도록 하고, 기장 뜨물, 쌀뜨물, 뜨거운 물로 몸을 씻는다. 모발은 자주색 생초로 싸서 묶는다. 손발톱을 깎아 별도의 주머니에 담아서 대렴할 때 넣는다. 새 의복으로 갈아입고, 임금의 머리는 남쪽으로 둔다.

이것을 관리 감독하는 집사는 종친이나 대신이 맡지만, 실제로 몸을 씻는 행위는 임금은 내시, 왕비는 여관女官, 직책이 있는 궁녀이 담당한다.

염습은 소렴과 대렴이 있다. 소렴은 시신에 새로 지은 옷을 9벌 입히고 이불로 싸는 일이고, 대렴은 그 위에 옷을 거듭 입히고 이불로 싸서 삼베로 묶는 일이다. 숙종은 음력 6월에 승하하셨기 때문에, 시신이 부풀릴 우려가 있어서 승하 바로 다음 날에 습을 했다. 병풍과 하얀 휘장을 친다.

반함은 숟가락으로 쌀을 떠서 입의 오른쪽에 채우고, 구슬을 넣는다. 입의 왼쪽과 중간에도 이와 같이 한다.『예기』에 따르면, 반함은 임금의 입을 비어 있게 하지 않고, 아름다운 물건을 채우는 것이라고 한다. 이러한 모든 의식을 할 때마다 곡한다.『국조오례의』에는 반함을 내시가 한다고 되어 있으나, 숙종 때는 중전이 하고자 했다. 그러나 신하들의 반대로 세자가 했다. 세자의 손이 바르르 떨렸다고 한다.

그리고 성복한다. 성복은 처음으로 상복을 입는 절차다. 일반적으로 임금이 승하한 6일째에 하는데, 숙종 때는 5일째 했다. 성복 때 세자가 왕위에 오르는 즉위식을 한다.

### ●●● 경종, 사위를 받아들이다

숙종 46년 6월 9일, 임금이 승하한 지 5일째 되는 날, 예조에서 사위절목嗣位節目을 올렸다. 사위는 임금이 승하할 때 세자가 그 자리를 이어받는 즉위를 말한다. '사嗣'는 '잇는다'는 뜻이다. 왕세자가 임금의 자리를 계승하는 것은 당연하지만, 세자는 짐짓 거절했다.

"사위 절목을 보니 오장이 타들어 간다. 망극해서 정신을 진정할 수 없으므로, 사위 단자를 예조로 도로 내려 주라."

영의정 김창집과 우의정 이건명이 여섯 승지를 거느리고 거듭 사위를 청했다. 사헌부, 사간원, 홍문관에서도 차자를 올려서 사위를 청했다. 이에 더해서 종친, 문무백관 등도 일제히 즉위의 목소리를 냈으나 세자 경종은 계속 거절하고 망극한 심정만 나타냈다.

마지막으로 신하들은 자전慈殿, 임금의 어머니에게 가서 세자를 설득하라고 청했다. 당시 자전은 숙종의 세 번째 왕비 인원왕후 김씨로 세자 경종보다 한 살 위였다. 이에 자전이 세자에게 사위를 받아들이라고 명해서 왕세자는 마지못해 사위를 받아들였다.

왕세자 경종은 숙종이 승하한 5일째, 경희궁 숭정문에서 즉위했다.* 대행왕왕이 승하한 후 묘호를 정하기 전까지 부르는 이름의 시호를 '장

---

● 조선 왕의 즉위식은 『왕PD의 토크멘터리 조선왕조실록 1권』 「화려한 즉위식은 없었다」에서 상세하게 설명함.

문 헌무 경명 원효'로 정하고 묘호를 '숙종'이라고 했다. 능의 이름도 '명릉'으로 정했다.

『국조오례의』는 이 외에도 흉례 절차의 40여 항목이 더 있다. 현대의 시각으로 보면 흉례 절차가 왜 이렇게 많고 까다로울까 하는 의문이 들 정도로 복잡했다.

조선은 성리학을 건국이념으로 내세운 나라였기 때문에 예가 아무리 엄격해도 마땅히 지켜야 할 규범이었다. 그럼에도 그 절차가 너무나 많고 복잡했기 때문에 예를 실제로 적용할 때는 오락가락했다. 『조선왕조실록』과 『승정원일기』와 『국조오례의』, 그리고 옛 사례를 찾아서 준거를 삼았으나, 이 또한 해석 차이로 시간을 허비하거나 상대를 공격하기도 했다.

조선의 건국 세력은 고려를 무너뜨리면서 불교의 폐해를 지적하고, 조선의 건국이념으로 성리학을 제시했다. 그러나 성리학의 규범과 예를 지나치게 강조한 명분론에 얽매였다. 성리학도 세월이 흐름에 따라서 많은 문제점이 드러났고 조선의 폐해라고 할 수 있을 것이다. 역사는 계속 변화하고, 하나의 이론으로 통치할 수 없음을 보여준다.

현재는 민주주의가 최선의 제도다. 왕이나 군주의 시대와 달리 백성이 나라의 주권을 행사하기 때문이다. 그럼에도 먼 훗날 민주주의는 어떤 평가를 받을까? 역사는 늘 끊임없이 힘차게 발전하고 변하고 있기 때문이다.

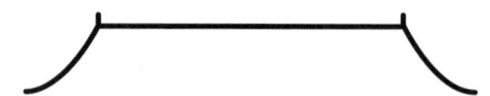

# 임금이 말문을 열지 않다

### ●●● 경종, 어좌에 오르다

1720년 6월 13일 양력 7월 6일, 경종은 경덕궁에서 제20대 임금으로 즉위했다. 경덕궁은 광해군 때 인조의 아버지 정원군의 집에 왕의 기운이 있다는 풍수지리가의 말을 믿고 그 터를 빼앗아 세운 궁궐이다. 인왕산 아래 경복궁 서쪽에 있었다. 영조 36년에 이름을 '경희궁'으로 바꾸었다.

경종은 조선의 최장기간 세자로 있었는데 딱 사흘이 모자란 30년이었다. 태어난 지 1년 6개월 만에 세자가 되었는데, 숙종이 임금에 오른 지 14년째였다. 숙종의 첫 왕비 인경왕후는 일찍 20세 승하했고, 두 번째 왕비 인현왕후와 사이에서도 자식이 없었다. 그런데 후궁 장희빈이 떡하니 아들을 낳았던 것이다.

숙종은 비록 왕비에서 첫아들을 얻지 못했으나, 이제 종사를 이어갈 수 있다는 기쁨이 이루 말할 수 없었다. 그 기쁨과 장희빈의 욕망이 맞아떨어져서 2년도 안 된 왕자를 세자로 올렸던 것이다. 세자를 너무나 일찍 정한 사례다. 혹시 인현왕후가 자식을 낳아 그 아들이 세자가 될 가능성을 사전에 막은 것이다.

세자는 인현왕후를 지지하는 서인에게는 청천벽력이었고, 장희빈을 지지하는 남인에게는 가뭄의 단비였다. 조정은 서인과 남인이 일진일퇴해서 치고받고 싸우는 소용돌이였다.

### ●●● 최소한의 말만 하는 왕

경종은 일찍 세자가 되었지만 마음이 편한 것은 아니었다. 성장 과정을 보면 일찍 세자가 된 것이 오히려 족쇄였을지도 모른다. 세자로 있는 동안, 남인이 완전히 몰락하는 갑술환국을 지켜봐야 했다. 그 앞의 경신환국, 기사환국도 들었을 것이다. 조정에서 얼굴을 맞대는 신하들끼리 원수보다 심하게 공격하면서 죽이거나 유배를 가는 과정을 낱낱이 목격했다.

또한 부왕인 숙종이 생모장희빈를 자진시키는 비극도 지켜보았다. 생모에 대한 애틋함은 감추어야 했고 인현왕후를 더 극진하게 모셨다. 그를 지지했으나 몰락한 남인보다 권력을 갖고 있는 서인숙종 중기 이후 노론과 소론으로 나누어짐 세력에 억눌렸을지도 모른다. 세자 시절 공부 스승도 주로 서인 계통의 노론이었다.

경종의 세자 시절 경험이 왕이 되었을 때 어떤 영향을 끼쳤을까? 왕과 세자는 전혀 다르다. 세자는 배우고 경험을 쌓는 자리이지만, 왕은 결정을 내리는 자리다. 신하와 만나서 토론하고 서로 간의 의사소통이 중요하다.

그런데 경종이 어좌에 오른 후 토론과 대화는 실종되었다. 임금의 생각을 구체적이고 긴 말로 거의 하지 않았다. 신하의 말에 "그리하라", "유의하겠다" 등 짧은 문장만 사용했다. 조정대신들은 임금의 심중을 파악할 수 없었다.

경종 즉위년 7월, 사간원 정언 서종섭은 상소를 올렸다.

"전하께서는 정사에 임해서도 말없이 침묵을 지키시고 의심스러운 점도 묻지를 않습니다. 신하의 의견 개진에 다만 '유의하겠다'라는 대답뿐입니다. 전하의 신중함에 신하들은 이해하지 못하는 폐단이 있습니다."

『경종실록』을 보면, 신하들의 의견에 '임금이 그대로 따랐다'라는 기록이 많다. 임금의 생각이 없는 것인지, 아니면 신하, 특히 노론의 눈치를 보는 것인지 알 수 없지만, 경종은 최소한의 말만 했다.

### ●●● 왜 말문을 닫았을까?

경종이 말하지 않는 이유는 3가지로 추론할 수 있다.

첫째, 경종에게는 말더듬증이라는 치명적인 약점이 있었다. 이런 것이 영향을 미쳤는지는 알 수 없지만, 도저히 긴말을 하지 않았다. 홍문관 수찬 홍현보도 말을 더듬어서 상소로 올리자, 경종은 "일하는 데 민첩하고, 말하는 데 더듬거리는 것은 공자께서도 칭찬하셨다"며 위로했다. 같은 말더듬이로서 동병상련을 느꼈을

지도 모르겠다.

둘째, 천성적으로 활달하지 않고 정신적 충격으로 수줍어 말하지 않는 성격일 가능성이다.

인현왕후의 오빠 민진원은 세자 경종의 일화를 개인 문집에 남겼는데, 우통례와 동부승지로서 숙종을 가까이에서 모셨고, 인현왕후도 가끔 만나 뵈었으며, 궁중 내부 사정을 어느 정도 알 수 있는 위치였다. "세자경종는 갑신·을유년6살과 7살 간에 점차 병이 원인이 되어 때때로 벽을 향해서 앉고, 조그마한 소리를 중얼거리고 다른 사람과 대화하는 것처럼 했다." 『단안만록』

경종은 너무 일찍 세자가 되어 궁중에서 자랐다. 상대할 사람은 오직 공부 스승, 내시와 궁녀뿐이었다. 궁궐에서는 또래 친구가 없을뿐더러 그런 또래와 어울려서 놀거나 장난치는 것도 금지였다. 오로지 바른 자세와 학문을 닦을 뿐이었다. 궁궐의 닫힌 공간에서 외톨이로 지내는 모습이 떠오른다. 얼마나 답답했으면 벽과 이야기하고 중얼거렸을까?

또한 세자가 13세 때 어머니 장희빈이 자진했다. 어머니에 대해서 이야기하는 것도 금기사항이었다. 숙종의 엄한 명령이 있었다. 조정도 어머니를 지지하지 않은 노론 세력이 주류를 형성하고 있었다. 그는 살얼음판을 걷는 심정이었을지도 모른다.

셋째, 경종은 장희빈을 지지한 남인과 연결되었다. 남인은 장희빈이 축출당하는 갑술환국으로 거의 전멸했으며, 이후 조정은 노론이 정권을 장악하고 있었다. 경종의 주변도 노론 일색이었다.

경종은 세자를 30년 했기 때문에, 세자의 공부 스승이라도 자신의 편을 만들 수 있었다. 그러나 천성 탓인지, 노론이 두려워서 인지는 알 수 없지만, 세자 경종은 자신의 세력을 만들지 않았다. 경종이 노론과 생각이 다른 내용을 말하고 싶어도 감추어야 하는 현실이 쌓이고 쌓이다 보면, 궁극에는 말하지 않는 성격으로 바뀌었을지도 모른다.

경종은 이런저런 이유로 불같이 화를 내고 다혈질인 부왕 숙종과 완전히 정반대였다. 너무나 조용했고 말문을 열지 않았다. 입을 열어도 겨우 알아들을 수 있을 정도의 낮은 목소리로 간단한 대답만 했다.

### ●●● 긴 말을 하며 화낸 날

경종이 긴말한 것은 손꼽을 정도다. 경종이 화내고 긴말을 한 예를 보자.

경종 2년 6월, 삼사사헌부·사간원·홍문관는 합동으로 관리들의 비리를 아뢰고 죄를 청했다. 이들은 번갈아 가면서 한낮 동안 아뢰었으나 경종은 다만 "번거롭게 하지 말라"는 대답뿐이었다. 그리고 하품하고 기지개를 켜면서 지루한 모습을 보였다. 홍문관 교리 여선장은 임금의 모습에 한마디 했다.

"전하께서는 말하지 않고 침묵이 지나치신데 그 까닭을 알지 못하겠습니다."

경종은 "침묵이 지나치다고?"라고 맞대답을 할 뿐이었다. 신하들은 계속 이미 아뢴 내용을 다시 반복해서 임금의 결단을 요구했다. 임금은 대답 대신 몸을 돌려서 오줌을 누었다. 신하들은 그 모습에 잠시 물러가려고 하자, 임금은 물러가지 말라고 했다. 사헌부 지평 이거원은 종종걸음으로 나아가서 엎드렸다.

"전하께서 미리 말씀도 하시지 않고 소피를 보신 것은 신하를 대하는 태도에 도리가 부족합니다."

조선의 임금은 지독한 병에 걸려서 조리 중일 때도 신하를 만나면 흐트러짐을 보여주지 않기 위해 의관을 똑바로 갖춘다. 경종이 정사를 논하면서 한 소피 행위는 정신병인지, 신하들을 무시하는 행위인지, 도저히 이해할 수 없는 행동이었다.

삼사는 그다음 날도 임금을 뵙고 수천 마디를 아뢰었으나 경종은 여전히 침묵했다. 삼사는 포기하지 않고 같은 말을 두세 번 더 반복했고, 이미 정오가 지났다. 임금은 갑자기 폭발했다.

"근래에 홍문관은 버릇이 없고 임금을 언어장애인으로 여기는 것이냐? '말하지 않고 침묵이 지나치다'는 말을 감히 입 밖에 내는가? 한결 같이 모두 파직하라."

"침묵이 지나치다고?"

"파직은 가벼워서 징계라고 할 수 없으므로 모두 문초하라."

경종은 전각이 떠나갈 듯 높은 소리로 화내면서 연거푸 말을 쏟아냈다. 그리고 문초할 신하와 그렇지 않을 신하를 손꼽으면서 거명했다. 홍문관은 쫓겨났다. 사헌부는 너무 지나치시다고 간언을 올렸다.

"입시한 대관들은 모두 교체하라."

경종은 사헌부의 간언에 바로 '교체하라'는 말을 했고, 이어서 도승지 남취명이 임금의 뜻이 너무 지나쳐서 명을 받들기가 어렵다고 아뢰려 하자, "도승지도 밖에 나가라"고 말문을 열었다. 임금은 따발총처럼 말을 이어갔고 모두 쫓겨났다.

경종의 화난 모습과 쏟아낸 말은 평소와 아주 딴판이었다. 신하들은 얼굴빛이 사색이 되었으나, 한편으로는 매우 기뻐했다. 임금이 연속적으로 말하는 모습을 보았기 때문이었다.

임금의 길고 화난 말에 기뻐한 신하들, 경종이 그동안 정사에 임하면서 얼마나 말문을 열지 않았는지를 상징적으로 설명하고 있다. 그러나 임금이 말문을 열지 않은 것은 신하와 충분한 소통이 이루어지지 않는 큰 문제를 안고 있었다.

# 정치적 첫 시험대,
# 실패로 끝나다

경종은 숙종이 승하한 27일째 정무를 시작했다. 왕이나 왕비가 죽은 27일 동안 공무를 중지하고 조문하는 공제公除가 끝났기 때문이다. 왕의 승하에 3년의 상복을 입지만, 그 실제 기간은 27개월이다. 공제는 한 달을 하루로 계산해서 27일 동안 문상 기간으로 정한다.

### ●●● 왕의 주변에 영향을 미친 노론

경종 즉위년 7월 4일, 승정원에서 경종에게 첫 보고를 올렸다.

"공제가 끝나는 날 원상을 내보내고, 승정원은 전례에 따라서 돌아가면서 숙직함이 마땅합니다.

"원상은 내보내지 말고, 승정원은 돌아가면서 입직하라."

원상은 세자가 어려서 왕위에 오를 때, 승정원에 매일 출근해서 왕을 보좌하는 임시제도이다. 영의정 김창집이 원상을 겸임했다. 경종은 32세로 즉위했고, 세자를 30년 했다. 원상의 도움 없이 정사를 처리할 수 있는 나이이고 경험도 쌓았다. 승정원은 원상 폐지를 다시 건의했고, 경종은 결국 번복해서 원상을 없앴다. 경종은 최종 결정권자로서 홀로서기를 해야 했다.

경종의 소대*에서 첫 교재로 『절작통편』이 정해졌는데, 송시열이 후학을 위해서 『주자대전』의 요점을 뽑아서 편술한 책이다. 송시열은 노론의 거두이다. 경종의 주변에 노론이 영향을 미치고 있음을 알 수 있다.

### ●●● 정치력을 발휘하지 못한 왕

경종이 본격적으로 정무를 시작한 보름 만에 첫 상소가 올라온다. 유학 조중우가 장씨숙종의 처분으로 장희빈을 '장씨'로 불렀다의 작호를 회복해서 나라의 체통을 높이라고 주장했다. 숙종의 처분 이후 장씨의 작호를 거론하는 것은 금기 사항이었다. 하지만 아들이 존귀한 임금이 되었는데 그 어머니가 작호도 없이 무덤에 풀만 황량한 것은 안 되며, 왕실의 종계를 기록하는 『선원보략』에 '희빈禧嬪'의 두 글자를 삭제하지 않았고, 이것은 선왕숙종의 은미한 뜻이 반영되었다는 것을 이유로 들었다.

조중우의 상소는 경종의 정치력을 시험할 수 있는 가늠자였다. 승정원은 과거의 예를 들며, 숙종은 결코 장씨의 작호를 올려주

• 소대(召對): 임금이 신하에게 경전을 물어보거나 정사를 의논하는 것

려는 의도가 없었음을 설명하고 반대의 뜻을 내비쳤다. 숙종 32년 전라우도 암행어사 이교악이 장씨에게 '희빈'이라는 작호를 사용해서 매우 해괴하다고 파직당했고, 숙종 43년 강릉 유학 함일해가 상소문에 '희빈'을 사용해서 숙종이 원통하다고 했다는 것이다.

경종 즉위년 7월, 임금은 대신들의 의견도 물어보지 않고 바로 처분을 내리고 상소문을 돌려보냈다.

"조중우가 감히 선대 왕의 은미한 뜻이 있다고 말했으니, 어찌 신하로서 차마 입에 올릴 말인가? 통렬히 배척한다. 변방에 유배하라. 상소는 돌려주도록 하라."

상소문을 대신들에게 내려서 대화하고 그 반응을 보면서 어머니의 작호에 대한 명분을 축적할 필요가 있었는데, 경종은 말문을 닫음으로써 그런 기회를 스스로 차단했다.

임금의 처분에 신하들은 더욱 강경한 자세로 나왔다. 사헌부와 사간원은 형신을 가해서 조중우의 배후를 밝혀야 한다고 요구했다. 형조에서 매질을 가해서 신문했다. 조중우는 결국 고문을 받고 유배 중에 죽었다.

경종은 연산군과 정반대였다. 연산군은 어머니 폐비 윤씨의 사약에 동조한 신하들을 나중에 조사해서 모조리 죽이거나 부관참시를 했다.

반면에 경종은 어머니를 옹호한 사람을 오히려 죽게 하거나 유배를 보냈다. 어머니의 자진과 관련해서 복수하지 않고 더 이상 피를 흘리지 않은 것은 다행이었지만, 어머니의 작호를 올려주려는 자를 보호하기는커녕 역으로 유배 보내서 죽게 함으로써 임금으로서 전혀 정치력을 발휘하지 않았다. 신하들과 대화를 스스로 차단했기 때문이다. 경종의 첫 정치적 시험대는 실패로 돌아갔다.

경종도 인간이다. 어찌 생모의 비참한 죽음의 한을 풀어줄 생각을 하지 않았을까? 하지만 주변은 노론 일색이었고 자신의 세력이 없었다. 지금은 그때가 아니었을 것으로 판단했을지도 모른다.

그럼에도 장희빈의 작호를 살리려는 불씨가 완전히 꺼진 것은 아니었다. 서인에서 분화한 소론이 경종을 지지했다. 소론은 노론의 기세에 납작 엎드려 있었지만 반격의 틈을 엿보고 있었다.

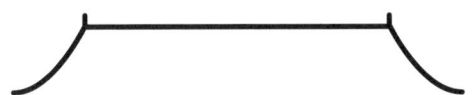

# 연잉군을 세제로 삼다

### ●●● 정사에 의욕이 없는 왕

경종은 30년의 세자를 거쳐서 임금이 되었음에도 정사는 소홀했다. 그는 부왕과 달리 경연이나 윤대를 하지 않았고, 신하들과 대면해서 정사를 논할 기회를 만들지 않았다. 설령 신하들을 만나도 의견을 듣고 짧은 문장으로 대답했다. 임금으로서 뚜렷한 자기의 생각을 밝히지 않았다. 심지어 신하가 올린 상소문에 몇 개월 후 답을 내리기도 했다. 다른 왕에서 거의 찾아보기 어려운 사례였다.

경종은 육체적으로도 무기력했다. 스스로 병이 내장을 손상하고 마음의 화가 불어나서 화열火熱이 되어 정신이 아득하고 권태롭다고 밝혔다. 적극적으로 정사에 임할 의욕을 보여주지 않았다.

『숙종실록』과 『경종실록』을 비교해 보면 확연하게 차이가 난다. 숙종은 신하들과 자주 경연을 열고 정사를 논하면서 임금의 생각을 소상하게 밝혔기에 『숙종실록』의 내용은 풍부하다. 반면 『경종실록』은 기록이 길지 않다. 신하들의 상소나 건의에 "알았다", "유념하겠다"라는 짧은 대답뿐이므로 더 이상 토론이 되지 않아서 내용이 짧을 수밖에 없다.

신하들은 경종에게 부왕처럼 경연을 열고 정사에 부지런히 하는 모범을 보이라고 요구했다. 이에 경종은 대답은 잘했으나 행동이 뒷받침되지 않았다. 임금과 동조 현상인지는 알 수 없지만, 임금처럼 업무를 등한시하는 신하들도 늘어났다.

삼정승 물망에 오른 정호, 한성 판윤 권성, 형조판서 이만성 등은 병을 핑계로, 이조참판 홍치중은 성묘하러 간다는 구실로 조정에 나오지 않았다. 이 외에도 이런저런 핑계로 조정에 나오지 않은 신하들이 있었다. 임금과 일부의 신하가 나 몰라라 하는 사이에 백성은 기근과 전염병이 겹쳐서 이중으로 고통을 받고 있었다.

경종 1년 윤6월, 영의정 김창집은 현실의 어려움을 타개하기 위해서 조정이 비어가는 상황을 간곡하게 설명했다.

"전하께서 즉위한 이후 정신을 가다듬어서 정사를 다스리는 뜻을 보여 주시지 않으니, 내외가 모두 실망하고 있습니다. 이에 대신들도 국사를 포기하고 모두 물러갈 생각만을 하고 있습니다."

위에서 정령이 바로 서지 않았으므로 아래도 꼴뚜기처럼 날뛰었다. 호조판서 민진원은 어부나 공인들이 재물을 함부로 낭비하고, 내시와 사옹원 하급 관원들이 뇌물을 받고 있음을 밝히고, 엄하게 벌줄 것을 청했다. 호조판서는 사옹원의 겸직 책임자이다. 호조판서가 내시와 부하의 비리를 고발하는 이례적인 상황이었다.

경종은 이 역시 "유념하겠다", "따르겠다"라고 대답은 잘했으나, 별도로 취한 조치는 없었다.

### ●●● 연잉군을 세제로 옹립하려는 노론

숙종 20년 갑술환국 이후, 줄곧 정권을 잡은 노론은 무엇인가 대비책을 마련해야 했다. 경종은 후사가 없었다. 당시 왕실의 후손은 경종과 연잉군뿐이었다. 연잉군은 숙종과 숙빈 최씨의 아들로 경종의 배다른 동생이다. 노론은 연잉군을 세제로 옹립해서 난국을 타개하고자 했다.

경종 1년 8월, 노론이자 사간원 정언 이정소가 총대를 멨다.

"전하께서는 춘추가 한창이지만, 대를 이을 후사가 없어서 신하와 백성이 근심하고 탄식합니다. 또한 왕대비께서도 상중이지만 세자가 없는 것을 걱정하실 것이고, 선왕의 혼령도 답답하실 것입니다. 이러한 상황에서 대신들은 세자를 세울 것을 청하지 않으니 이를 개탄합니다."

경종은 신하들이 모여서 세자 문제를 논의하라고 명했다. 세자를 정하는 것은 임금의 고유 권한이었으나 신하들에게 공을 넘긴 것이다.

영의정 김창집과 좌의정 이건명 등 노론 중심의 대신과 신하들이 모였다. 소론인 김우항, 예조판서 송상기, 이조판서 최석항은 부름을 받았으나 나오지 않았다.

그렇게 노론 일색의 신하들이 모여 임금에게 종사의 대계를 위해 세자를 정하라고 압박했다. 신하들은 세자의 이름을 거론하지 않았으나 연잉군 외에는 다른 대안이 없었다. 그리고 왕대비의 수결을 받아야 한다고 덧붙였다.

경종 1년 8월 20일, 임금은 신하들의 압박에 세자를 정하겠다고 하고 왕대비전으로 갔다. 임금이 내전으로 들어가서 오래도록 나오지 않자, 김창집 등은 임금의 말씀을 전하는 승전 내관을 불러 임금을 빨리 만나겠다고 했다. 경종은 물시계가 새벽종을 울린 뒤에야 신하들을 낙선당으로 불렀다. 영의정 김창집이 여쭈었다.

"벌써 왕대비께 품계 하셨습니까?"

"봉서가 여기에 있다."

임금이 가리키는 책상 위에 두 장의 봉서가 있었다. 하나는 한문의 해서체로 '延礽君연잉군'이라고 쓰여 있었다. 노론이 바라는 '연잉군'을 세자로 삼겠다는 뜻이다. 다른 봉서는 언문 교지였다.

"효종대왕의 혈맥과 선대왕의 골육으로는 주상과 연잉군뿐이므로 어찌 다른 뜻이 있겠소? 나의 뜻을 이와 같이 대신들에게 하교하오."

숙종과 숙빈 최씨 사이에 난 둘째 아들 연잉군이 세자가 되었다. 경종과 연잉군은 배다른 형과 아우였으므로 '세제'라고 불렸다. 노론만 참여해서 새벽녘에 세자가 결정되는 이례적인 상황이었다.

노론은 자신들의 뜻대로 되었으므로 감격해서 울었다. 그러나 이 결정은 또 다른 참화를 불러온다.

8월 23일, 세제가 된 연잉군은 상소를 올려서 임금의 명을 철회해 달라고 청했다. 연잉군으로서는 당연한 행동이었다. 조선은 성리학의 명분론을 중요시했다. 아무리 세자가 되고 싶어도 세자 자리를 덥석 받아서는 안 되며, 본마음을 숨기고 겉으로는 몇 번 거절해야 한다. 경종은 연잉군을 다독였다.

"내가 세자를 정한 것은 종사宗社, 종묘와 사직, 나라를 중히 여기기 때문이다. 내가 30세가 지났는데도 아직 후사가 없고 원인 모를 병마저 있다. 여러 신하의 청에 따라서 자전께 허락받고 중임을 맡기는 바이니 백성들의 큰 희망에 부응하라."

경종은 세제 연잉군을 불러서 궐내에 거처하게 하고, 세제를 맞이하는 의식도 준비시켰다.

### ●●● 노론과 소론, 줏대 없는 왕

그러나 소론은 떨떠름했다. 우선 절차적 문제점을 지적했다. 나라의 국본을 세우는 중대한 일에 일부의 대신만 참여해서 한밤중에 너무 서둘러 결정했다는 것이다. 또한 임금께서 두 번째 왕비를 맞이했고, 아직은 후사를 볼 시간이 충분하다고 했다.

8월 23일, 행사직 유봉휘가 소론의 처지를 대변해서 상소를 올렸고, 신하들이 임금을 압박한 죄를 물어야 한다고 주장했다.

"비록 세제를 정한 명은 다시 논의할 수 없을지라도, 임금을 우롱하고 협박한 죄는 밝혀야 합니다. 그리고 이제부터라도 임금의 독단으로 결정하셔서 신하에게 임금의 권한을 넘겨주는 일이 없도록 해야 합니다."

노론은 유봉휘의 상소에 대한 항의로 임금에게 몰려갔고, 임금은 이들을 만나주지 않은 대신 밤늦게 비망기를 내렸다.

"이미 세자를 정했고, 이는 종사의 무궁한 복이고, 내가 바라던 바이다. 그런데 유봉휘는 미치고 망령된 말로 상소했으니, 어찌 이와 같이 할 수 있겠는가? 경들은 처분 방법을 의논해서 올려라."

노론은 국청을 설치해서 유봉휘를 신문해야 한다고 강력하게 요구했고, 임금은 그렇게 하라고 명을 내렸다. 그러나 임금은 다시 비망기를 내려서 유봉휘가 망령된 말로 상소했으므로 중형에 처해야 마땅하지만, 국문은 하지 말고 대신 변방으로 귀양보내라고 했다.

이에 대신과 삼사가 유배는 죄가 가볍다고 항의하니 또다시 국문하라고 명했다. 그러자 우의정이자 소론 조태구가 유봉휘의 잘못은 있지만 나라를 위한 충심으로 간언을 올렸으므로 국문의 명을 회수하라고 청했다. 경종은 다시 조태구의 말을 따라서 유봉휘에 대한 국문은 잘못됐다고 했고, 국문의 명을 철회했다.

경종은 노론과 소론 사이에 왔다갔다했고, 임금으로서 너무나 줏대가 없었다.

### ●●● 연잉군, 세제에 오르다

조선의 세자 책봉은 축복 속에서 이루어졌다. 그러나 세제 연잉군은 축복보다는 자신의 지위를 두고 이편저편 나누어져서 공방 벌이는 모습에 곤혹스러웠다. 8월 25일, 연잉군은 다시 한번 세자 결정 철회를 청했다.

"유봉휘의 상소를 보니 모골이 송연하고 심장과 간장이 떨어지는 것 같습니다. 세자의 자리는 나라의 근본인데, 세자 자리를 이러쿵저러쿵하는 공방 속에서 받는 것은 저의 수치를 떠나서 나라가 어떻겠습니까? 명을 거두어서 신의 본분을 지키도록 하소서."

경종은 승지를 세제에게 다시 보내 세자로서 흔들리지 말라고 위로의 말을 전했다.

유봉휘는 국문은 면했지만, 의금부 앞에 스스로 짚자리를 깔고 처분을 기다렸다. 잘못이 없으므로 당당하게 죄받겠다는 뜻이다. 경종은 자신을 지지하는 유봉휘를 결국 국문도 처벌도 하지 않았다. 유봉휘는 이후 노론을 공격하는 선봉에 선다.

연잉군은 노론과 소론의 소용돌이 속에서 세제로 책봉되었다. 임금의 동생이 세제가 되는 세 번째였다. 첫 번째는 제3대 태종, 두 번째는 제13대 명종이었다. 연잉군은 세제로 책봉되었지만 바람 잘 날 없었다. 또 다른 태풍이 형성되고 있었다.

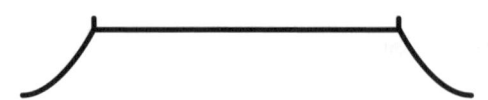

# 연잉군의 대리청정, 붕당의 골이 깊어지다

경종은 정사를 소홀했고 신하들과 자주 대면하지 않았다. 즉위한 지 1년이 지났지만, 신하들은 임금의 용안 뵙기가 힘들었고, 임금이 도대체 어디에서 무엇을 하고 있는지, 무슨 생각을 하는지 답답했다. 경종은 승정원을 거쳐서 문서로 일을 처리했고, 이것조차 처리하지 않은 문서가 쌓여갔다.

### ●●● 세제의 대리청정 주장하는 노론

노론은 연잉군을 세제로 올리는 데 성공했고 최소한의 안전장치 고리를 걸었지만, 한발 더 나아가고 싶었다. 세제가 정사에 참여하는 대리청정을 모색했다.

경종 1년 10월 10일, 노론인 사헌부 집의 조성복이 앞장섰다.

"전하께서 신하와 정사를 논할 때, 세제를 참여하게 해서 옳고 그름을 서로 논의하고 가르치고 배우게 하면, 앞으로 나랏일에 도움이 될 것입니다."

대리청정은 보통 임금이 먼저 꺼내는 말이다. 임금이 왕권을 강화하기 위한 수단이나 건강 상태가 안 좋을 때 제안하고, 신하와 세자는 적극적으로 반대하는 것이 보통이다. 신하가 대리청정을 먼저 꺼내는 것은 불경죄나 반역죄로 처벌받을 수 있는 위험한 말이었다. 실제로 세조 때 영의정 정창손은 세자의 대리청정을 암시해서 귀양을 갔고, 세조의 2등 공신 양정은 참수를 당했다. 그럼에도 조성복은 과감하게 상소를 올려서 대리청정 문제를 꺼냈다.

경종은 바로 대답했다.

"과인은 이상한 병이 있어서 십여 년 동안 조금도 회복될 기미가 없었고, 모든 정사 처리가 참으로 어렵다. 더군다나 즉위한 이래로 병의 증세가 더욱더 깊어서 처리하지 않는 업무가 쌓이고 있다. 영명한 세자는 대소의 국사를 재단하라."

경종은 평소와 달리 상소문에 바로 반응해서 대리청정을 허용했다. 승지와 홍문관도 만났는데, 이들이 대리청정을 반대하자 번거롭게 하지 말라고 했다. 그러나 이들이 조성복의 말은 망령되고 무식하다면서 계속 파직을 요구하자, 그대로 따르겠다고 했다. 즉, 조성복의 상소를 따른다고 했다가, 조성복을 비난하자 파직시켰다. 세제에게 대리청정을 맡기자는 것인지, 철회한 것인지, 임금의 오락가락한 답변이었다.

### ●●● 노론과 소론의 확연한 시각차

좌참찬정2품 최석항은 임금이 계신 창덕궁과 집이 가까이 있었다. 소론인 그는 조성복의 상소 소식을 듣고 바로 눈물을 흘리면서 달려갔고 임금을 밤늦게 독대했다.

최석항은 역대 제왕들은 나이가 많거나 오랫동안 재위해서 피로가 쌓이거나 병이 있을 때 세자에게 어쩔 수 없이 대리청정을 맡겼는데, 전하는 이제 겨우 30세이고 재위한 지 1년이 조금 지났으며, 약방의 진료에도 '무사하다'라고 답변을 내리셨는데, 대리청정을 할 근거와 이유가 없다고 주장했다. 하지만 경종은 최석항의 말을 받아들이지 않았다.

최석항은 다시 주나라 무왕이 나라를 다스린 큰 규범인 「홍범洪範, 홍범구주」를 인용하며, 「홍범」에 나오는 "네 마음에 물어보고, 시초와 거북점을 따르고, 경대부와 백성에게 묻는다"는 3단계의 신중론으로 거듭 설득했다. 경종은 대신이 누누이 간청하니 따르겠다고 했다. 경종은 이랬다 저랬다 했고, 결국 대리청정을 철회했다.

노론이 다시 반격했다. 좌의정 이건명은 최석항이 깊은 밤중에 임금과 독대한 것은 아무리 급작스러운 일이라도 평소의 규례와 다르므로, 이를 막지 못한 승지의 추고를 청했다. 경종은 이를 따랐다.

세제의 대리청정을 두고 노론과 소론의 시각차가 확연히 드러났다. 소론은 세자의 대리청정을 확실하게 반대했고, 노론은 대리청정을 겉으로는 반대했지만 그 강도는 달랐다. 결국 상소를 올린 조성복은 희생양이 되어 전남 진도군으로 유배를 갔다.

### ●●● 대리청정 철회

그런데 다시 반전이 일어났다. 경종 1년 10년 13일, 임금은 조성복을 유배 보낸 후 전·현직 대신과 2품 이상, 삼사를 정청에 모이라고 하고 비망기를 내렸다. 신하들과 면담하지 않고 글로 뜻을 전했다.

"과인이 세제를 일찍 세운 것은 병이 깊어져서 처리하지 않은 업무가 쌓여 대리청정을 하기 위해서였다. 이제 비망기에 따라 세자의 대리청정을 시행하고, 과인의 몸을 보살피고 회복하는 방도를 찾아라."

경종은 대리청정을 처음으로 주장한 조성복을 유배 보내고 나서 다시 대리청정을 하겠다고 태도를 바꾸었다. 조성복을 죄준 것은 자기 뜻이 아니라 대간의 간쟁 때문이라고 덧붙였다. 임금으로서 책임을 떠넘기는 말로서 임금이 할 말은 아니었다.

신하들은 용안을 뵙고 직접 말씀드리고자 했으나, 경종은 거부했다. 노론이자 영의정 김창집을 비롯한 대신들이 모두 대리청정을 반대했으나 경종의 뜻은 확고해 보였다.

왕세제 연잉군이 상소를 올렸다.

"차마 듣지 못한 하고 대리청정를 갑자기 내렸으므로, 신은 간담이 떨려서 차라리 죽고자 했으나 죽을 수도 없었습니다. 신하들의 뜻을 따르시어 대리청정의 명을 거두어 주십시오."

세제 연잉군은 이후에도 4번이나 더 상소를 올려서 대리청정의 명을 거두어 달라고 했으나 받아들이지 않았다. 경종은 계속 병을 내세워서 정체된 업무가 많으므로, 대리청정을 명한 뜻에 부응하라고 했다. 약방에서 임금을 치료하고자 했으나, 임금은 대리청정하면 자신의 병이 낫는다고 하면서 치료도 거부했다.

결국 영의정 김창집을 비롯한 노론 중심으로 경종의 뜻을 받들기로 하고, 대리청정 절목을 만들어 올렸다.

이에 소론 우의정 조태구, 좌참찬 최석항 등을 중심으로 또다시 강력하게 반대했다. 노론도 대리청정 절목은 만들었지만 태도를 슬며시 바꾸어 대리청정을 철회하라고 했다. 세제의 대리청정을 둘러싸고, 임금도 노론도 갈지자 행보를 보였다.

경종은 결국 소론의 강력한 반대로 대리청정을 철회했다. 노론이 노린 세제의 대리청정은 실패로 돌아갔다. 노론과 소론은 대리청정 소동으로 골은 더욱더 깊어졌다.

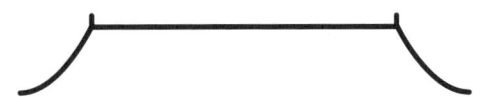

# 소론, 대반격을 하다

경종의 대리청정 철회로 정국은 소강상태로 들어갔다. 노론과 소론이 서로를 비난하는 행위도 약간 수그러들었고, 백성의 삶에 눈을 돌리는 듯했다.

경상도 가덕진현 부산 가덕도에서 고기잡이하는 어부들이 바다에 빠져 죽자 휼전을 베풀었다. 동강의 뚝섬 마을에 불이 나서 30여 호가 불타고 3명이 불에 타 죽자, 이 역시 휼전을 베풀었다. 황해도는 흉년으로 굶주림이 극심하자, 감사 김유경은 임기가 끝났으나 백성의 구휼이 시급해서 연장해 주었다. 함경도 국경을 넘어서 청나라로 가서 사슴 사냥을 한 자가 발각되었다. 나라의 허락 없이 국경을 넘은 것은 법 위반이었다. 주모자 두 명은 목을 베어 효시했다.

### ●●● 소강 상태는 잠시뿐

경종의 즉위 1년 5개월이 지난 뒤, 즉위를 축하하는 증광시를 치러서 33명의 과거 합격자를 뽑았다. 경종 1년 11월 26일, 임금은 이에 더해서 직언을 구했다.

"과인이 즉위한 지 2주년이 되었지만, 백성의 원망 소리가 끊임없다. 과인의 부덕과 조정의 관리들은 서로 공경하고 협력하지 않기 때문이다. 전국 팔도의 관찰사, 개성과 강화 유수는 백성을 구제할 계책을 올려라."

임금이 바라는 백성의 삶에 대한 상소는 올라오지 않았다. 대신 12월 6일에 사직 김일경과 박필몽 등 7명은 임금의 직언에 발맞추어서 합동으로 장문의 상소를 올렸다. 오로지 노론을 공격하는 내용으로 가득했다.

"조성복을 앞세워서 대리청정을 배후조종한 사흉四凶을 처벌하라는 목소리를 아직 듣지 못했습니다. 이들의 세력은 점차 활발하고 임금의 형세는 외로워지고 있습니다. 사흉을 날뛰지 못하게 하고, 그에 따르는 무리를 징계하소서. 이와 반대로 전하가 의지할 신하는 한두 사람뿐입니다."

김일경 등이 지목한 사흉은 모두 노론으로 영의정 김창집, 좌의정 이건명, 영중추부사 이이명, 판중추부사 조태채였고, 숙종 때부터 조정에서 주요한 역할을 한 대신들이었다.

경종이 의지할 한두 신하는 소론이자 우의정 조태구라고 했다. 노론을 모두 몰아내고 소론을 등용하라는 것이다. 백성의 삶은 뒷전이고, 오로지 상대를 공격하는 데 몰두했다. 노론과 소론의 소강 상태는 잠시뿐이었다.

### ●●● 소론 편에 선 왕

경종은 김일경 등의 상소를 마치 기다린 듯이 기쁘게 받아들였다. 승지 4명이 김일경 등의 상소를 비난하자, 바로 파직했다. 평소와 전혀 딴판으로 신속하게 조처했다. 임금이 소론 편에 설 것임을 분명하게 보여주었다. 경종이 그동안 노론에 대한 반감이 쌓였음을 알 수 있다. 김창집 등은 성 밖으로 나가서 대죄를 했다.

경종은 이어서 노론인 이조판서 권상유와 참판을 파직하고, 소론 심단과 김일경을 이조판서와 참판으로 특별히 임명했다. 병조판서 등 나머지 판서들도 노론에서 소론으로 교체했다.

영의정 김창집은 거제, 이이명은 남해, 조태채는 진도, 그 외에 판서들도 유배 갔다. 좌의정 이건명은 이때 청나라에 사신으로 파견됐었는데, 귀국 후 유배 갔다. 그 빈자리에 세제의 대리청정을 강력하게 반대한 조태구를 영의정, 최석항을 우의정으로 임명하고, 나머지 자리도 소론으로 채웠다.

상소 한 통으로 하루 만에 정권의 축은 소론으로 기울었고, 노론은 된서리를 맞았다. 소론이 대반격을 시도하는 전초전이었다.

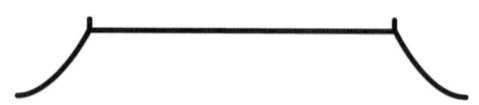

# 세제 연잉군을 죽여라

노론의 주요 대신들이 전국으로 흩어져 유배를 가자, 궁궐에서 외로운 섬처럼 남아 있는 분이 있었다. 바로 세제 연잉군이었다.

### ●●● 연잉군이 털어놓은 이야기

경종 1년 12월, 세제 연잉군은 세자궁을 밤에 지키는 궁관 김동필, 권익관 등에게 깜짝 놀랄 사실을 털어놨다. 내시 한두 명이 자신을 죽이려고 했다는 것이다. 이 사실을 임금에게 고했지만, 임금께서 내시의 나추를 명하셨다가 다시 거두었다고 했다. 그는 임금 곁에 악한 자를 둘 수 없다고 판단해서 다시 아뢰었으나 임금께서 차마 듣지 못할 하교를 내리셨다고 했다. 그래서 궁궐 밖에서 거적을 깔고 죄를 청하며 세자 자리를 내놓겠다고 했다.

이에 김동필 등은 내시는 집안의 노예에 불과한데, 그런 여우와 쥐 같은 무리 때문에 죄를 청하고 세자 자리를 내놓을 수 없다고 했다. 연잉군은 이런 일이 하루 이틀이 아니었다고 했다.

"만약 내가 세자 자리를 내놓지 않으면, 반드시 저 무리의 독수에 해를 입을 것이다. 세자 자리를 내놓고 죄를 기다리는 외에 다른 도리가 없다."

### ●●● 세제보다 내시를 보호하는 듯한 왕

영의정 조태구를 포함해서 소론들이 경종을 뵈었다. 세제가 노론의 지지를 받지만, 소론은 세제를 폐할 생각은 추호도 없었다. 대안이 없었기 때문이다.

모두들 세제의 증언에 따라서 세제 편을 들었고, 내시를 벌주라고 했다. 심지어 내시를 국문할 필요도 없이 바로 죽이라고 했다. 하지만 경종은 대답하지 않았다. 영의정 조태구가 울면서 다시 간언을 올렸다.

"세제가 편안해야 전하께서도 편안하고 나라도 편안해질 수 있습니다. 내시가 세제에게 불순함이 이와 같으므로 어찌 전하게 충성할 수 있겠습니까?"

신하들이 거듭해서 내시를 벌주라는 압박을 계속하자 경종은 중얼거렸다. 주변에서 무슨 말인지 알아들을 수 없었다. 영의정 조태구가 다시 한번 분명하게 말씀해 주십사하고 청했다.

"내시를 적발하여 법대로 하라."

경종은 신하들의 거듭된 압박에 기어가는 목소리로 마지못해 내시를 벌주라고 했다. 그러나 임금은 다시 번복했다. 임금이 세제보다 내시를 보호하는 듯한 애매모호한 태도였다. 이에 신하들은 거듭해서 내시를 국문해야 한다고 압박했고, 경종은 결국 허락했다.

### ●●● 어이없는 사건

경종 2년 1월, 내시 박상검과 문유도는 세제를 죽이려고 했다는 것을 전면 부인했으나 다섯 차례 형신을 받고 자복했다.

"세제가 임금에게 문안 인사를 오는 청휘문을 열어두라는 명을 실천하지 못한 죄를 지었습니다. 그 후환이 두려워서 세제를 제거하려는 마음을 가졌으나 행동으로 옮기지는 않았습니다."

노론과 소론의 정치적 소용돌이 속에서 벌어진, 내시가 세제를 죽일 마음을 품은 어이없는 사건이었다. 내시 박상검은 결국 법대로 처형되었으며, 처자도 같은 벌을 받았고 재산은 몰수당했다.

세제 연잉군은 노론과 소론이 서로 상대를 공격해서 죽이거나 유배 보내는 데 혈안이 된 모습을 목격했다. 그리고 그 자신조차 생명의 위협을 느꼈다.

세제 연잉군이 영조가 되어 '탕평책'을 펼친 것은 노론과 소론이 싸우는 실상과 그 폐해를 몸소 겪었기 때문이었다. 그 싸움에서 나라와 백성의 삶은 실종되었고, 자신과 그 무리를 보호하기 위한 이전투구의 한심한 작태가 드러났기에 이를 타파하고자 한 결단이었다.

# 신임옥사, 역사를 되돌아보자

### ●●● 삼수의 역안

경종 2년, 목호룡은 임금을 시해하려는 역모가 있다고 고변했다. 역모자 중에는 세제를 팔아서 오욕을 끼치려 하는 자도 있다고 하면서 진상 규명을 요구했다. 세제 연잉군도 역모에 간여함을 은근히 암시했다. 역모자 13명의 이름도 밝혔는데 노론의 고위 관료 자제이거나 친인척들이었다.

만약 이 고변이 사실이라면 조정을 뒤흔들고 피바람을 불러일으키는 대사건이었다. 연잉군은 고변서에 자신의 이름이 오르내리자 여러 차례 세자 자리를 내놓겠다고 상소했다. 좌불안석이었다.

목호룡은 역모는 대급수·평지수·소급수의 3단계로 나누어 임금을 모살하려는 계획을 세웠다고 했다. 대급수는 궁중에 침입해서 보검으로 임금을 살해하는 것이고, 평지수는 내시 및 궁녀와 결탁해서 국상 때 임금을 폐출시키는 것이며, 소급수는 상궁에게 독약을 주어 임금을 죽인다는 것이다. 이른바 삼수의 역안三手逆案이었다.

역모 혐의자 13명을 모두 잡아와서 문초했으나 역모 혐의를 부인했다. 목호룡과 대질 신문을 했으나 말이 맞는 구석이 거의 없었고, 역모라고 내세울 증거도 없었다. 또한 13명 사이의 연결고리도 없었다.

매우 황당한 증거도 있었다. 아는 사람이 돈을 빌려 달라고 해서 은화를 빌려주었는데, 그 은화가 역모 자금으로 사용됐기 때문에 역모자라고 했다. 물론 빌려준 은화가 역모 자금으로 흘러들어갔다는 증거는 없었다. 아는 사람에게 돈 빌려주고 느닷없이 역모자가 되었다. 이유는 돈을 빌려간 자가 노론과 가까웠기 때문이었다.

목호룡은 스스로 천얼 출신이라고 밝혔는데, 천얼 출신이 연결고리가 거의 없는 고위 관료 자제들과 어울려서 역모 혐의를 알아냈다는 것도 상식적으로 이해가 가지 않았다. 국청이 설치되었고 매질이 시작되었다.

역모 가담자는 13명에서 차츰 늘어나서 60여 명에 이르렀다. 형틀에서 장형을 가했으나 역모를 실토한 사람은 없었다. 50명 가까이 형틀에서 죽었다. 역대 역모 사건에서 볼 수 없는 잔인한 고문이었고 증거 불충분이었다. 소론이 그냥 노론 세력을 없애기 위한 고의성이 짙은 고문이었음을 알 수 있다.

### ●●● 소론과 경종

역모 혐의를 집행한 사람은 소론 조태구, 최석항, 김일경 등이었다. 그들은 오로지 이미 유배를 보낸 김창집 등 노론 세력을 죽이는 것이 목표였다. 소론은 임금에게 여러 차례 건의해서 그들이 '4흉'이라고 주장한 김창집·이이명·이건명·조태채의 죽임을 받아냈다.

경종 2년 4월, 김창집은 거제도에 유배됐다가 체포되어 올라오는 도중 경북 성주에서 사약을 받았다.

"나는 세제 연잉군의 안위를 알 수가 없으니, 이것이 한이 될 뿐이다."

그는 시종 김신겸에게 이 말을 남기고 북쪽을 향해서 4번 절하고, 사약을 내리는 전지를 받아서 또 4번 절하고 75세에 사약을 받고 죽었다. 이이명은 유배지 남해현에서 65세로 사약을 받고 죽었다.

그런데 경종은 두 사람을 죽인 며칠 후, 이들을 죽이지 말라고 명을 내렸다. 더욱더 이해할 수 없는 것은 이이명의 안부를 물었다는 것이다.

"수염이 흰 상공이 어디에 있는가?"

"이미 졸했습니다."

"그(이이명)가 과인을 사랑했는데…"

경종의 정신 상태가 매우 의심스러웠다.

소론이 '4흉'이라고 주장한 사람 중 다른 두 명인 이건명은 58세로 유배지 나로도에서 참수당했으며, 조태채는 62세로 유배지 진도에서 사사되었다. 소론은 그들이 원하는 노론 4대신을 모두 죽였다. 그 외 아무런 죄도 없는 수십 명도 형틀에서 죽였다.

경종 1년 신축년 세제의 대리청정을 둘러싼 사건, 그리고 경종 2년 임인년에 벌어진 역모 사건을 합쳐서 '신임옥사'라고 한다. 소론이 정적인 노론을 죽이는 잔혹함과 경종의 오락가락한 정신이 빚은 참화 그 자체였다. 영의정 김창집을 비롯한 노론 대신 4명이 죽었고, 60여 명이 형틀의 고문을 받았으며, 이 중에서 살아남은 자는 10명이 안 되었다.

### ●●● 신임옥사가 주는 역사의 교훈

소론은 그들이 원하는 노론을 죽이고 정권을 잡았다. 그 후 나라를 잘 운영하고, 백성의 삶을 살뜰하게 돌보았을까? 그 가문도 자손 대대로 복을 누렸을까?

**조태구**: 영의정으로서 신임옥사를 주도했고, 김창집을 죽인 다음해에 병으로 63세에 죽었다. 영조는 즉위 후 그의 관작을 추탈했다.

**최석항**: 좌의정으로서 신임옥사를 주도했고, 김창집을 죽인 2년 후 70세로 병으로 죽었다. 영조가 즉위하자 그의 관작을 추탈했다.

**김일경**: 강경한 소론으로 대사헌, 도승지, 형조판서까지 올랐

으나 영조가 즉위해서 62세에 참수를 당했다.

**목호룡**: 천얼 신분에서 역모를 고변했고, 그 공로로 3등 공신에 올라 동성군에 봉해지고 집 한 채를 받았다. 그는 약 1년 9개월 동안 안락한 삶을 누렸으나, 영조가 즉위해서 40세로 참수를 당했다.

이 외에도 많은 소론이 죽거나 유배 가는 처벌을 받았다.

신임옥사가 끝나고 약 2년 후 경종이 승하하고, 세제 연잉군이 어좌에 오르니 바로 영조이다.

영조와 노론은 목호룡의 고변은 무고였고, 소론이 명확한 증거도 없이 신하와 백성을 형틀에서 잔인하게 죽였다고 판단했다. 소론은 그들이 저지른 대가를 그대로 돌려받았다. 대부분 죽임을 당하거나 유배 갔다. 권불십년이 아니라 권불 2년도 못 되었다.

소론은 노론을 죽이고 정권을 잡아서 자손만대 영원히 복록을 누릴 달콤한 환상에 빠졌을런지 모르지만, 세상은 그렇게 돌아가지 않았다.

노론과 소론은 원래 같은 서인이었다. 이후 송시열과 윤증의 생각 차이로 나누어졌다. 그 생각 차이는 한정된 조정의 자리를 두고 다투었다. 양보와 타협은 없었다. 그 결과는 서로가 생명을 빼앗는 비참한 결과를 초래했다. 본인은 권력을 잡으려고 불나방처럼 뛰어들었을지 모르지만, 가족과 친인척은 죽거나 노비로 전락했고 재산도 몰수당했다. 멸문지화가 되었다.

경종은 노론을 죽이고 소론과 손을 잡았다. 무엇을 했을까? 부왕 숙종이 금지하고 노론이 반대한 어머니 장씨장희빈를 추존했다. '옥산부대빈'으로 존호를 올려주었다. 경종 2년 10월 10일, 예조는 추보하는 절목을 올렸다.

"길일을 택해서 신주를 바꾸고 제수품은 해당 관청에서 마련하게 하소서. 묘소의 수직군 15명을 두고 그들은 세금과 잡역을 면제하게 하소서."

경종은 생모를 장씨에서 옥산부대빈으로 올려주었다. 그뿐이었다. 이후의 『경종실록』을 보면, 경종과 소론이 머리를 맞대고 나라와 백성을 위해서 뚜렷하게 내세운 정책이 없다. 경종 3년에 나라를 부강하게 할 계책을 아뢰라고 했으나, 신하가 계책을 올리거나 계책을 추진하는 내용이 없다. 그냥 노론을 죽이는 분풀이에 불과했다.

신임옥사는 나와 다른 생각은 틀렸고 배제해야 한다는 것이 얼마나 어리석고, 자신의 생명과 가문조차 보존할 수 없음을 경고하고 있다. 나와 생각이 달라도 서로가 다름을 인정하고 대화와 타협으로 정치를 해야 했다.

# 경종은 성불구자였나?

조선의 왕은 후궁을 9명까지 둘 수 있으나, 경종은 현종처럼 후궁을 두지 않았다. 왕비는 두 명이었다. 첫 왕비는 단의왕후 심씨로, 경종은 8세, 단의왕후는 10세 때 혼례를 했다. 그리고 7년 후 경종은 15세 때 관례를 올렸다. 경종과 단의왕후는 관례를 올린 후 15년을 같이 살았지만 자식이 없었다. 단의왕후는 세자빈으로서 32세에 갑자기 병으로 사망했다.

경종은 2세에 세자가 되었기 때문에 궁중에 거처해서 어의의 진료를 받았다. 『경종실록』을 보면, 감기, 두진痘疹, 천연두, 눈병, 학질, 다리 질환, 홍진紅疹, 홍역 등의 질병이 있었다. 조선시대 상황이나 의학과 예방 수준으로 보면 이 정도의 병은 예사였다. 이와 동시에 세자를 치료해서 환후가 회복되었다는 기록도 있다.

경종의 걱정거리는 겉으로 드러난 질병보다 다른 데에 있었다. 관례를 올리고 10년이 지나 20대 중반이 되어도 한 명의 자식이 없었다. 임금뿐만 아니라 신하들의 걱정은 태산이었다.

약방 도제조 이이명은 세자 경종을 진맥하고 '건양고본단'을 지어 올렸다. 경종이 24세였으나 후사가 없었으므로 양기를 보완해서 후사를 바라는 마음으로 보약을 올린 것이다. 그 효과를 직접 물어볼 수 없으므로 의관에게 다시 진맥을 받도록 청했다. 숙종은 허락했지만 이후에도 '후사'의 경사는 없었다.

경종의 첫 세자빈이 죽자, 숙종 44년 5월 이이명은 3개월 만에 두 번째 세자빈 책봉을 서둘러야 한다고 청했다.

"세자의 춘추가 30세가 넘었으나, 아직 후사가 없는 상태에서 세자빈이 서거하시니 국가의 불행이 심합니다. 후사는 하루가 급하므로 대신들에게 대책을 하문하소서."

조정은 세자빈의 상제 기간이 끝나지 않았지만 후임 세자빈을 간택했고, 경종은 단의왕후가 승하한 7개월 후 두 번째 혼례를 했다. 선의왕후 어씨였다. 경종은 30세, 어씨는 13세였다. 세자빈이 14세 때 관례를 올렸으나 역시 후사가 없었다. 임금과 조정에서 경종의 후사를 위해서 여러 가지 노력했으나 허사였다. 도대체 그 원인은 어디에 있을까?

### ●●● 왜 후사가 없었을까?

조선은 임금과 세자에 오르면 명나라와 청나라 황제에게 그 내용을 보고하고 인준을 받는다. 경종의 후사가 아닌 배다른 동생 연잉군을 세자로 올렸으므로 그 이유를 설명해야 했다.

좌의정이자 노론 이건명이 주청사로 갔고, 경종의 후사가 없는 이유를 '위약痿弱'이라고 설명했다. 위痿는 '마비되다, 시들다, 쇠약하다, 바람맞다, 풍병에 걸리다'의 뜻이 있다. 청은 이 설명으로 그들의 실록에 "기심위약 사속절氣甚痿弱 嗣續絶, 기운이 몹시 쇠약하여 후사가 끊어지다"로 기록했다. 경종이 후손이 없는 이유를 '위약'으로 해석한 것이다.

노론과 소론은 '위약'을 각각 다르게 해석했다. 소론은 임금의 성스러운 몸에 감히 '위약'이라는 거짓을 함부로 붙였다고 했다. 자손을 낳을 수 없는, 즉 성불구의 의미로 '위약'을 사용했다고 공격한 것이다. 그리고 주청사를 유배 보내라고 했다.

반면 이건명의 동생 이관명은 의학에서 '위약'은 혈기가 약하고 고단한 것이라고 쓰는 용어라고 했다. 경종의 몸이 그냥 허약하다는 사실을 이야기했다는 것이다.

조선 선조 때 양예수가 편찬한 『의림촬요』에도 '위약'이란 말이 등장한다. 음낭이 붓고 아프거나 습기가 차서 가렵거나 해서 위약이 되면, 건하산으로 치료한다고 했다. 여기서 위약은 발기부전으로 해석이 되었다.

종합하면, 위약은 몸이 쇠약하거나 발기부전 등으로 자손을 둘 수 없는 상태로 해석할 수 있다. 이 외에 경종에 관한 개인기록을 보자.

"경종은 정신도 마비되고 약해서 남녀의 일을 알지 못하고, 춘추가 서른임에도 여색을 할 수 없었고, 비록 궁녀들과 장난을 치기는 했지만 여색을 가까이할 뜻이 없었다."민진원의 『단암만록』

민진원은 인현왕후의 오빠이자 세자 경종의 약방제조로서 건강을 살피거나 홍역을 치료한 경험도 있다. 경종 때는 이조판서, 공조판서, 호조판서를 했다. 경종의 성장과정을 줄곧 가까이서 지켜보거나 보좌했다. 민진원은 인현왕후에게도 효성을 다한 경종을 일부러 깎아내리려고 하지는 않았을 것이다. 민진원의 기록은 어느 정도 신빙성이 있어 보인다.

경종은 스스로도 어의가 치료할 수 없는, 원인을 알 수 없는 병에 걸려 무기력하다고 밝혔다. 여기에 더해 생모 장희빈이 왕비에서 쫓겨나서 자기 손을 잡고 울던 일, 부왕이 생모를 자진시킨 일, 어머니의 반대편인 노론에 둘러싸여 말문을 닫는 등 여러 가지로 심적인 고통을 겪었을 것이다. 또한 경종은 평생 머리를 빗지 않았다. 어의의 진료 기록은 없으나 정신질환으로 충분히 의심할 수 있다.

이러한 상황을 종합하면, 경종은 육체적으로나 정신적으로 건강한 상태는 아니었다. 결과적으로 단 한 명의 자식도 없었고, '위약', '심신미약', '발기부전'의 불명예가 꼬리표로 붙은 것이다.

### ●●● 남자 손이 점점 말라가는 조선 왕조

조선은 이후부터 공교롭게도 남자 자손이 귀했다. 영조는 아들 2명을 두었으나 효장세자는 일찍 죽었고 사도세자는 강제적으로 죽였다. 영조는 세손 정조에게 왕위를 물려주었다.

정조는 아들을 2명 두었으나, 장남 문효세자는 어릴 때 죽었고,

후궁에서 난 순조에게 왕위를 물려주었다.

순조는 아들을 2명 두었으나 효명세자는 21세에 병으로 죽었고, 다른 한 명은 어릴 때 죽어서 손자 헌종에게 왕위를 물려주었다.

헌종은 7세에 왕위에 올라서 23세에 승하했다. 한 명의 자식도 없었다. 헌종 이후 직계의 대가 끊어졌고, '강화도령 이원범'이라는 아주 먼 방계가 철종이 되었다.

철종은 4명의 아들을 두었으나 모두 젊은 나이에 죽었다. 철종을 이은 고종은 약 250년 전 인조의 핏줄이었다. 다행히도 조부 남연군이 사도세자의 셋째아들 은신군의 양자로 들어가서 법적으로는 영조의 증손자가 되었다. 이로써 순조와 항렬이 같게 되었고, 순조의 며느리 신정왕후 조씨와 아버지 흥선대원군의 도움으로 임금에 오를 수 있었다. 고종도 9명의 아들을 두었으나 3명 순종, 영친왕, 의친왕 외에 모두 젊은 나이에 죽었다. 마지막 순종은 자식이 없었다.

조선 후기로 가면서 왕실을 이어갈 남자 핏줄의 씨가 점점 말라갔다. 조선은 세자를 '국본國本'이라고 매우 중요하게 생각했는데, 그 국본의 씨가 흔들렸다. 왕조국가에서 대를 이을 핏줄이 없는 것은 치명적이었다. 왕으로서 나라를 다스릴 능력보다 핏줄이 우선이었기 때문이다.

반면 조선 밖은 패권주의, 약육강식의 세찬 바람이 불고 있었다. 이러한 모든 것이 경종의 후사가 없는 것과 직접 관련성이 있다고 할 수 없지만, 조선은 그러한 격랑 속으로 흘러갔다.

## 에필로그

『왕PD의 토크멘터리 조선왕조실록』 시리즈를 세상에 낼 수 있는 것은, 조선시대의 역사를 치열하게 기록한 사관들 덕분입니다. 나라의 흥망성쇠, 임금의 잘잘못, 벼슬아치의 옳고 그름, 백성의 희로애락 등을 가감 없이 기록한 정신을 보면서 만분의 일이라도 세상에 알리고 싶다는 간절한 소망을 갖게 되었습니다.

사관이 후세에 전달하고자 한 정신을 조금이라도 소홀히 하지 않기 위해 『조선왕조실록』을 읽고 또 읽었습니다. 그 기록을 분류하고 축약해서 전달하는 지난한 과정도 거쳐야 했습니다.

그럼에도 미흡한 부분이 있다면 그것은 오로지 저의 부족한 능력 탓입니다. 앞으로도 계속 더욱 치열하게 고민하고 자료를 꼼꼼히 챙기고 정리해서 사필사관의 글 쓰는 법에 부끄러움이 없는 책을 만들어 가겠습니다. 특히 손주 도윤과 혜윤이가 자랑스럽게 읽도록 하겠습니다.

책의 최초 독자로서 조언한 아내 최미희, 아들 세영과 며느리 황준덕, 딸 신영과 사위 김정섭에게 고마운 마음을 전합니다.

『왕PD의 토크멘터리 조선왕조실록』 1권, 2권, 3권을 출간한 후 격려와 응원을 보내주신 독자분들께 이 자리를 빌려 감사의 인사를 드립니다. 고맙습니다.

왕현철 드림